JN049867

シリーズ 古代史をひらく

文字とことば

吉村武彦
吉川真司［編］
川尻秋生

シリーズ 古代史をひらく

文字とことば

文字文化の始まり

岩波書店

刊行にあたって

歴史を知ること、古代史を知ることの「面白さ」を伝えたい。本シリーズは、私たち編集委員のそうした思いからスタートしました。

幸い日本の古代史に関心を持つ人は多く、各地の遺跡や博物館は訪問者で賑わい、古代史をテーマとする書籍や情報も巷にあふれています。いっぽうで最新の研究の進展はめざましく、より精緻なものとなっているために、その成果を専門家以外の方と共有することが難しくなっていることも事実です。

しかし、新しくわかってきた歴史の実像を知ることの興奮や喜びは、他の何にも替えがたいものです。私たち研究者が日々味わっているこの「面白さ」を、「やさしく、深く、面白い」歴史叙述によってさまざまに「ひらく」ことを通じて、読者の皆さんにお伝えしたいと考えました。

本シリーズは「前方後円墳」「古代の都」「古代寺院」「渡来系移住民」「文字とことば」「国風文化」と、数ある古代史の論点のなかでも特に「モノから語る」ことに適したテーマ＝問題群ごとに各冊を編成しました。これらは、考古学・文学・日本語学・美術史学・建築史学など、隣接分野との緊密な連携なしに語れない問題群です。各分野で活躍中の執筆陣の参加を得て、多様な方向からできるかぎり具体的に、当時の社会や民衆のありように迫ることをめざしました。同時に、海外の信頼できる研究者に執筆を依頼して、国際的な観点からの新しい視角を紹介していきます。

さらにもう一つの特徴として、単なる研究成果の羅列にならないように、執筆者相互が原稿を読みあい、その問題群の面白さ、現段階での争点や未解決の論点、そして今後の研究の方向性などを話しあう「座談会」を各冊ごとに収録します。

全編をつうじて、従来の「古代史」の枠内に閉じこもるのでなく、そのテーマが日本史全体のなかでどういう意味を持つのか、つねに意識するように心がけました。「学際」「国際」「通史」という三方向の視点を併せ持つことで、これまでにない古代史のシリーズを創り上げ、未来に向けて「古代史をひらく」ことをめざします。

二〇一九年四月

編集委員
吉村武彦・吉川真司・川尻秋生

目次

＊　引用文・引用挿図の出典や本文記述の典拠などを示す際には、［川尻、二〇二〇］のように略記し、その文献名・出版社・出版年などは各章末の文献一覧に示した。

〈文字とことば〉への招待

川尻秋生

本書の課題

世界のいたるところで人類は「ことば」によって文明社会を築き、またそれを記録する「文字」を作り出してきた。日本列島も例外ではなく、現代に到るまで、漢字・ひらがな・カタカナが使われ続け、おそらく今後もその点は変わりあるまい。

しかし、漢字がどのように倭国に伝来したのか、また、漢字が社会に広がり、ひらがなやカタカナがどのように誕生したのか、まだまだわかっていないことが多い。本書は、現代的な視点も取り込みつつ、こうした課題に果敢な挑戦を試みることにした。

なお、本書で用いる「ことば」には、口頭言語(話しことば)と書記言語(書きことば)両方を含んでいることをあらかじめお断りしておきたい。

東アジアと漢字文化

かつて、東洋史学者の西嶋定生《にしじまさだお》（一九一九―一九九八年）は、中国を中心とした日本・朝鮮半島・ベトナムなどの東アジア圏に共通する文化的な要素として、①中国で発明された漢字文化、②政治思想としての儒教、③法制度の規範となった律令、④インドで生み出されながらも中国で受容され広がった仏教、をあげた［西嶋、二〇〇〇］。

現在では東アジアに関する研究も西嶋が生きた時代よりもはるかに深化し、若干の補足や手直しをすることが求められるかも知れないが、彼の主張の主要部分は今でも有効であろう。ここで注目したいのは、②から④までの項目は、すべて①、すなわち漢字によって表記され、それぞれの国に伝えられたことである。そのもっとも特徴的なものは④であろう。もともと、仏教経典はサンスクリット語（梵語《ぼんご》）で記載されていたが、玄奘三蔵《げんじょうさんぞう》(1)の例を引き合いに出すまでもなく、中国にもたらされて漢訳され、東アジアに伝播したのである。興味深いのは日本である。日本では、中世・近世においてさえ、サンスクリット語の原典を求めようとする欲求は乏しく、漢訳仏典で満足していたのであった。前近代の日本が、いかに中国を基準としていたかがよくわかる事例である。

だが、漢字を取り込むには大きな問題があった。それぞれの国は、独自のことば

(1) 六〇二―六六四年。中国唐代の僧で、陸路でインドに向かい、多数の仏典などを持って帰還し、以後、漢訳作業を行った。法相宗の僧で、インドへの旅のようすを『大唐西《だいとうせい》域記《いき》』として著した。

(2) 正式には、中国の正史『三国志《さんごくし》』の一部で「魏書《ぎしょ》」東夷《とうい》伝《でん》倭人条《わじんのじょう》という。三世紀中頃、倭国に存在した邪馬台国《やまたいこく》について記されている。

を持っていたからである。漢字を使用する以前の日本列島には、独自の文字は存在しなかったが、大陸との通交を行うには漢字を使用しなくてはならない。そこで、もともと存在した倭語《わご》(日本語)と漢字・漢文を摺り合わせる必要性が生まれた。ここから、列島の人々の漢字受容をめぐる努力がはじまった。東アジアでは、漢字を受容することが世界言語を獲得することであり、中国はもちろん、朝鮮半島との国際交流が可能となったばかりか、列島内の交流も可能にしたのであった。

文字のはじまり

倭語のようすを「魏志倭人伝《ぎしわじんでん》」[2]から具体的に見てみよう。古墳時代初期のことばについては不明な点が多いが、ほとんど唯一の手がかりは「魏志倭人伝」である。そこには、「大夫」[3]「都市」[4]など中国的な官職名が見られる一方、対馬国・一大国(一支国《いきこく》)などの官(長官)を「卑狗《ひく》」、副(副官)を「卑奴母離《ひなもり》」と呼ぶなど、後の倭語に通じるものがある。「卑狗」とは男性を意味する「彦」、「卑奴母離」は、辺境を守衛する意味の「夷(鄙)守」のことであろう。これらは倭人の発することばを中国側で書き留めたものであるから、すでに、原初的な倭語が形成されていたことが推測される。

もう一つ表記で注目したいのは、「ヒナモリ」の語順である。飛鳥時代[5]の金石文

(3) 古代中国では、大夫とは領地を有した貴族のことであり、のち倭国では、大王の前に伺候する「まえつぎみ」、律令制下では五位以上の貴族を指す用語となった。

(4) 「都」には統治するという意味があり、市《いち》を監督した官職の意。

(5) 広義の考え方では、推古《すいこ》朝(五九二―六二八年)から平城京遷都(七一〇年)までをいう。

(6) 倭語と中国語の構文の違いについて説明しておく。たとえば、法隆寺金堂薬師《やくし》如来像《にょらいぞう》光背銘には「薬師像作仕奉」(薬師像を作り仕《つか》え奉《たてまつ》らむとす)とあり、日本語の順で表記している。しかし、

図1　行田市稲荷山古墳出土鉄剣銘（部分，文化庁保管，写真提供＝埼玉県立さきたま史跡の博物館）

には、すでに倭語の語順で漢字を用いた例がみられるが[6]、さらに遡ってこの段階で、倭語と共通する「夷守」という語順にしていることは、後の文体を考える上でも興味深い[7]。

それでは、いつ頃、日本列島に漢字がやってきたのだろうか。

日本のいくつかの場所から、土器に刻まれたり墨書された「漢字」が発見されている[8]。しかし、こうしたものを漢字とは認めない立場もある。漢字とすれば文字として認識されていたことが前提となるが、必ずしも文字ではなく、単なる記号であった可能性も排除できないというのが理由である。

筆者の立場からは、こうした「漢字」の存否を問うよりも、むしろ文房具、とくに硯《すずり》の存在に注目したい。筆や墨が原形を留めにくい一方、墨をする硯は石製（後世には陶製も）にほぼ限定されるから、モノとして残り易いという特性がある。そして、近年、山陰や北九州を中心とした地域から、弥生時代の硯と認められる遺物が

中国語の正規の構文ならば、「作」「奉」という動詞を前に出して、「作薬師像奉仕」と表記するはずである。なお、銘文によれば、薬師像は推古天皇一五年（六〇七）に作られたことになっているが、実際には七世紀後半に下ると考えられている。

(7) こうした表記方法が倭国で独自に生み出されたのか、朝鮮半島の影響があったのかという点は、今後考えて行く必要がある。本書「座談会」（二三九頁以降）を参照。

(8) 福岡県糸島市三雲《みくも》遺跡出土の甕《かめ》の刻書文字「竟」（「鏡」の省画、三世紀中頃）、千葉県流山《ながれやま》市市野谷《いちのや》宮尻《みやじり》遺跡出土の壺の墨書文字「久」（三世紀後半）など。

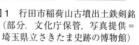

複数検出されているという。

もし、この指摘が正しいとすれば、文字がある程度記され、広がっていた可能性も生まれてくる。その背景には、渡来系移住民たちの存在が推測されるが、今後の議論の進展が待たれる。

古墳時代の著名な文字資料としては、埼玉県行田《ぎょうだ》市稲荷山《いなりやま》古墳出土の鉄剣銘[9]（**図1**）や熊本県和水《なごみ》町江田船山《えたふなやま》古墳出土の鉄刀銘[10]などがある。いずれも、「獲加多支鹵《わかたける》大王」すなわち、雄略《ゆうりゃく》とみられる大王（天皇）名と彼をたすけた豪族名が刻まれているが、固有名詞は「仮借《かしゃ》」[11]が用いられている。この段階では、まだ「訓」は発生していないと考えられる。[12]こうした仮借は、後に万葉《まんよう》仮名に発展していく。

資史料環境の激変

文字やことばに関する研究は、古くから行われてきた。こうした研究は大きな発見をもたらした反面、近年では研究の行き詰まりも指摘されていた。とくに、七世紀以前について言えば、『古事記《こじき》』や『日本書紀《にほんしょき》』、そして『万葉集』はかけがえのない史料ではあるが、その成立は八世紀であるし、いずれも後世の写本しか残されていない。何といっても、史料の絶対量が他の時代に比べて少ないのである。

ところが、近年、こうした状況が大きく変化してきた。その理由は、木簡を中心

（9）ヲワケが「杖刀人《じょうとうじん》の首《しゅ》」としてワカタケル大王に仕えたことが、祖先の系譜とともに鉄剣の両面に一一五文字の漢字で金象嵌《きんぞうがん》されている。作剣と関わる「辛亥《しんがい》年」とは四七一年に当たるとみられる。

（10）ムリテが「典曹人《てんそうじん》」としてワカタケル大王に仕えたことが、七五文字の漢字で銀象嵌されている。

（11）「ワカタケル」を「獲加多支鹵」と表記するように、漢字を音仮名として用いること。

（12）たとえば「乎獲居《をわけ》臣」の「臣」を「オミ」と読めれば「訓」になるが、まだ立証されていない。

とする出土文字資料の出現である。木簡は、一九六一年に平城宮跡《へいじょうきゅうあと》から出土して以降、都城から地方の遺跡に到るまで、現在では数十万点が確認されている。断片的な内容がほとんどだが、後世の人の手を加えられている編纂史料に対し、木簡は書かれた当時の「生《なま》」の資料であるという大きな特性がある。

木簡が解き明かした史実は数多く存在し、本シリーズでも豊富な実例が示されている。現在の古代史研究は木簡なしには成立しがたいとも言える。また、新たな史実が木簡によって明らかにされた一方、『日本書紀』などの古代史料が木簡により読み直された場合があることも強調しておきたい[13]。

さらに、土器や瓦に書かれた文字(墨書土器・刻書土器・文字瓦)、漆紙文書《うるしがみもんじょ》(本書、川尻「新たな文字文化の始まり」一二二頁、**図6**参照)も重要である。一部の漆紙文書を除けば、文字数は木簡より少ない場合が多いが、本書では和歌が書かれた墨書土器を取り上げた(同、一二〇頁の**図3・4**参照)。文字瓦では、従来、「皮」は「ヒ」の音仮名と考えられていたが、「ハ」とすべきことが明らかにされる[14]など、重要性が認識されるようになった。

七世紀の木簡の重要性

さて、文字とことばからみた木簡の重要性について、いくつか顕著な特徴的傾向

(13) たとえば、「大化改新の詔」では、これ以降地方行政単位として「郡《こおり》」を用いたとしているが(『日本書紀』大化二年〈六四六〉正月条)、金石文から、実際には「郡」ではなく「評《こおり》」を用いていたのではないかとの疑義が出され、論争が続いていた。最終的には、一九六七年に藤原宮《ふじわらきゅう》から出土した木簡によって、大宝元年(七〇一)に大宝律令が出されるまでは「評」を用いていたことが確認され、論争に終止符が打たれた。これを郡評論争という。

(14) 千葉県栄町龍角寺《さかえまちりゅうかくじ》五斗蒔《ごとまき》瓦窯跡出土文字瓦による。七世紀半ば過ぎに創建された龍角寺の瓦を焼いた窯跡で、種類は多くないが、多数の文字

があるので紹介しておこう。まず第一に、七世紀の文字資料が格段に増えたことが特筆される。伝存する七世紀代の文字資料は、多くが仏教関係の銘文である。代表的なものとしては、奈良県斑鳩《いかるが》町法隆寺金堂釈迦《ほうりゅうじこんどうしゃか》三尊像光背《さんぞんぞうこうはい》銘・同中宮寺天寿国《ちゅうぐうじてんじゅこく》繡帳《しゅうちょう》・大阪府羽曳野《はびきの》市野中寺《やちゅうじ》弥勒菩薩像《みろくぼさつぞう》銘などがある［藤岡、二〇一九］。

しかし、その数は少ないし、寺院史料の場合、その起源を実際より古くしたり、著名な人物とのかかわりをことさらに強調・仮託、さらには追刻(15)したりしていて、その史料としての信憑性に疑問が持たれる場合が多い。

一方、記紀は七世紀のことを語っていても八世紀に編纂されたもので、七世紀の文字史が投影されていたとしても、改変がないかどうか判断が難しい。そもそも歴史学で言うところの史料批判とは、複数の史料を比較・検討して史料の信憑性を明らかにすることであるが、七世紀の史料の場合、孤立したものがほとんどであり、史料批判が難しい。

こうした中で、多くの七世紀木簡が出土したことは驚きであった。たとえば、滋賀県野洲《やす》市の西河原《にしがわら》森《もり》ノ内《うち》遺跡の第2号木簡（本書、鐘江宏之「文字の定着と古代の社会」九一頁、コラム**図1**参照）には、

・椋□〔直カ〕伝之我持往稲者馬不得故我者反来之故是汝卜部
・自舟人率而可行也　其稲在処者衣知評平留五十戸旦波博士家(16)

瓦が出土した（本書、犬飼隆「日本のことばと漢字との出会い」一七五頁参照）。

(15) 仏像などに、後になって銘文を刻むこと。

(16)［読み下し］椋《くら》の直《あたい》伝ふ。我が持ち往《ゆ》く稲は、馬得ぬ故《ゆえ》、我は反《かえ》り来ぬ。故《かれ》、是《ここ》に、汝卜部《なんじうらべ》、自《みずか》ら舟人《ふなひと》率て行くべし。その稲の在処《ありか》は、衣知評《えちのこおり》の平《へ》留《る》の五十戸《さと》の旦波博士《たにはのふひと》の家ぞ。

［大意］椋の直が伝えて言うには、「私が持って行った稲は、馬が得られなかったので、私は帰ってきた。だから、あなた、卜部は、自ら舟人を率いて行きなさい。その稲のありかは、衣知評の平留の五十戸の旦波の博士の家だ」と。

と記され、七世紀後半の生《なま》の書記言語を伝えている。また滋賀県大津市の北大津《きたおおつ》遺跡からは、漢和辞典に相当する音義《おんぎ》木簡(17)が出土し（**図2**）、読み方の習得の具体的なあり方を伝えている。

また、いわゆる『論語《ろんご》』木簡も興味深い。日本の遺跡から三〇点以上が発掘され、都はもちろん、地方社会でも『論語』が受容されていたことが明らかになった（**図3**）。漢字の習得はもちろん、漢文の暗唱のテキストにも用いられたものと思われる(18)。

図2　大津市北大津遺跡出土「音義木簡」（滋賀県立安土城考古博物館蔵）［木簡学会編，1990］

図3　徳島市観音寺遺跡出土「論語木簡」（写真提供＝徳島県埋蔵文化財総合センター）

(17) 七世紀後半。たとえば、「誈　阿佐ム加ム移母」と見える。「誈」を「アザムカムヤモ」と訓読することを示している。なお、これが確実に訓読みをしていたことを示す最古級の事例である。

さらに、『万葉集』に収められている歌を記した木簡も出土するようになり、「生」の和歌と『万葉集』を比較できる環境も整ってきた[19]。このことは、古典文学と歴史学・考古学との学問的な協業作業が必要になったことを示している[20]。

第二に、韓国出土の木簡との比較が可能となったことが重要である。これまで、日本古代の制度や文化を考える場合、中国との関係がもっぱら注目されてきた。律令をはじめ、文学作品についても、中国が日本に多大な影響をもたらしたことはよく知られている。近年では、唐《とう》時代のみならず、隋《ずい》やそれ以前の南北朝《なんぼくちょう》時代[21]の影響も注目されるようになっている。

こうした研究の流れは、朝鮮半島の資料が、石碑など一部を除けば、『三国史記《さんごくしき》』[22]や『三国遺事《いじ》』[23]など、後世に編纂された歴史書に限定されてきたことと、深い関係にある。

ところが、近年、韓国で百済《くだら》や新羅《しらぎ》、そして統一新羅時代の木簡が発見されるようになってくると、大きな見直しが迫られるようになった〔李、二〇〇二／国立昌原文化財研究所、二〇〇四〕。たとえば、日本古代では、「椋」や「鎰」という文字が「くら」や「かぎ」の意味で用いられたが、中国での漢字にそうした意味はなかった。ところが、「椋」は高句麗《こうくり》、「鎰」は新羅で日本と同じ意味で用いられていることが知られるようになり、その結果、日本の文字文化の源流が朝鮮半島にも求めら

(18) ここでは、七世紀中頃と推測される徳島市観音寺《かんのんじ》遺跡出土木簡をあげる。典拠は『論語』学《がく》而《じ》篇であるが、若干文字や語順が異なる。

・子曰　学而習時不孤□乎□自朋遠方来亦時楽乎人不知亦不慍

学而篇本来の読み下しは、「子曰《いわ》く、学びて時にこれを習う。亦説《またよろこ》ばしからずや。朋《とも》有り遠方自《よ》り来たる。亦楽しからずや。人知らずして慍《うら》みず」である。

[大意]孔子はおっしゃいました。「学んだことを機会があるごとに復習し身につけることは、なんと喜ばしいことでしょうか。友人が遠方から訪ねてきてくれることは、なんと嬉しいことでしょうか。他人が自分を認めてくれないからといって不

れることが判明した。

また、『論語』を記した木簡は、韓国でも複数発見されるようになった(24)［橋本、二〇一四］。このことは、『論語』の暗記や書写による教育方法が朝鮮半島経由で日本列島に入ってきたことを示している。こうした事例を踏まえて、七世紀代の日本では、朝鮮半島の文化の影響が大きく、大宝律令の施行（七〇一年）とともに、中国的な政治文化への指向が強まったという指摘もなされるようになってきた（本書、鐘江「文字の定着と古代の社会」四九―五〇頁参照）。

第三は、史料の写真版の相次ぐ出版やネット環境などの劇的な変化である。筆者が研究を始めた頃は、用例を探すには、関係する史料集を片っ端からめくる、いわゆる「総めくり」という作業が必須であった。ところが、現在では漢籍はもちろん、多くの古代史料をネット上で見ることができるようになり、必然的に各種のデータベースも整備されるようになってきた。木簡についても、データベースが整備され（奈良文化財研究所「木簡庫」）、誰でもアクセスすることが可能である。「検索」の労力は、以前と比較にならないほど軽減されたように見える。

こうした現象は、一見すれば、研究環境の飛躍的な進歩と言えるだろう。しかし、わざわざ「一見」と記したように、負の側面が顕在化したことも確かである。同じ用語であっても、意味合いは一つとは限らないし、写本による文字の異同も考慮し

平不満を言うことはありません」。

(19) 万葉歌の書記形態で言えば、柿本人麻呂《かきのもとのひとまろ》（七世紀後半～八世紀はじめ）が助詞・助動詞を伴わない訓仮名で書かれた略体歌を「発明」し、和歌はそこから発展してきたと推測されてきた［稲岡、一九九一］。しかし、現在のところ、七世紀の木簡にはこのような用例は見えず、なぜ、このような文体が『万葉集』に見られるのか、謎が深まった。『万葉集』が、当初の書記形態を保っているかどうかは疑わしい。

(20) 文字資料と言えども、出土品である場合には、年代はもちろん、出土状態は重要な付帯情報

なければならない。やはり使用する者の能力や発想に負うところが大きいと思われる。電子資料やデータベースの機能はこれからも向上するであろうが、最終的判断は研究者の洞察力の深さに規定される面が大きい。

口頭と文書の関係

ことばと文字には、いまさら言うまでもなく深い関係がある。西嶋があげた東アジア文化圏の特徴のなかに儒教・律令・仏教があるが、それらを広めたのは漢字、すなわち「文書主義」であった。

口頭と文書の関係は、「口頭から文書へ」という変化を前提として議論されてきた[早川、一九八六]。とくに当初は、口頭が文書に置き換わるという、ある意味で単純な図式で語られていた。そこには文字は保存性に優れる一方、ことばはすぐに消え、再現性が格段に劣るという点から、文書の方が口頭よりも優れているとの暗黙の了解があった。

「口頭から文書へ」という大筋の変化については、現在でも有効であろう。しかし、口頭よりも文書の方が先進的であると単純に考えることはできない事例も見られる。それぞれの機能の特徴を考えなければならないのである。この点を、現代社会と比較しながら見ておこう。

であるから、考古資料として扱わねばならない。

(21) 北魏《ほくぎ》が華北《かほく》を統一した四三九年から隋が中国を統一した五八九年までのこと。中国の南北に王朝が並立していた時期。

(22) 一一四五年成立。高麗《こうらい》の金富軾《きんふしょく》らが編纂した新羅・高句麗・百済に関する最古の歴史書。

(23) 高麗の僧侶一然《いちねん》が編纂し、彼の弟子が補筆した私撰の歴史書。一三世紀終わり頃に編まれたと推測される。

(24) たとえば、金海《キメ》市の金海鳳凰洞《ポンファンドン》出土『論語』木簡。

まず、古代と変わらない点をあげておく。たとえば、今年、新型コロナウイルスの感染拡大にともなって「特別定額給付金」が支給されることになり、我が家にもこの通知が郵送されてきた。もちろん法的根拠に基づく行政からの通知は、内容の統一化と保存性をはかるためにすべて紙に印刷されている。しかし、その文書の末尾には、通知文で不明な点や疑問点が生じた場合に問い合わせるために、コールセンターの電話番号が大きな文字で記されていた。(25) ここには音声の世界も想定されているのである。会話は残りにくいし曖昧さも常につきまとう。しかし、文章にはない簡便さと、その場での即応性という利点を持っている。文書と口頭は、補い合う関係にあると言える。

こうした文書と口頭の補完関係は、文字に限定される古代史料には残りにくい。だが、わずかながらうかがい知ることができる。天平勝宝《てんぴょうしょうほう》五年(七五三)七月五日、太政官《だいじょうかん》は諸国の官物《かんもつ》に欠失が生じた場合、国司が補塡することなどを命じた(『延《えん》暦交替式《りゃくこうたいしき》』)。その一節に次のようにある。

一つ、未納の物の事
右、水旱《すいかん》・不熟《ふじゅく》の年の出挙《すいこ》の雑物、もし未納有らば、当時の公廨《くがい》の物を以て塡納せよ。*

一般に、こうした命令が誰に対して発せられたのかわからないことが多いが、こ

(25) 質問をいちいち文章化し、その回答を文字化すれば、口頭の何倍もの労力と時間を要する。また、口頭ならば繰り返し質問できるし、詳細を深く尋ねることもできる。

***(大意)** 洪水や日照り、不作の年の出挙(春、農民に稲を強制的に貸し出し、秋に利息付きで返還させる制度)の「雑物」に、もし未納が発生したならば、その時ある公廨稲(国府の官人の給料に充てるための出挙で得た利稲)で塡納せよ。

の場合には明らかになっている。すなわち、この四日後の七月九日、諸国の朝集使《ちょうしゅうし》（毎年、諸国から政務の報告のために上京する使者）から、六カ条の上申が行われたが、その一節には次のように見える（「諸国朝集史起請《きしょう》」『延暦交替式』）。

一つ、水旱・不熟の年の出挙の雑物、雑物の色をいまだ知らず。

答ふ、稲・粟・麦等の類なり。

「水旱・不熟の年の出挙の雑物」の部分が七月五日からの引用で、これを受けて諸国の朝集使たちは、「雑物の種類がわからないので、その具体的な種類を教えてほしい」との質問を提出した。すると太政官は、それは「稲・粟・麦などである」と回答した。

以上から見て、太政官が七月五日に下した命令の対象者は諸国から上京していた朝集使たちで、四日後、彼らは一堂に会した上で、受け取った命令の中の不明確な部分を質問すると、太政官の役人がそれに答えたとの情景が浮かび上がってくる。「答ふ」とあるから、本来は口頭でのやり取りがあり、それを文字化して法令に作り直したものが七月九日付けの文書ということになるだろう［川尻、二〇〇五］。先に示した現代の事例と、ほぼ同様の構造と言える。

文書から発生した口頭

今度も、現代と同様な事例である。

大同《だいどう》元年(八〇六)、太政官は、使者の名を明記した上で、東大寺に対して使者を派遣し寺の雑事を検査させるので、使者の取り計らいを聴《ゆる》せと文書で命令した[26](『平安遺文』一八号)。この文書からだけではどのような指示内容なのか詳細は不明で、詳しいことは使者自身に委ねられていたことになる。

それでは、なぜこの文書はつくられ、下されたのだろうか。それは使者の名前を明らかにし、身元を保証するためであろう。つまりこの文書は使者の身分証明書、現代的に言えば「ＩＤ」に当たると言える[27]。おそらく、この文書は使者が到着する前に東大寺に届けられていたのではなく、使者がみずから持参し、到着と同時に東大寺側に提示したのだろう。これは使者の身元の真正性、言い換えれば口頭による命令内容を保証した文書であり、逆に文書から口頭が生まれたということになる〔川尻、二〇一八〕。

一方、文書には乏しく、口頭に期待される機能もある。それはことばの持つ呪力と言えばよいだろうか。現代でも、神社でのお祓いや神前結婚式などでは祝詞《のりと》と呼ばれる独特の抑揚・節回しを持ったことばが発せられるが、これは古代に起源を持つ。もちろん、その様態が古代と同じであるかどうかは不明としか言いようがない

(26)〔読み下し〕太政官牒《ちょう》す　東大寺《とうだいじ》三綱《さんごう》

〔使者名略〕

牒す。彼の寺の雑事を検《けみ》せんがため、件等の人を差して発遣す。寺、この状を察し、一事《いちじ》已上《いじょう》、使の検校《けんぎょう》を聴《ゆる》せ。今、状を以て牒す。牒到らば状に准ぜよ。以て牒す。

大同元年七月十五日

〔署名略〕

〔大意〕東大寺の雑事を検査するため、右の人等を発遣する。寺は、このありさまを察し、すべて使者の命令を許しなさい。今この文書を以て牒す。牒が寺に到ったならば文書に准じなさい(「牒」とは統属関係にない部署に宛てた文書様式)。

(27) ただし、現代では文字のみならず写真が載せられる場合も多く、今

が、聞く者の多くは、一種荘厳な気持ちにさせられるのではなかろうか㉘。

古代では、天皇の命令や祝詞のようなことばを総じて宣命《せんみょう》と言った。また、和文体で助詞・助動詞、用言の活用語尾などを万葉仮名で書き表した文体を宣命体と呼ぶ㉙。政務や儀式の場では、単に文書を機械的に読んで内容を伝達するのではなく、聞く者の心に訴えかける、独特の作法によることばが重視されたのである。

民衆への法令の伝え方

しかし、当然、現代とは異なった場合もある。

ここでは、二〇〇〇年に発掘された石川県津幡《つばた》町の加茂《かも》遺跡から出土した牓示《ぼうじ》札《ふだ》を㉚紹介しよう（**図4**）［平川監修、二〇〇一］。嘉祥《かしょう》年間（八四八―八五一年）、加賀《かが》国府の命を受けた加賀郡司《ぐんじ》が、配下の郷長《ごうちょう》や駅長《えきちょう》、そして刀禰《とね》たち㉛に下した八カ条にわたる命令を墨書し、北陸道《ほくろくどう》の道脇に立てかけたものである。二条ほどを読み下しておく。

一つ、田夫《でんぷ》は朝は寅《とら》の時を以《もっ》て田に下り、夕は戌《いぬ》の時を以て私に還《かえ》るの状。

〔中略〕

一つ、里邑《りゆう》の内にて故《ことさら》に酒を喫《くら》ひ酔ひ、戯逸《ぎいつ》に及ぶ百姓《ひゃくせい》を禁制すべきの状*。

内容もきわめて具体的で、一一〇〇年以上前の農民生活を具体的に知ることがで

後は指紋・虹彩《こうさい》・声紋など非文字化が進むであろう。

(28) アジア・太平洋戦争の終わりを直接国民に告げた、いわゆる昭和天皇の「玉音《ぎょくおん》放送」が、もし文書で国民に配布されたとしたら（軍部の反対で難しかったであろうが）、日本国民は無条件降伏について、まったく異なった受け入れ方をしたのではなかろうか。これもまた、ことばの持つ呪力と言えよう。

(29) 一例を示しておく。［原文］現御神止大八嶋国所知天皇大命良麻止詔大命乎、集侍皇子等・王等・百官人等、天下公民、諸聞食止詔。（『続日本紀《しょくにほんぎ》』文武《もんむ》天皇元年〈六九七〉八月条）

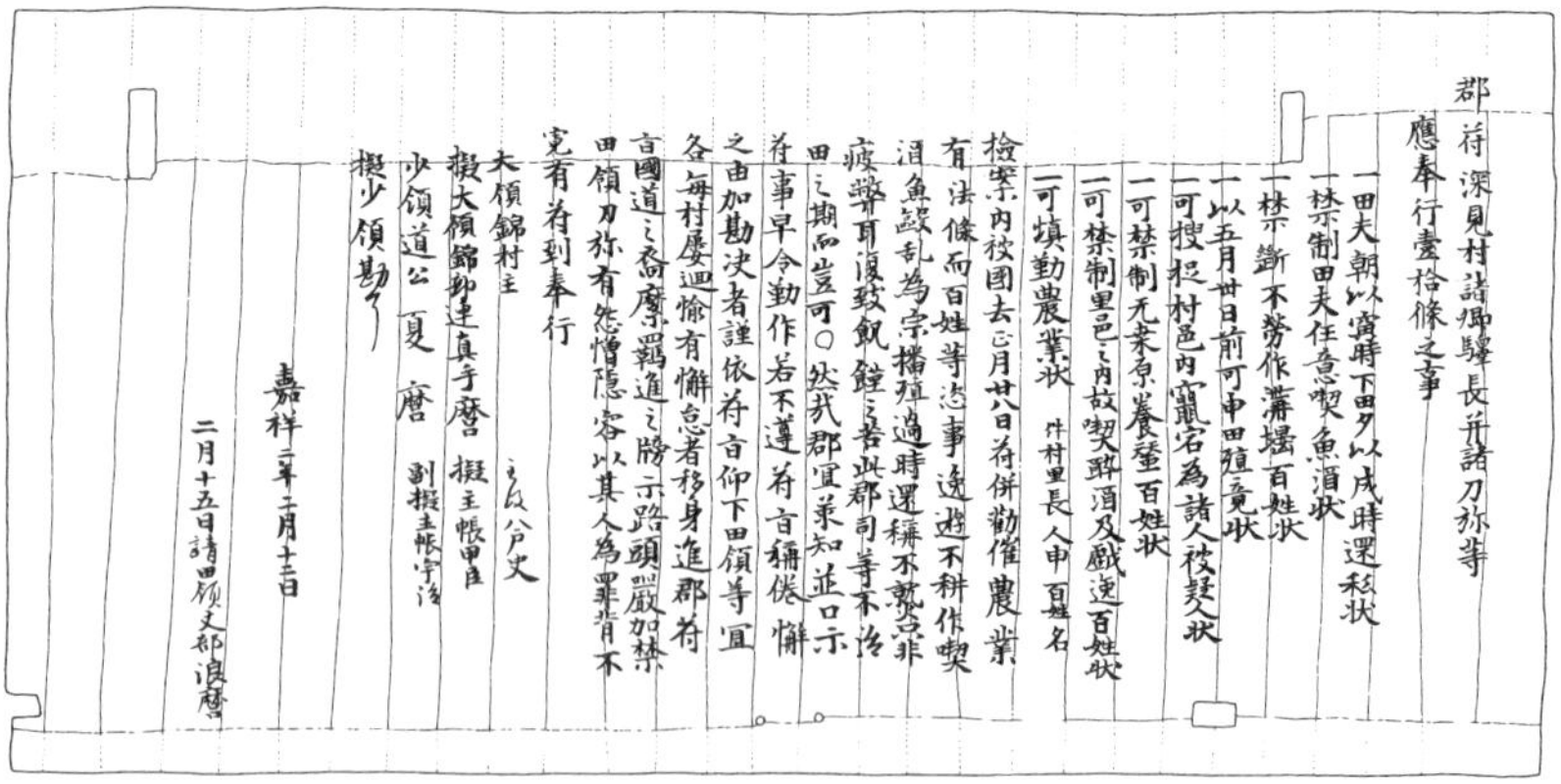
郡符　深見村諸郷駅長并諸刀祢等
応奉行壹拾条之事
一田夫朝以寅時下田夕以戌時還私状
一禁制田夫任意喫魚酒状
一禁断不労作溝堰百姓状
一以五月卅日前可申田殖竟状
一可捜捉村邑内竄宕為諸人被疑人状
一可禁制无桑原養蚕百姓状
一可禁制里邑内故喫酔酒及戯逸百姓状
一可填勤農業状　件村里長人申百姓名
検案内被国去□月廿八日符併勧催農業
有法條而百姓等恣事逸遊不耕作喫
酒魚殴乱為宗播殖過時還称不熟只非
疲弊耳復致飢饉之苦此郡司等不治
田之期而豈可◯然哉郡宜承知並口示
符事早令勤作若不遵符旨称倦懈
之由加勘決者謹依符旨仰下田領等宜
各毎村屢廻愉有懈怠者移身進郡符
旨国道之裔縻羇進之牓示路頭厳加禁
田領刀祢有怨憎隠容以其人為罪背不
寛有符到奉行
大領錦村主　主政八戸史
擬大領錦部連真手麿　擬主帳甲臣
少領道公夏麿　副擬主帳宇治
擬少領勘了
嘉祥二年二月十二日
二月十五日請田領丈部浪麿

図4　石川県津幡町加茂遺跡出土牓示札［平川監修, 2001］

きる。これらの条文に続き、次のような内容が記されている。加賀国司が加賀郡司に対して、勧農に関する命令を下した上で、「〔加賀〕郡は〔国の命令を〕承知し、ならびに命令を口頭で示し、農業に従事させなさい。もし国の命令に従わず、飽きて怠ったならば、〔郡は〕罰を加えよ」と命じた。そこで加賀郡司は、「国の命令によって、田領《たづかい》等(32)に仰せ下す。村ごとに〔命令を〕届け廻らせて、〔人々を〕諭しなさい。怠りがあったならば、その者の身柄を郡に進めなさい。また、加賀国司の命令を国の道(北陸道)の道ばたに牓示して、厳しく禁制を加えなさい」と命じた。

　注目したいのは、加賀国司が郡司に対して命令を「口示《くじ》」する(口頭で示

［読み下し］現御神《あきつみかみ》と大八嶋国《おおやしまぐに》知らしめす天皇《すめら》が大《おお》命《みこと》らまと詔《の》りたまふ大命を、集《うごなわ》り侍《はべ》る皇子《みこ》等《たち》・王《おおきみ》等《たち》・百《もも》官《つかさの》人《ひと》等《ども》、天《あめの》下《したの》公民《おおみたから》、諸《もろもろ》聞きたまへと詔る。

［大意］現世に姿を現している神として、大八嶋国(日本)を統治なさっている天皇のご命令であると仰るご命令を、集まっている皇子等・王等・百官人等、天下の公民たちよ、もろもろお聞きなさいと仰った。

(30) 道の傍らに掲示した文字が書かれた札。縦約二三センチ、横約六一センチ、厚さ約一・七センチほどのものが現存し、立てかけるための脚を取り付けた跡がある。墨痕は残っていないが、墨が付いた部分は風化しにく

す)ことを求め、また、加賀郡司が田領に向かって、村々を巡って命令を農民に(口頭で)教え諭すことを指示している点である。つまり、加賀国司の命令は、郡司を通して文書とともにことばによっても農民たちに伝達されていたのである。こうした複数の伝達回路の確保は、識字率が低い社会では必要不可欠だったのだろう。そして、この事例も文書から口頭が生まれたことを示している。

　これまで牓示札の内容・機能について説明してきたが、おそらく読者の中には、近世の高札[33](場)を連想した方もおられるのではなかろうか。この牓示札が「古代のお触れ書き」と言われるゆえんである。多くの民衆が読み書きできるようになる以前の近世社会では、村役人などが高札に記された法令を、文字の読めない人々に読み聞かせていたことと共通する。

　従来、漢文で表記された古代の法令が、どのように在地社会に伝達されたのかまったく不明であったが、加茂遺跡から牓示札が出土したことによって、文書と口頭の関係がはじめて具体的にわかったのである。口頭と文書は、相互に補完しあい、それぞれの特徴を活かしていた。そこには、「口頭から文書へ」という単純な時間的な変遷ではなく、複雑で有機的な関係を目にすることができる。

いために、文字が木部の凹凸として残った。このことは、長期間にわたって風雨に晒されていたことを示している。

(31) 郷長は郷の長、駅長は深見《ふかみ》駅の長のこと。刀禰の実態は不明だが、村の長老的存在であろう。

＊(大意) 一つ、田夫は朝は午前四時頃に農作業をはじめ、夕方は午後八時頃に私宅に還ること。
〔中略〕
一つ、村の内で故意に酒を呑んで酔い、賭け事に及ぶ百姓(公民のこと)を禁制すべきこと。

(32) 郡司より身分の低い郡の役人の一種。農業に関する指導・管理を行っていた。

本書の構成

鐘江宏之「文字の定着と古代の社会」は、日本列島における文字使用の始まりから説き起こし、さまざまな過程を経た上で、七世紀後半以降、官僚制の浸透とともに文字文化が社会に定着した過程を描く。とくに、日本および韓国での出土文字資料を多用することにより、七世紀末までの日本は朝鮮半島の影響が強く、八世紀の初頭(大宝律令の施行)以降、唐の影響が一気に高まることを強調する。現在までの、歴史学によることば・文字研究の集大成と言える。

川尻秋生「新たな文字文化の始まり」は、実例を紹介しつつ、九世紀の日本の文字文化を、唐の影響が強いもの、唐の文化を日本的にアレンジしたもの、唐の影響を受けつつも日本的なものに分類して考察する。とくに、九世紀の後半に「実録」の考え方が導入され、個人的な自我や日記が成立すると見る点が新しい。

犬飼隆「日本のことばと漢字との出会い」は、日本と韓国の出土文字資料研究の視点から、従来の古代日本語学の成果を大きく見直し、記紀・万葉の表記方法が例外的であったことを論証する。平易な文章の中にも、筆者自身の手になる最前線の研究を盛り込み、スリリングな内容を併せ持つ。

デイヴィッド・ルーリー「世界の文字・リテラシーの歴史と古代日本」は、世界的視点から、日本古代の「リテラシー」を見直し、表音文字から表語文字への変遷

(33) 幕府や領主の発した法令を書き記した木の札。高札場はそれを掲示した施設。江戸時代、全国の村々の人目に付きやすい場所に広く置かれた。

を見通した上で、鐘江と同じく、七世紀中頃を日本のリテラシーの画期と見ている。また、日本古代の文字史によって、世界の文字史を見直す必要性があるとの主張は、とかく世界標準に合わせることに慣らされてきた日本人の目には新鮮に映るのではなかろうか。

本書の論考は、いずれも新たな資史料をふんだんに用い、新機軸を打ち出している。古代の歴史や日本語研究は、とかくすでに解明し尽くされた古くさい学問分野のように思われがちであるが、実は新たな「発見」により日々更新されつつある「熱い分野」である。読者の方々にこの現状を伝えることができるとすれば、編者の一人として、これに過ぎる喜びはない。

引用・参考文献

稲岡耕二、一九九一年『人麻呂の表現世界』岩波書店
犬飼隆編、二〇一七年『古代文学と隣接諸学4　古代の文字文化』竹林舎
上原真人ほか編、二〇〇六年『列島の古代史6　言語と文字』岩波書店
岸俊男編、一九九六年『日本の古代14　ことばと文字』中公文庫
川尻秋生、二〇〇五年「口頭と文書伝達——朝集使を事例として」平川南ほか編『文字と古代日本2　文字による交流』吉川弘文館
川尻秋生、二〇一八年「「使者」と文書」新川登亀男編『日本古代史の方法と意義』勉誠出版
国立昌原文化財研究所、二〇〇四年『韓国の古代木簡』芸脈出版社

西嶋定生、二〇〇〇年『古代東アジア世界と日本』(李成市編)岩波現代文庫
橋本 繁、二〇一四年「『論語』木簡 朝鮮半島出土『論語』木簡と新羅の儒教受容」『韓国古代木簡の研究』吉川弘文館
早川庄八、一九八六年「前期難波宮と古代官僚制」『日本古代官僚制の研究』岩波書店
平川南監修・(財)石川県埋蔵文化財センター編、二〇〇一年『発見! 古代のお触れ書き——石川県加茂遺跡出土加賀郡牓示札』大修館書店
平川南ほか編、二〇〇四—〇六年『文字と古代日本』1—5、吉川弘文館
平川南編、二〇〇五年『古代日本 文字の来た道』大修館書店
藤岡 穣、二〇一九年「古代寺院の仏像」、吉村武彦ほか編『古代寺院(シリーズ「古代史をひらく」)』岩波書店
李成市、二〇〇二年「古代朝鮮の文字文化」国立歴史民俗博物館編『古代日本 文字のある風景』朝日新聞社

挿図引用文献

木簡学会編、一九九〇年『日本古代木簡選』岩波書店

文字の定着と古代の社会

鐘江宏之

はじめに

日本の古代においては、八世紀の奈良時代になると、律令制の施行された社会の中で文字が広く見られるようになっており、「文書主義」であったとも言われている［早川、一九九七／佐藤、一九九七／三上、二〇一三など］。しかし、後述するように、その時代においても、すべての人々が文字を読み書きできたわけではない。本書は、古代社会における文字とことばの問題を扱っているが、この章では、律令制下のように文字が社会の中でふんだんに使われるに至るまでの状況について述べるとともに、そのように文字が広く使われるようになった社会の中で起きていたいくつかの関連する問題について、扱っていくことにしたい。

もともと文字の使われていなかった日本列島には、弥生時代に列島の外から文字が入ってきた。しかし、すぐに文字が定着したわけではなく、文字の利用が定着するには数百年の時間を要した。その過程について述べていくにあたり、まず、文字が列島に入ってきたことのわかる痕跡から追ってみることにしたい。

(1)『後漢書』は、後漢王朝の正史として五世紀前半に南朝宋《そう》の范曄《はんよう》が編纂。本紀・列伝・志《し》からなるが、志の部分は西晋《せいしん》の司《し》馬彪《ばひょう》が編纂した『続漢書』の志を合わせる。「東夷伝」は後漢から見た東方の異民族について記した部分。

(2)『後漢書』では倭国の「極南界」にあるとされるが、地名からみて現在の福岡市博多区付近に

1　日本における文字使用の萌芽と文字文化の受容

日本列島への文字の伝播

日本列島に文字が持ち込まれていることが文献上で知られる最も古い記事は、『後漢書《ごかんじょ》』東夷伝《とういでん》(1)の奴国《なこく》(2)についての記述である。西暦五七年に奴国から朝貢を受けた後漢の光武帝は、印綬《いんじゅ》(綬(3)の付けられた印)を下賜したと伝えられている。この朝貢が以後の外交につながるような恒常的交流の端緒だったとは想定しにくいが、このとき与えられた印綬には文字が刻まれていた。現在福岡市に所蔵されている「漢《かんの》委奴国王《わのなのこくおう》」と陰刻《いんこく》(4)された金印(5)(**図1**上)が、このとき下賜されたものと考えられている。

当時の印は陰刻であり、木簡に書かれた文書や、荷物の中身が外から見られないようにするための仕組みに使われた。文書や荷物などに木の留め具を通して紐をかけ、その留め具の紐の上から封泥《ふうでい》(**図1**下)という泥で固定して封じ、さらにその上から印を捺す。粘土のような泥の上から文字の彫り込まれた印を捺すことによって、文字が凸型に浮き出るように作られており、その印の文字は封印された文書や荷物の中身を保証する責任の所在を示すものであった。

あった小国と考えられている。

(3) 印に結びつけ、印を身につけるための紐。身分に応じて許される色が異なるため、身分を表す象徴ともなる。

(4) 印には、文字が凸形に彫られた陽刻と、凹形に彫られた陰刻がある。陰刻の印は、粘土などに押しつけた際に文字が凸形に浮き上がるようにできており、紙に捺印する目的で作られてはいない。

(5) 江戸時代の天明四年(一七八四)に志賀島《しかのしま》で発見されたと伝えられる。印面は約二・四センチメートル四方で、つまみは蛇の形状。福岡藩に献上された。福岡市博物館所蔵。

すなわち、印は、中国での書類授受や物品授受の仕組みを前提とした、責任の所在を文字で示す道具の一つであった。後漢の社会では、こうしたやりとりがすでに行われており、印綬が与えられたことは、対外交流における外交上の建前とはいえ、後漢を中心としたこうしたやりとりの世界に組み込むという意志が後漢王朝から示されたことになる。ただし、この印綬の下賜が、その後に日本列島内で文字が広く受容されるきっかけになったとは考えがたい。文字を主体的に使っていることがわかるような史料上の記述はまだ見出されない。このころの遺跡からは、中国の貨幣が見つかることもあり、貨幣には文字も記されている場合があるが、当時の人々が

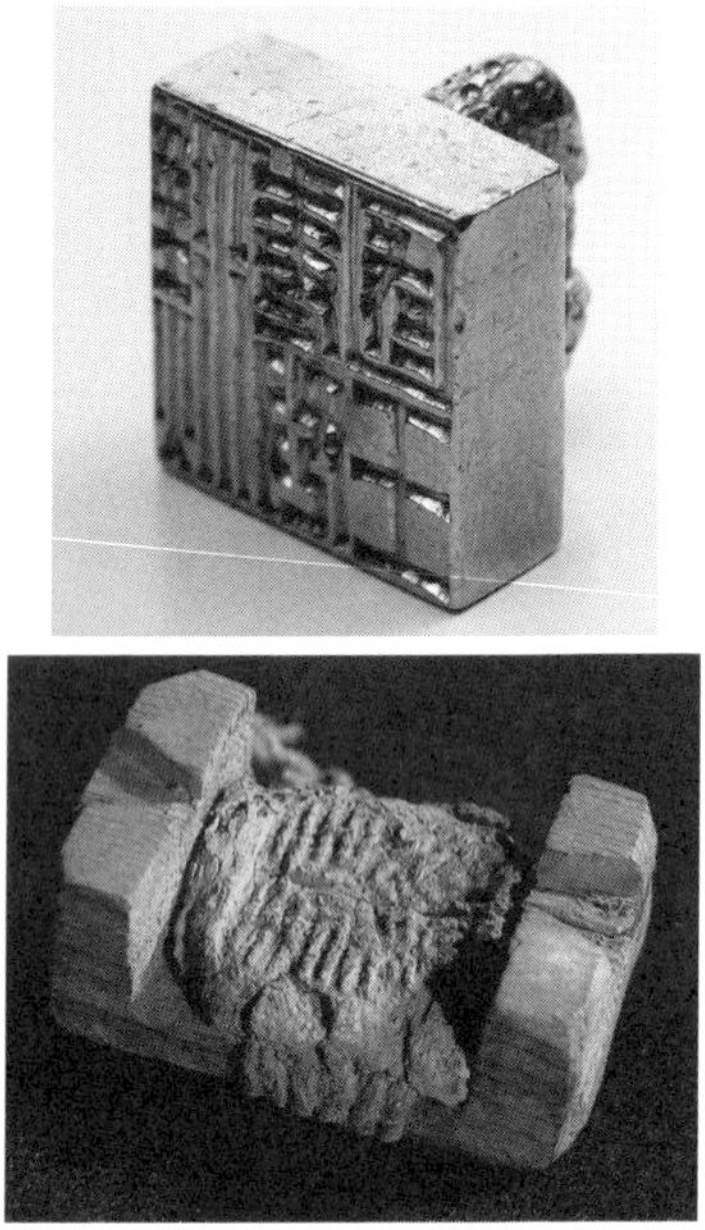

図1 (上)「漢委奴国王」金印(福岡市博物館蔵. 写真提供＝福岡市博物館, DNPartcom)
(下) 中国甘粛省金塔県肩水金関遺址出土封泥[大阪府立近つ飛鳥博物館編, 1994]. 印文は「居延右尉」

それらの貨幣を目にしたとしても、自身が文字を使いこなすことはできなかっただろう。

次に日本列島内に文字がもたらされたことを記しているのは、『三国志《さんごくし》』魏書《ぎしょ》東夷伝(6)の倭人の条（いわゆる「魏志倭人伝」）の、邪馬台国《やまたいこく》の記述である。邪馬台国の女王卑弥呼は、魏との通行によって、西暦二三九年に明帝から金印紫綬《しじゅ》（紫の綬の付けられた金印）やそのほか多くの物を下賜され、その中に「銅鏡百枚」も含まれていた。先述した後漢から奴国王に下賜された印綬と同様に、このときの金印も封泥に捺すためのものである。そして、一〇〇枚の銅鏡の中にも、文字が鋳出されて銘文を持つものがあった可能性がある。

銘文のある鏡は、当時の社会において文字の記された文物の中でも、現代まで比較的よく残っているものということができる。卑弥呼の時代よりさらに遡る弥生時代中期の北九州地方の墳墓に、中国製で銘文のある鏡が副葬されている事例も見られる。しかし、日本列島に銘文のある鏡が持ち込まれるようになった後、鏡に記された文字がどこまで理解されていたのかと言えば、それほど理解が進んで定着していたとはみなしがたい。卑弥呼の時代より後にあたる古墳時代に日本列島内で製作された鏡（仿製鏡《ぼうせいきょう》という）の中には、文字の知識のない鏡工人が文字をまねて図像化してしまったような、擬銘帯《ぎめいたい》と呼ばれるデザインのものもあり、三—四世紀になっ

（6）『三国志』は、三世紀末ごろに西晋《せいしん》の陳寿《ちんじゅ》が編纂。中国三国時代をまとめた『魏書』『蜀書《しょくしょ》』『呉書《ごしょ》』からなる。『魏書』で東方異民族を記した「東夷伝」には、倭人について書かれた部分があり、邪馬台国など日本列島の地域の情報も詳しく描かれている。

ても、日本列島では文字の意味を踏まえて鏡に文字が鋳出されているとは考えがたい例が多い［森下、二〇〇四］。したがって、弥生時代に鏡が持ち込まれた当初はもちろん、その後二〇〇年以上経た古墳文化の時期にあっても、文字の理解がそれほど浸透しているとは想定しがたいのである。

魏から邪馬台国へは文書も送られた。印綬とともに「詔書《しょうしょ》」も送られており、邪馬台国と狗奴国《くなこく》(7)とが抗争状態に突入した際には、魏の帯方郡《たいほうぐん》(8)から邪馬台国に「檄《げき》」(9)が送られたことも『三国志』に記されている。詔書も檄も、送り先の相手がそれらに記された文を理解できることを前提としていた。卑弥呼やその周辺の人物が魏からの詔書や檄の文を実際にどの程度読めたのかはわからないが、邪馬台国が魏と外交関係を持つにあたっては、魏の側から文筆技術を持つ者が邪馬台国に派遣されていた可能性も考えておくべきである。『三国志』に邪馬台国の情報が詳細に記されていることからすると、そうした外交官のような人物が自身の見聞をもとにまとめた記録が、『三国志』編纂の際に利用された可能性もあるだろう。魏からの詔書に対して、邪馬台国から上表(10)が魏に送られたとも記されているが、これは文筆に優れた魏の外交官が女王卑弥呼の意志を筆録して作成したとも考えられる(11)。

このように、文字によるやりとりを窺わせる記述は『三国志』に見られるが、しかし、この段階においても、そのやりとりをきっかけとして日本列島に文字が普及

(7)『魏書』には、邪馬台国の南方に位置し、男王がいたと記される。

(8) 後漢末以降、朝鮮半島およびその東方を支配するために置かれた郡の一つ。現在の大韓民国ソウル市付近とされる。

(9) 中国で、戦争や兵乱などに際し緊急に出され、敵方の悪と味方の正義を述べて徴兵や同意を促す文書。

(10) 外交の上で中国皇帝に対して公的に送られる文書の様式。詔書が皇帝から下達される様式であるのに対し、上表は皇帝に上申する文書。

していったと言えるような形跡は見られない。まだ社会のごく一部に文字が到来したに過ぎなかったのだろう。

列島内での文字使用の萌芽

日本列島の中で作成された書物からは、このような文字が到来した初期の時代を客観的に知ることは難しい。『古事記』や『日本書紀』など、日本の歴史を語る目的で編纂された書物は、いずれも八世紀になって完成したものであり、その中に古い伝承が取り入れられているとしても、書かれている内容と実際に筆録された時代との時間差は大きく、内容についての大きな虚飾があって、文章の通りに受け取ることはできない。こうした文字到来の初期の時代の様相は、中国側の目から見た何らかの記録をもとにして編纂された中国史書によって、部分的に明らかにしていくしか手段がなかったのだが、ここ三〇年ほどの発掘調査においては、文字とみられる痕跡のある二世紀から四世紀以前の遺物も各地から見つかるようになった。それらを**表1**に示しておく。いずれの資料も一点一点に書かれている文字の数は少なく、これらの遺物の文字が何を示しているのかは、判然としない。

土器の事例がいくつかあることから(**図2**)、後述する八世紀後半から九世紀の墨書土器のように、祈りや願望の内容を示したものかもしれないが、固有名詞の可能

(11) 邪馬台国の状況について、上表文が書ける人物がいたとして、文筆官僚の存在を想定し、文書でのやりとりができる国家になっていると高く評価する見解もある。しかし、その後の日本列島での展開や、出土遺物から窺われる文字の浸透の様相を考え合わせるならば、邪馬台国の段階の後に文字の利用が広まっていくほど、文筆技術者の存在が影響を与えていたとは考えがたい。むしろ、邪馬台国の文筆担当者が魏から臨時に派遣された者であった可能性も想定しておくべきかと思われる。

表1　4世紀までの出土文字資料

時期	遺跡名	所在地	遺物	記載方法	文字
紀元前 1世紀ごろか	塚崎東畑遺跡	福岡県久留米市	丹塗祭祀 土器か	顔料	□□□□/□ (あるいは 文字でない？)
紀元後 2世紀後半	大城遺跡	三重県津市	高坏	刻書	□ (「奉」もしくは 「年」)
3世紀	貝蔵遺跡	三重県松阪市	壺	墨書	田
3世紀中ごろ	鴨田遺跡	滋賀県長浜市	甕	刻書	□(「卜」か)
3世紀中ごろ	三雲遺跡	福岡県糸島市	甕	刻書	竟(「鏡」か)
3世紀後半ごろ	根塚遺跡	長野県木島平村	土器片	刻書	大
3世紀後半	市野谷宮尻遺跡	千葉県流山市	壺	墨書	久
4世紀初頭ごろ	柳町遺跡	熊本県玉名市	短甲留具	顔料	□□□田
4世紀前半ごろ	片部遺跡	三重県松阪市	壺	墨書	□(「田」か)

性も残る。点数が少ない現状では、文字を記した目的の解明はなかなか難しい。日本列島の中で文字を記す行為が始まっていることは認められるが、文字を使いこなしていたとまでは言えないだろう(12)。文字を記すことが祭祀やまじないに伴う行為であった場合には、限られた種類の文字しか書かれないということにもなる。複数の文字列によって何かを記すという行為にはまだ至っておらず、そうした行為は五世紀になってようやく見られるようになる。

五世紀後半ごろの文章として、埼玉県行田市の稲荷山《いなりやま》古墳から出土した金《きん》錯銘《さくめい》鉄剣と、熊本県和水《なごみ》町の江田《えた》船山《ふなやま》古墳から出土した銀錯銘大刀(**図3**)の銘文がよく知られている。これらの二

(12) 最近では、弥生時代の遺跡から見つかる遺物として、硯《すずり》の可能性のある石製品の存在が指摘されている。しかし、硯が存在したとしても、一部に文字の書けた人間が存在したことの証拠にはなり得るが、文筆が広まっていたとまでは言いがたい。**表1**のように、現在までに見つかっている文字のある遺物も、四世紀の段階までは長文のものはない。

つの銘文はともに、その中に登場する「獲加多支鹵大王」(ワカタケル大王＝大泊瀬幼《おおはつせのわか》武天皇《たけるのすめらみこと》＝雄略《ゆうりゃく》天皇)の時代に記されたと考えられる。稲荷山古墳出土鉄剣の銘文冒頭には「辛亥《しんがい》年七月中に記す」と書かれており、辛亥年は西暦四七一年とみる説が有力である。

一方の江田船山古墳出土大刀の銘文は次のようなものである。

天の下治《し》らしめしし獲□□□鹵大王の世、典曹《てんそう》に奉事せし人、名は无利弖《むりて》、八月中、大鉄釜を用い、四尺の廷刀《ていとう》を幷《あわ》す。八十たび練り、□《〔九カ〕》十たび振《う》つ。三寸《さんすん》上好《じょうこう》の□《〔刊カ〕》刀なり。此の刀を服する者は、長寿にして子孫洋々、□恩を得るなり。

図 2 (上) 三重県津市大城遺跡出土刻書土器(2 世紀後半. 写真提供＝津市教育委員会)
(下) 千葉県流山市市野谷宮尻遺跡出土墨書土器(3 世紀後半. 公益財団法人千葉県教育振興財団承諾)

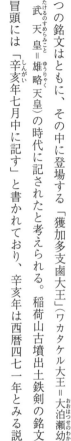

其《そ》の統《す》ぶる所を失わず。刀を作る者、名は伊太□〔和カ〕、書者は張安《ちょうあん》なり。*

銘文の末尾では、大刀の作者を「伊《い》太《た》和《わ》」、銘文の「書者」を「張安」と記しており、作刀者名は倭語の固有名詞とみられるが、この銘文を書いたとみられる「張安」はその名前からすると渡来系の人物である可能性が高い。

五世紀後半には、列島内の文筆技術者はまだそれほど人数がいるとは考えがたく、文筆作業の必要な場面のために、支配者である大王や豪族が文筆技術者を掌握しており、文筆技術者は支配集団に帰属していたと考えるべきだろう。そして、その技術が渡来系の人物によって担われていることも重要である。この時期には漢字を利用した長文が書かれるに至っていることは明らかであり、文字を書ける技術を持つ渡来系の者はいたものの、ごく限られた専門家として文字を操っていたのだろう。

*（**大意**）天下を治めるワカタケル大王の代に、典曹（役所を管理する役職）として仕えたムリテが、八月中に大きな鉄釜を使い四尺の良刀を作った。八〇回、九〇回鍛錬したすばらしい刀である。この刀を所持する者は長寿で子孫も繁栄し□恩を受け、自身の支配下を失わないだろう。作刀者はイタワ、書者は張安である。

図3　江田船山古墳出土銀錯銘大刀（東京国立博物館蔵）
（右）実測図［東京国立博物館編，1993］
（左）銘文拡大図（Image: TNM Image Archives）

当時の外交活動の上でも、国内で文書が作成されて大陸へ送られたと考えられる。『宋書《そうじょ》』には倭の五王(13)の外交活動が記されているが、『宋書』に引用されている倭王武《ぶ》(＝雄略天皇＝ワカタケル大王に相当する)の上表文は、こうした外交文書が中国南朝(14)に対して実際に送られたことを示している。もちろん、現在『宋書』の中に伝えられている文章は、『宋書』の編纂が完成するまでのいずれかの過程で、中国人によって整えられた結果のものと考えられるが、体裁はともかく、『宋書』に見える上表文に相当する内容の文書が、倭の王権における文筆担当者によって作られたと考えてよいだろう[河内、二〇一五／田中、二〇〇五]。

図4　隅田八幡神社人物画像鏡
(作図：下垣仁志)

また、このころ日本列島の中で作成された、独自の情報を持つ銘文のある鏡として、和歌山県橋本市の隅田《すだ》八幡神社所蔵の人物画像鏡(**図4**)が知られている。銘文は次のようなものである。

癸未《きび》の年八月日、十大王年〔男弟カ〕□□王、意柴沙加宮《おしさかのみや》に在りし時、斯麻《しま》、長奉を念じ、開中費直《かわちのあたい》穢人《えひと》、今州利《いますり》、二人らを遣わして、白き上同(＝

(13)『宋書』などに、倭の讃《さん》・珍《ちん》・済《せい》・興《こう》・武の五王が、五世紀前半から六世紀初頭にかけて中国南朝に対して遣使した記事が見られる。済・興・武はそれぞれ『日本書紀』での允恭《いんぎょう》・安康《あんこう》・雄略天皇とみられるが、讃・珍については諸説がある。

(14)中国で西晋が北方遊牧民族の進出によって滅び、その後に南方で建てられた東晋王朝が四二〇年に滅亡した後に、宋、斉《せい》、梁《りょう》、陳《ちん》の各王朝が続いたが、これを南朝と呼ぶ。北方には北魏が興り北朝となって北斉や北周に続き、南北朝時代と呼ばれた。北周から出た隋《ずい》によって五八九年に陳が併合され、再び統一王朝となる。

銅)二百旱《かん》を□〔取カ〕りて、此《こ》の竟《かがみ》(=鏡)を作る。*

「癸未年」と記された年代は、西暦五〇三年とする考え方が有力である。漢語でない倭語を表記したとみられる「意柴沙加宮」「開中費直」など、漢字を利用して音にあてる万葉仮名のような表記の工夫が、稲荷山古墳の鉄剣や江田船山古墳の大刀と同様に窺われる［東野、二〇〇五］。

*(大意) 癸未の年の八月に、十大王年男弟王が忍《おし》坂宮《さかのみや》にいた時に、シマが長寿を祈って、河内直穢人とイマスリの二人を派遣し、良質な白銅二〇〇旱を使ってこの鏡を作った。

朝鮮半島から伝わった文字文化の諸要素

先に挙げた稲荷山古墳や江田船山古墳出土の鉄製の刀剣には、象嵌《ぞうがん》という技法で文字が記されている。刀剣本体の金属に鏨《たがね》を使って文字を彫り込み、刀剣本体とは異なる金属の金や銀などの線を埋め込んで、文字を浮き出させる技法である。実は、稲荷山古墳出土の鉄剣よりも古いものとして、千葉県市原市の稲荷台一号墳から出土した、「王賜」(王賜《おうたま》う)で始まる象嵌銘文のある鉄剣も知られている。この古墳の年代は五世紀中頃と考えられており、古墳に納められた鉄剣の作成年代は古墳造営よりも遡るとも考えられるので、早ければ五世紀前半ごろには象嵌の技法が日本列島内で行われていた可能性がある。このような象嵌による銘文を持つ刀剣は、朝鮮半島にも同様のものがあったことが知られており、[15] おそらく、朝鮮半島からやってきた技術者によって、こうした象嵌技術が遅くとも五世紀中頃までにはもたらされ

(15) 東京国立博物館所蔵の有銘環頭大刀(銀象嵌)は、朝鮮半島加耶《かや》地方の出土と伝えられる。先端は折れているが「……此の刀の主をして富貴にして高く遷《うつ》り、財物多からしむるなり」という銘文が残る。

ていた。このように、文字をめぐる技術の上では、五世紀にはさまざまな点で朝鮮半島と共通する文化的要素を持つようになった。ただし、鋳物《いもの》としての鏡や、刀剣への象嵌は、高価な材料と高度な技術を必要とし、日常的な仕事として記録を行うための方法ではない。こうした技術が支配者の権力下に独占される中で、銘文のある金属製品は、特別なものとして作られていた。

一方で、書物の伝播についても、朝鮮半島とのつながりは深い。『古事記』応神《おうじん》天皇の段には次のような話が伝えられている。

(前略)亦《ま》た、百済《くだら》の国主照古王《しょうこおう》、牡馬壱疋《いっぴき》・牝馬壱疋を阿知吉師《あちきし》に付けて貢上《たてまつ》りき。〈此の阿知吉師は、阿直史《あちきのふひと》らが祖ぞ。〉亦た、横刀と大鏡と貢上りき。又、百済国にもし賢《さか》しき人有らば貢上れと科《おお》せ賜ひき。故《かれ》、命を受けて貢上れる人、名は和邇吉師《わにきし》。即ち論語十巻・千字文《せんじもん》一巻、并せて十一巻、是の人に付けて貢進《たてまつ》りき。〈此の和爾吉師は、文首《ふみのおびと》らが祖ぞ。〉*(後略)

和邇吉師(和爾吉師)が百済からやってきて『論語』と『千字文』(後述、六二頁参照)をもたらしたとされる。この話は、『日本書紀』応神天皇十五年八月丁卯《ていぼう》条では、やや書かれ方が異なり、次のように記されている。

百済王、阿直岐《あちき》を遣はして、良馬二匹を貢《たてまつ》る。即ち、軽《かる》の坂の上の厩《うまや》に養《か》はしむ。因りて、阿直岐を以て掌《つかさど》り養はしむ。故、其の馬養ひし処を号して厩坂《うまやさか》と

***(大意)** 百済の照古王が牡馬一頭・牝馬一頭を阿知吉師に託して献上した。阿知吉師は阿直史の先祖である。また、太刀と大鏡を献上した。さらに、百済に賢い人がいれば献上せよと応神天皇が命じ、それで和邇吉師が倭に送られ、『論語』と『千字文』をもたらした。和邇吉師は文首たちの先祖である。

曰ふ。阿直岐、亦た能《よ》く経典を読めり。即ち、太子菟道稚郎子《うじのわきいらつこ》、師としたまふ。是において天皇、阿直岐に問ひて曰はく、もし汝に勝れる博士亦た有りや。対《こた》へて曰はく、王仁《わに》といふ者有り。是《こ》れ秀でたるなり。時に上毛野君《かみつけののきみ》が祖、荒田《あらた》別《わけ》・巫別《かんなぎわけ》を百済に遣はして、仍《よ》って王仁を徴《め》すなり。其の阿直岐は、阿直岐《あちきの》史《ふひと》が始祖なり。*

また、同じ『日本書紀』応神天皇十六年二月条にも、次のように見える。

王仁来《きた》り。則ち太子菟道稚郎子、師とし、諸典籍を王仁に習ふ。通達せざること莫《な》し。いはゆる王仁は、是れ書首《ふみのおびと》らが始祖なり。*

『日本書紀』では、阿直岐（『古事記』では阿知吉師）は『古事記』と同じく馬をもたらしたが、それだけではなく「経典」（儒教の書物）を読む能力に優れていたので、応神天皇の皇子が彼に習ったという。そして、さらに優れた能力を持つという王仁（『古事記』では和邇吉師）が紹介され、百済から連れてこられたと描かれる。

『古事記』に見える『論語』と『千字文』が応神天皇の時代にもたらされたとする話は、実際には後年のできごとが応神天皇時代のこととして仮託されたとみたほうがよく、あくまで伝承としか言いようがない。王仁がこれらを持ってきたかどうかは、王仁自身が実在したのかどうかということも含めて、確たる証拠もない。ただし、百済からさまざまな技術や文物がもたらされたとする伝承は多く、『論語』

***（大意）** 百済王は阿直岐を派遣し良馬二頭を献上したので、軽の坂の上の厩舎で阿直岐に世話をさせた。それでその馬を飼った場所を厩坂という。また、阿直岐は儒教の書物を読むことができたので、太子の菟道稚郎子が彼に習った。（応神）天皇は阿直岐に「あなたより優れた学者がいるか」と尋ねたところ、阿直岐は「王仁という者が秀でている」と答えたので、荒田別と巫別を百済に派遣して王仁を連れてきた。阿直岐は阿直岐史の氏族の先祖である。

***（大意）** 王仁がやってきた。太子の菟道稚郎子が王仁を師として典籍を習い、理解が進んだ。王仁は書首の氏族の先祖である。

や『千字文』も百済からもたらされたと伝えられてきたのだろう。七―八世紀の遺跡からは文字の練習を行った習書《しゅうしょ》（後述）木簡が見つかることがあるが（**図5**）、奈良時代の習書の中でも多いのが『論語』と『千字文』である。[16]『論語』の習書木簡は、七世紀代の地方遺跡からも見つかっている。『古事記』の編纂された七世紀末から八世紀初期に、文章や文字を学ぶための書物として広く受容されていたのが『論語』と『千字文』であった。和邇吉師が『論語』と『千字文』をもたらしたとする伝承は、『古事記』ができあがった奈良時代において人々が親しんでいるこれらの書物が、かつて百済からもたらされたものだと説明されていたことを示す。『日本書紀』には、王仁だけでなく阿直岐にも中国古典とみられる「経典」を習っていることが見える。このことからも窺われるように、百済からの知識人によって中国古

(16)『論語』『千字文』ともに冒頭の習書が比較的多い。**図5**上は『論語』学而篇の冒頭「子曰学而……」、**図5**下は『千字文』の冒頭「天地玄黄宇宙洪荒日月……」の部分が見える。

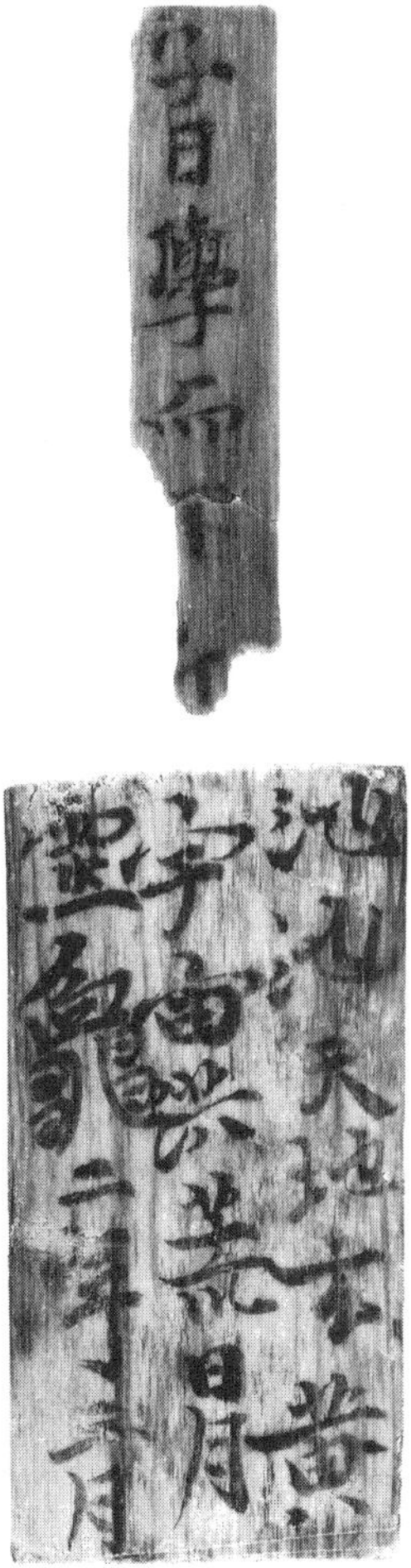

図5　（上）『論語』習書木簡（藤原宮木簡662号．写真提供＝奈良文化財研究所）（下）『千字文』習書木簡（薬師寺出土木簡．写真提供＝奈良文化財研究所）

典を読みこなす技術がもたらされたと伝えられてきたのである[三上、二〇一三]。

七世紀半ば過ぎに滅ぶまで、百済と倭との関係は非常に深かったが、七世紀までに倭で行われた文筆に関するさまざまな要素は、百済をルーツとするものだけではない。朝鮮半島の中でも、加耶《かや》、百済、新羅《しらぎ》、高句麗《こうくり》では、それぞれに文字文化の特色もあると考えられ(17)、それぞれの地域と交流のあった倭では、いくつもの特色が入り込んで重なり、後世の日本の文字文化の状況を複雑化させているとも推測される。そうした個々の地域の特色に由来する要素がどのようなタイミングで日本列島に入ってくるのかといった点は、今後の研究の深化を見届ける必要がある。

日本では筆記するための素材として木簡が七世紀前半から見られるが、百済や新羅では六世紀にはすでに木簡が使われていることが明らかになっている。中国では古く竹簡《ちくかん》が使われたが、竹簡は複数枚を綴《と》じ合わせることによって長大な文字情報を書き記すことのできる素材となった。しかし、紙が普及すると竹簡の使用は衰退する。五世紀の百済や新羅ではすでに長大な文字情報を竹簡ではなく紙に記していると考えてよく、紙と木簡が併用されていたと思われる。こうした紙と木簡を併用する筆記文化が、朝鮮半島から倭に伝えられたとみてよいだろう。

やや話がそれたが、百済や新羅や高句麗で開発されて広まった文字や筆記に関する方法が、ある時期に倭に伝わってくることによって、朝鮮半島と共通の要素を色

(17) 例えば、百済には石碑が少ないが、新羅では自然石を使った碑や蓋石を持つ碑が作られた。日本でも関東地方には新羅からの移住民が多かったためか、自然石を使った碑や蓋石のある碑がある。朝鮮半島の各地域で展開した文化の個性も、日本におけるこうした史資料の分布の偏りや時期差などに関わっている可能性がある。

濃く持つ筆記文化が倭にも段階的に広がっていったと考えてよい。文字を使った言語表記のあり方についても、本書の犬飼論考(「日本のことばと漢字との出会い」)で言及されているように、朝鮮半島で開発された表記法が、倭に伝わって影響を与えていく。

文字そのものに関しても、朝鮮半島とのつながりの深いことが再認識されてきている。日本独自の字形と認識されるものは「国字」と呼ばれてきた。例えば代表的な国字として、「たたみ」を示す「疊」や「かすがい」を示す「鎹」という字などが知られている。こうしたものの類例とみられていた「くら」(倉)を示す「椋」の文字が、高句麗で作られて百済や新羅に伝わり、さらに倭にも伝わったことが明らかになっている[方、二〇一七]。それ以外にも、日本と中国では別な意味での使い方をする文字もある。中国では「カギ」を示す文字として「鍵」や「鑰」は使われるが「鎰」を使うことはなく、別な意味で使われる。しかし、奈良時代の日本では倉の「カギ」の意味で頻繁に「鎰」の字が使われている。こうしたことから、この「鎰」の用法は日本で独自に始まったとみられていたが、新羅の王宮苑池跡である慶州《キョンジュ》の雁鴨池《アナプチ》遺跡から「東宮衙鎰」や「合零闡鎰」と記された金属製の倉の錠(**図6上**)が発見され、新羅でも「カギ」を「鎰」と記していたことが明らかとなった[李、二〇〇〇/犬飼、二〇一一]。新羅ですでにこの「鎰」の用法は始まっており、

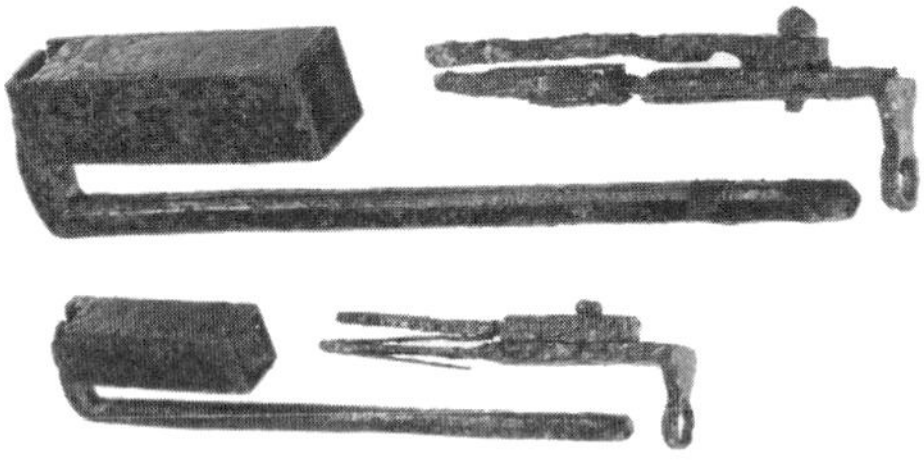

図6 (上左)雁鴨池遺跡出土の錠.(上右)「合零闌鎰」銘の部分[国立中央博物館(韓国),1980]
(下)「鎰」と記された日本の木簡(平城京木簡4988号.写真提供=奈良文化財研究所)

それが日本に伝わったと考えられるようになったのである。

以上は、端的な例だが、漢字文化は大陸から、とくに朝鮮半島を経由して日本列島にもたらされた面の大きいものであることを自覚する必要がある。中国発祥の漢字文化の体系に対して、途中の段階で要素が付加されることはあり得る。文化の伝播にあたっては、発祥地で作られたものだけがそのまま伝わるわけではなく、途中の世界で別な要素が付加されて醸成され、ある程度アレンジされた体系となったものが、次の世界に伝わっていくことになるのである。漢字文化も中国発祥ではあるが、朝鮮半島でのアレンジを経て醸成されたものが、日本の漢字文化に強く影響を与えたとみるべきだろう。

2　文字を書いて行う仕事の始まり

部の制度下における史

稲荷山古墳の鉄剣が作られた五世紀後半の雄略天皇の時代のこととして、『日本書紀』には次のことが記されている（雄略天皇二年十月是月条）。

是の月、史戸《ふみひとべ》・河上舎人部《かわかみのとねりべ》を置く。天皇、心を以て師と為し、誤りて人を殺すこと衆《おお》し。天下、誹謗して言はく、大悪なる天皇なり。唯だ、愛寵する所は、史部《ふみひとべ》身狭村主青《むさのすぐりあお》・檜隈民使博徳《ひのくまのたみのつかいはかとこ》らのみなり。＊

史戸が置かれておそらくその集団から出された史部が天皇の身近で奉仕していたことがわかる。この「史部」は単に「史」ともされ、文筆技術をもって奉仕する「ふみひと」（＝「ふひと」）である［加藤謙吉、二〇〇二］。身狭村主の氏族は中国南方の呉《ご》の国にルーツを持つとされ、檜隈民使の氏族も中国系と伝えられている。五世紀段階では、このような中国にルーツを持つ渡来系の人物が文筆で王権に奉仕するよう組織されていたことが窺われる［田中、二〇一六］。身狭村主青と檜隈民使博徳の二人

＊**（大意）**この月に史戸と河上舎人部を設置した。（雄略）天皇は、自分の心のままに行動するので、誤って人を殺してしまうことが多く、世の人々は誹謗して悪い天皇だと言った。唯一寵愛したのは、史部の身狭村主青と檜隈民使博徳たちだけだった。

は、『日本書紀』の中では「呉国」と書かれた中国南朝に、使者として派遣されてもいる（雄略天皇八年二月条・同十二年四月己卯《きぼう》条）。『宋書』に知られる倭の五王の外交の背景として、こうした渡来系の人材が外交に活躍したことはほぼ間違いなく、彼らの文筆能力が外交文書のやりとりを可能にしたとみられる［丸山、二〇一四］（本シリーズ『渡来系移住民』も参照）。ただし、五世紀段階で「史部」という名称であったかどうかは慎重に考えた方がよい。「部」の制度によってさまざまな分野の技術者が組織されるのは六世紀段階のことであり、『日本書紀』は後世の知識によって雄略天皇時代の人物に「史部」の肩書きを書き加えている可能性がある。むしろ、江田船山古墳出土大刀の銘文に見える「典曹人」のように、「〇〇人」という肩書きが当時の呼称に見られるため、原初的な文筆官僚的存在の「ふみひと」が王権に仕えていたと理解しておくことにしたい。

倭の王権の下で、王権に奉仕するトモ(18)としての史部が組織されて発展するのは、六世紀中頃からとみられ［加藤謙吉、二〇〇二］、六世紀後半にあたる敏達《びだつ》天皇の時代のこととして、『日本書紀』に次の話が伝わっている（敏達天皇元年〈五七二〉五月丙辰《へいしん》条）。

天皇、高麗《こま》の表疏《ふみ》を執りて、大臣《おおおみ》に授け、諸史を召し聚《あつ》め、読み解かしむ。是の時、諸史、三日の内に、皆読むこと能《あた》はず。爰《ここ》に船史《ふねのふひと》の祖王辰爾《おうしんに》有りて、能

(18) トモとは、特殊な技能を活かして、各種の職務を通して倭の王権に奉仕する人々のこと。五世紀末から六世紀にかけて編成される。

＊**（大意）**（敏達）天皇が高句麗からの上表文を大臣（蘇我馬子）に授け、大臣

く読み釈《と》き奉る。是に由りて、天皇と大臣と、倶《とも》に讃美を為して曰く、勤《いそ》しきかも辰爾。懿《よ》きかも辰爾。汝もし学を愛さざれば、誰か能く読み解かん。宜《よろ》しく今より始めて殿中に近侍すべし。既にして東西の諸史に詔して曰く、汝ら習ふ所の業、何の故にか就《な》らざる。汝ら衆しと雖《いえど》も、辰爾に及ばず。又、高麗の上《たてまつ》れる表疏、烏の羽に書けり。字は羽の黒きに随ひて、既に識る者無し。辰爾乃ち羽を飯《いい》の気に蒸して、帛《ねりきぬ》を以て羽に印し、悉《ことごと》く其の字を写す。朝廷悉く異《あや》しむ。*

この話では王辰爾個人の能力の高さが評価されているが、その背景となる当時の当たり前の姿として、外交文書を「史《ふみひと》」たちが解読していたことが窺われる。彼らの技術によって宮廷での文書を用いた営みがなされていたのである。この時期にも「ふみひと」は渡来系の氏族からなっており、世襲もされていた。前節で紹介した阿知吉師（阿直岐）は阿直史（阿直岐史）の先祖、和邇吉師（王仁）は文首《ふみのおびと》（書首）の先祖と伝えられている。倭にやってきた文筆技術に優れた者が、史や文首として王権の下に登用され、その一族集団が文筆技術を持つ史部に編成されていた。倭の王権はその文筆技術を専有し支配に活かしていたのである。

は史たちを集めて解読させた。史たちは三日間のうちに誰も読めず、船史の先祖である王辰爾だけが読めた。天皇と大臣は辰爾を「よく勤めた辰爾。よいぞ辰爾。そなたが学問を愛していなかったら誰も読めなかった。今後は宮殿内に近侍せよ」と讃えた。また、大和や河内の史たちには「そなたたちはどうして学業が身についていないのか。数は多くても誰も辰爾に及ばない」と言った。高句麗の上表文は烏の羽に書いてあり、文字は羽の黒色に混じって見えなかった。辰爾は羽を飯の蒸気で蒸し、帛を羽に押しつけてその字を写し取った。人々はその技量に驚いた。

文字を書いて行う仕事の始まり

後に、大宝律令《たいほうりつりょう》制下での行政の仕組みが本格的に定着した奈良時代にあっては、官衙《かんが》(役所)における官人(役人)の「文字を書いて行う仕事」には、大きく分けると次のような三種類があった。

①国家の間で、官衙との間で、また個々の官人との間で、情報をやりとりするために、文書を書いて送り、また書かれた文書を受け取り、読み解くこと。

②業務のため、また備忘のため、記録をつけること、さらに、つけた記録を利用すること。

③官衙で掌握する情報を整理し、帳簿のような書類に記録して把握し、またその帳簿を上級官衙に送って報告すること。

こうした仕事は、律令制施行よりも前の段階から「ふみひと」の技術を活かして始まっている。王辰爾による文書解読の話は①の仕事である。さらに、先に挙げたように五世紀の雄略天皇の時代において、「ふみひと」が外交に関わる仕事を担当していることが確認できる。すなわち、①の仕事は倭の五王の遣使の段階にはすでに始まっていたのだろう。

②についても、五世紀以降の倭の王権の下では、その中枢で「ふみひと」が日常的な記録をつけていた可能性がある。(19) 倭の五王の外交に関わった「ふみひと」が、

(19)『日本書紀』履中《りちゅう》天皇四年八月戊戌《ぼじゅつ》条には「始めて諸国に国史を置き、言事を記して四方の志を達さしむ」とあるが、『春秋左氏伝《しゅんじゅうさしでん》』や『漢書《かんじょ》』に類似の表記があり、中国古典を踏まえた文飾の可能性が高い。雄略天皇より四代前とされる履中天皇の時期に、どの程度の人数で史が活躍したかは定かではなく、王権の中枢での「ふみひと」の活動が始まっていた可能性はあるが、それ以上のことはわからない。

(20) 六四五年六月に起こったクーデター。中臣《なかとみの》鎌足《かまたり》と中大兄皇子《なかのおおえのおうじ》らが中心となって、大臣の権限を父の蘇我蝦夷から委譲

日常的な記録を残すことは可能だっただろう。彼らは氏族としてその技術を保持するとともに世襲的に活躍し、史としての職務を続けていった。

後の七世紀半ばのことになるが、六四五年の乙巳《いっし》の変⑳で政争に敗れたことを悟った蘇我蝦夷《そがのえみし》㉑は自邸に火を放って自害し、その際に邸宅の中にあった『天皇記』㉒『国記』㉓も焼かれたが、船恵尺《ふねのえさか》という人物が『国記』を救い出したと伝えられている。船恵尺は船史の氏族の人物であり、王辰爾と同氏族の後裔にあたる渡来系氏族である。おそらく本人か一族が『天皇記』『国記』の編纂に従事していたため、その書物の価値を慮って救出したのだろう。世襲的な渡来系の史部は、記録や編纂物の価値をよく認識していたとみることができる。

③については、①に関して触れた王辰爾についての別の話として、『日本書紀』欽明《きんめい》天皇十四年(五五三)七月甲子《かっし》条に次のような記事が見える。

樟勾宮《くすのまがりのみや》に幸す。蘇我大臣稲目宿禰《いなめのすくね》、勅を奉りて王辰爾を遣はして、船の賦《みつき》を数へ録す。即ち王辰爾を以て船長《ふねのつかさ》と為し、因つて姓を賜ひ船史と為す。今の船連《ふねのむらじ》の先なり。

「船の賦」は船舶に課した税であり、その徴収量をまとめた帳簿が作成されたと考えられる。また、このような帳簿の作成に関しては、同じく欽明天皇の時代のこととして、次の記事が見える(『日本書紀』欽明天皇三十年〈五六九〉正月辛卯朔《しんぼうさく》条・夏四月

されていた蘇我入鹿《いるか》を、宮殿内の儀礼の最中に殺害した。

(21) 蘇我馬子《うまこ》の子、入鹿の父。馬子の没後、推古《すいこ》・舒明《じょめい》・皇極《こうぎょく》の三代の天皇の下で、大臣として権勢を誇った。

(22) 推古天皇の下で、厩戸《うまやと》皇子と蘇我馬子が編纂を始めたとされ、天皇の世系・事績などを記した書物と考えられる。馬子を継承した蝦夷の邸宅にあったのであろう。

(23) 『天皇記』とともに、推古天皇の下で厩戸皇子と蘇我馬子が編纂を始めたとされる。国の歴史や地誌をまとめた書物か。当時、『天皇記』とともに蘇我蝦夷の邸宅にあった。

条)。

春正月辛卯の朔、詔して曰く、田部《たべ》(24)を量り置くこと、其の来たること尚《ひさ》し。年甫《はじ》めて十余、籍を脱し課を免るる者衆《おお》し。宜しく胆津《いつ》〈胆津は王辰爾が甥なり。〉を遣はして、白猪《しらい》の田部の丁の籍を検じ定むべし。

夏四月、胆津、白猪の田部の丁者を検閲し、詔に依りて籍を定め、果たして田《た》戸《へ》(25)を成す。天皇、胆津が籍を定むるの功を嘉《よみ》し、姓を賜ひて白猪史《しらいのふひと》と為す。

(後略)

屯倉《みやけ》(26)の管理のために「籍」を作成したと書かれており、一つの屯倉の範囲のことではあるが、戸籍に類するような帳簿が作成されたことになる。このような帳簿を使って情報を管理し、またそれを基にさらに別な帳簿を作って今度は屯倉の経営に活かしていくといった作業が、一部の地域で始まったことを示している。(27) 胆津は王辰爾の甥であり、こうした帳簿を作成する際に頼りになる人材は、この時期にはまだ渡来系の者を中心としたごく限られた範囲にとどまっていた可能性が高い。こうした技術を持つ者をより多く育成することと、こうした屯倉の経営における経験を基にして全国に管理方法を拡大していくことによって初めて、七世紀後半での庚午《こうご》年《ねん》籍《じゃく》(28)(後述)のように全国的な戸籍を作成するための素地が可能になるだろう。

以上を総合して考えてみると、六世紀後半にはこうした文字を使った日常の仕事

(24) 大王家領である屯倉に所属し、田の耕作にあたった人々。

(25) 屯倉の耕作にあたる人々を編成した戸か。ここでは、田部の丁(成年男子)を調査して籍を作った際に田戸を編成したと書かれていることが注目される。

(26) 七世紀以前に倭の大王が領有した地方支配拠点。経営拠点となる建物群とそれに付随する倉や水田を含む全体を指す。

(27) 『古語拾遺《こごしゅうい》』には、雄略天皇の時期に、大和《やまと》と河内《かわち》の文《あや》氏に対して、王権の管理下にある斎蔵・内蔵・大蔵の出納簿を記録させたとする叙述がある。しかし、『日本書紀』での史部の設置記

は、列島内の一部の地域では可能になっているということができる〔田中、二〇一二〕。担い手は渡来系集団の子孫の人々である史が中心となっていたが、より古い五世紀までの時期に渡来した者の子孫である集団に加えて、王辰爾のように新しく六世紀になってから渡来した氏族の者たちもおり、新しい技術も加えながら史部を編成し奉仕していったとみられる〔大橋、二〇〇五〕。帳簿作成や籍の導入といったことは、朝鮮半島から六世紀段階で新たに伝えられた技術だったのかもしれない。

問題になるのは、こうした文筆技術を使って仕事を行う人々の数や分布が、どの時期にどの程度拡大していくのかということであろう。そのことを考えるためには、さらに多くの人々が、文字を使ったこうした仕事に携わる状況がいつ生まれてくるかという点の検討が必要である。このことに関する史料はまだ十分にはないが、次のような推論を立てることはできるだろう。

六世紀段階での屯倉の管理は屯倉ごとに行われたが、七世紀後半での帳簿による把握は全国を対象にしたものとして一気に拡大されることになる。すなわち、六七〇年に倭の王権の配下の全地域を対象として行われた庚午年籍の作成が重要であろう。この全国的戸籍の作成には、各地で上述の③の仕事にあたる人材が必要となる。六七〇年には、地方行政の上ではすでに評制《ひょうせい》(29)が施行されており、また地方官である国宰《くにのみこともち》(30)の官人も中央から派遣されている。おそらくは、国宰の下で評の官人たち

事に仮託して事績の年代が設定された文飾の可能性もあり、帳簿の本格的な利用を五世紀まで遡らせて考えることができるかどうか、さらに検討が必要である。

(28) 六七〇年(＝庚午年)に全国を対象として作成された戸籍。初めての全国的戸籍であり、後に氏姓を正す際の根拠となり、律令制では永久保存扱いとされた。

(29) 評は、七世紀半ば、孝徳《こうとく》天皇の時期に全国で設置された地方行政単位。七〇一年の大宝令制施行によって、郡へと引き継がれる。

(30) 七世紀半ば以降、中央から諸国に派遣された地方官組織。七〇一年

が各評内の人々の戸籍の作成にあたったとみるべきだろう。七世紀後半の段階には、のちの郡に相当する評の単位で帳簿を作成する仕事が可能になるぐらいに、地方で文筆に携わる下級役人が育ってきていた可能性が高いと思われる。

日本ではまだ六世紀の遺跡からは木簡は見つからないが、七世紀前半の遺跡からは見つかっている［山本、二〇一七］。七世紀前半の時期は、こうした文筆能力が徐々に地域的に拡大していく過程にあったと推測されるが、このことも今後さらに検証が必要である。

七世紀後半の戸籍

では、七世紀後半の文筆の仕事の上では、どのような特徴を見出すことができるだろうか。ここでは、戸籍の問題を中心に考えてみることにしたい。七世紀後半の全国的戸籍については、六七〇年の庚午年籍と六九〇年の庚寅《こういん》年籍、さらに六九六年の戸籍が作成されたことが想定されている。しかし、これらはいずれも実物は残っておらず、どのような書式であったのかは長い間謎であった。しかしながら、二〇一二年に福岡県太宰府《だざいふ》市の国分《こくぶ》松本《まつもと》遺跡で見つかった木簡(31)（**図7**）によって、七世紀末段階の戸籍の様式が部分的に窺われるようになった。

この木簡は次のような内容である。

の大宝令制施行によって、国司へと引き継がれる。

(31) この木簡の年代は、木簡に見える「評」と「進大弐」という用語の使われた時期から、六八五—七〇一年の間に限定できる。

（表面）

• 嶋評《しまのこおり》　戸主建部身麻呂《たけるべのみまろ》の戸《こ》も又附し去る。建部……

政丁。次に得万呂《とこまろ》、兵士。次に伊支麻呂《いきまろ》、政丁。次に……

『嶋□戸　占部恵《うらべ》……、川部里《かわべのさと》の占部赤足《うらべのあかたり》の戸に有り。……

小子。その母、占部真広女《うらべのまひろめ》、老女。その子、得……

□□□』　穴凡部加奈代《あなほべのかなで》(32)の戸に有り。附□建部万呂の戸。占部……

□□

（裏面）

• あわせて十一人は、同里の人、進大弐《しんだいに》建部成《なる》の戸に有り。戸主建……

同里の人、建部咋《くい》の戸に有り。戸主の妹、夜乎女《やおめ》も、同戸に有り……

麻呂。損戸。又去るに

依る。同部得麻女《とこまめ》、丁女、

は、同里の人……

白髪部伊止布《しらかべのいとふ》。損戸。

二戸に別《わ》かつ。本の戸主

は建部小麻呂《こまろ》……

図7　国分松本遺跡出土木簡
（写真提供＝太宰府市教育委員会）

(32)　人名表記における漢字の用法について、この木簡と年代が近く同一地域のものである大宝二年(七〇二)の西海道戸籍では、音訓を混用した表記をとっていないので、「かなで」と読んでおくが、あるいは「かなしろ」と読む可能性もある(犬飼隆氏の御教示による)。

（釈文は『木簡研究』三五〈二〇一三年〉に掲載。読み下しは［坂上、二〇一三］による）

この木簡は、浄御原令《きよみはらりょう》(33)制下の筑前《ちくぜん》国嶋評の住民の変動について、そのデータをまとめて書き上げた木簡群の一枚と考えられている［坂上、二〇一三］。そして、その書式の上での特徴として、同じ戸の中では大きく男女に分けた上で、さらにその中での個々人を記載する際には、「次」という文字に続けて名前を書くという点が注目されている。

実は、これらの特徴は大宝律令制下で最初に作られた大宝二年（七〇二）の戸籍にも一部窺われる。大宝二年の戸籍は正倉院文書《しょうそういんもんじょ》に部分的に伝わっており、御野《みの》国（＝美濃国）のものと、西海道《さいかいどう》(34)諸国のものが残っている（**図8**）。このうち御野国戸籍は、国分松本遺跡の木簡での戸内構成員の記載方法と共通する特徴を持っている。

しかし、筑前国のものも含めて残っている西海道の戸籍群は、この点の書式が異なっている(35)。正倉院文書などに残るさらに後に作成された戸籍は、明らかに大宝二年の西海道戸籍の様式のものばかりになっていくので、大宝二年段階では二通りの様式が許容されていたものが、どうやらその後は西海道戸籍の様式に統一されていったと考えられている。この過程で消えていった御野国戸籍の様式は、国分松本遺跡の木簡が見つかったことによって、西海道に所属する筑前国でも大宝令より前の浄御原令段階では使われていたことが明らかになった。つまり、この木簡の発見によ

(33) 飛鳥浄御原令ともいう。天武《てんむ》天皇時代に編纂が開始され、六八九年に持統《じとう》天皇が施行した令。二二巻からなると伝わるが、個々の条文は未詳。七〇一年に大宝令が施行されるまで使われた。

(34) 西海道は、天武天皇時代に成立した七道のうちの一つで、九州諸国が所属し、筑紫《つくし》大宰府《だざいふ》に管轄された。

(35) 御野国戸籍は、人名が三段組みで記され、戸内を大きく男女に分けて、男性が先に全員列挙される。一方、西海道戸籍は、一行に一名が書かれており、戸内をさらに核家族のレベルで分け、その中で男女順に人名が列挙される。また各戸の記載の末尾に、与えられ

って、大宝二年以降に消えていった戸籍の様式が、大宝令より前の浄御原令制下では全国的に使われていた可能性が高くなったのである。八世紀初頭の大宝律令制の施行に伴う大宝二年の戸籍作成の段階で、七世紀末段階の書式からの変革として、戸籍の新様式の導入が開始されたことになる。

大宝律令制の導入に伴って、地方行政機関から中央官庁に対してさまざまな帳簿の提出が開始されるようになった。帳簿を用いて行政報告を行う仕事の上では、大

る口分田《くぶんでん》の量を計算した合計がある。

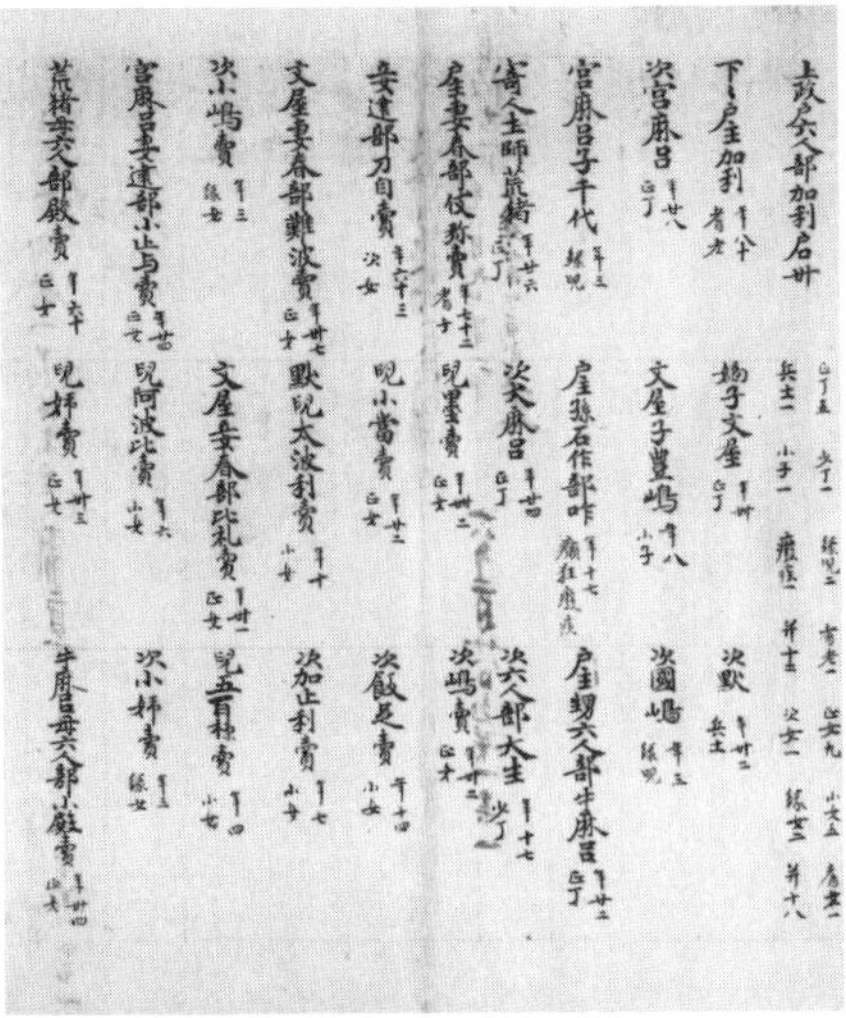

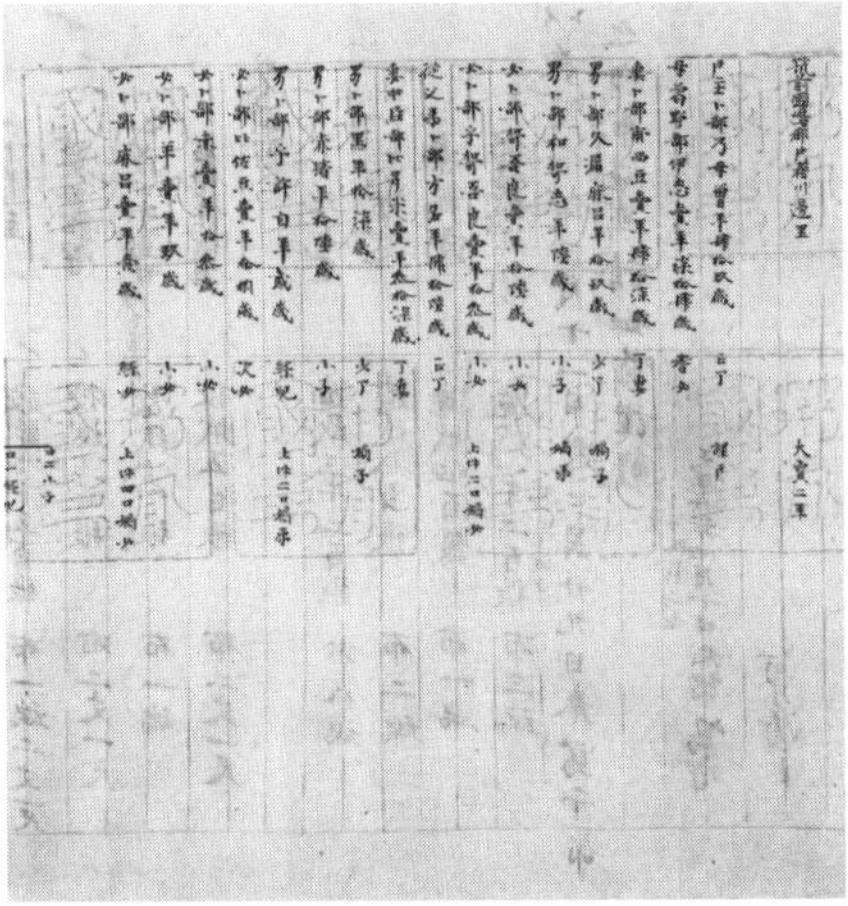

図 8　(上) 大宝 2 年御野国戸籍の例(御野国味蜂間郡春部里戸籍.「正倉院文書正集」第 22 巻)[宮内庁正倉院事務所編, 1990]
(下) 大宝 2 年西海道戸籍の例(筑前国嶋郡川辺里戸籍.「正倉院文書正集」第 38 巻)[宮内庁正倉院事務所編, 1990]

幅な業務の拡大であるとともに、戸籍の例で見たように、すでに提出が行われていた帳簿でも様式の基準が変えられることになったものがある。すべての帳簿の様式は明らかになってはいないが、七世紀までの帳簿の作り方と、八世紀になって大宝律令が施行されてからの帳簿の作り方に違いがあることが推測され、帳簿を使った仕事の様相が変化しているようである。大宝律令は中国の唐律令を規範とし、(36) 多くの点で唐の制度にならった手続きを要請している。しかし、それ以前の浄御原令制やさらにその前の時代については、規範が違っていた可能性が見出されるのである[大隅、二〇〇八]。

そうだとすると、七世紀後半においては、戸籍の作成を始めとして、帳簿を作成する仕事の基準は、同時代の唐のやり方がまだあまり反映されていないとみるべきではないだろうか。この点についてはまだ議論の余地はあるが、この時代の役人が帳簿を作成するにあたって規範としたやり方は、それ以前から伝えられていた朝鮮半島からかつて学んだ方法か、あるいは当時交流のあった朝鮮半島諸国の人々から同時代に学んで取り入れた方法が基盤であったのではないかと、筆者は推測している[鐘江、二〇一一]。

(36) 大宝律令は、唐の高宗が六五一年に施行した永徽《えいき》律令を手本として編纂されたと考えられている。一方で、これに先行する浄御原令については、その体系性が大宝令とは同じでないとする見解も呈されており[大隅、二〇〇八]、さらに先行すると伝えられる近江令については、その存否について見解が分かれている。

七世紀後半の文書 50

七世紀後半の時期の遺跡からは、文書木簡も見つかっているが、その中に目上の者に対して申し上げる文体を記した木簡が見られ、各地で見つかっているそれらの書式には共通する要素がある。例えば次のような事例がある。

A　飛鳥京跡苑池遺構出土木簡(図9-A)

・大夫前恐万段頓首白　□〔僕カ〕真乎今日国

・下行故道間米无寵命坐整賜

大夫《たいふ》の前に恐《かしこ》み万段頓首《とんしゅ》して白《まお》す　僕真乎《まお》は今日国に下り行く。故に道の間の米无《な》し。寵命坐して整へ賜へ。

B　飛鳥池遺跡北地区出土木簡(飛鳥藤原京木簡705号)(図9-B)

・□〔智カ〕照師前謹白昔日所

・白法華経本借而□□〔宛賜カ〕

智照師の前に謹《かしこ》み白す。昔日白す所の法華経の本、借して宛て賜へ。

C　小敷田《こしきだ》遺跡(37)出土木簡7号(図9-C)

・今貴大徳若子御前頓首拝白云

・□□

今貴き大徳の若子《わくご》の御前に頓首し拝し白して云ふ。□□……

これらの木簡の様式は「〇〇の前に(〇〇の御前に)……白す」という書き方が共通

(37) 小敷田遺跡は、現在の埼玉県行田市に所在。荒川水系が形成した扇状地上にある。七世紀末から八世紀初頭のものとみられる木簡が数点見つかっている。

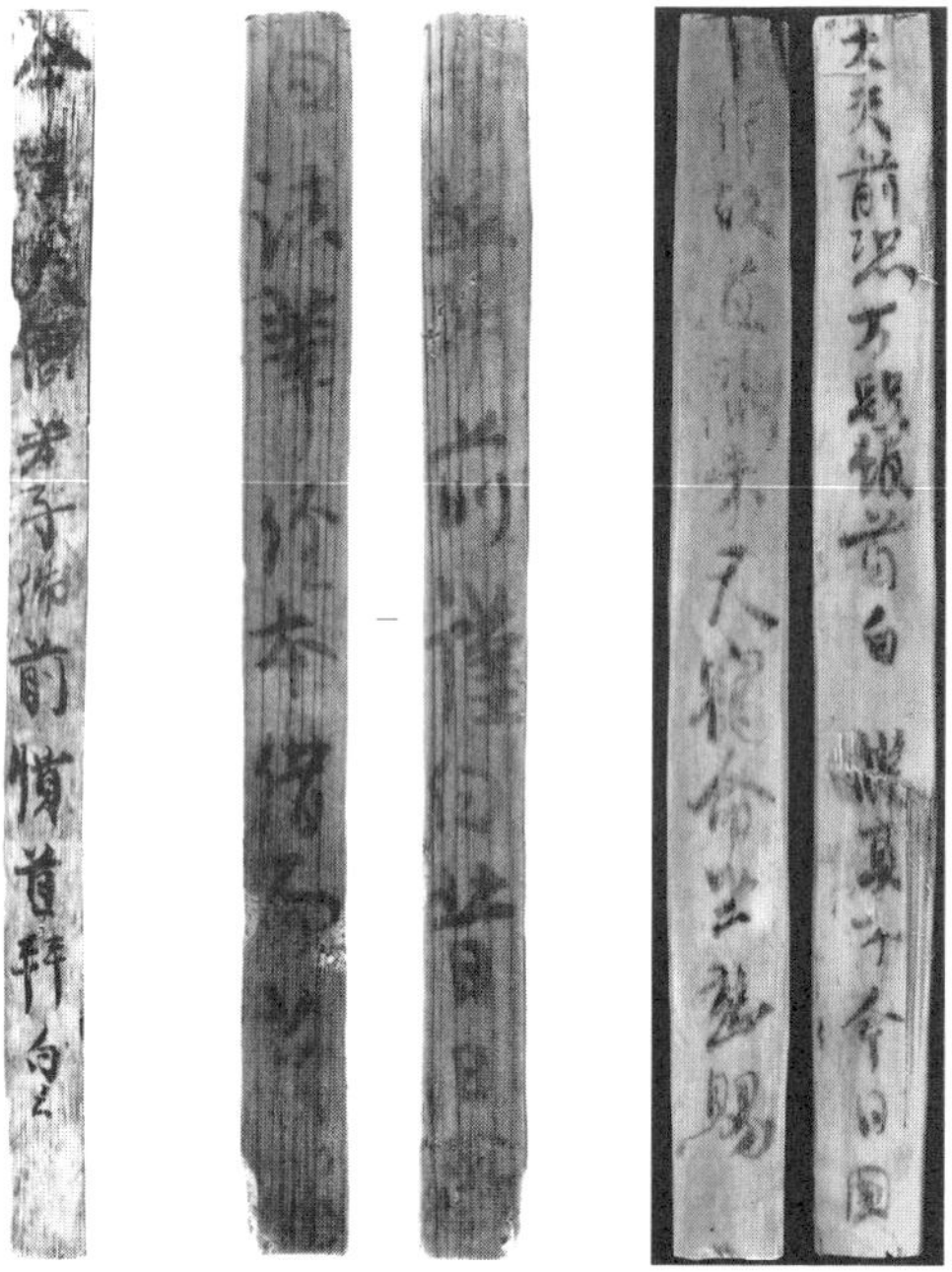

C　B　A

図9　前白木簡の例

A　飛鳥京跡苑池遺構出土（飛鳥宮跡出土木簡第143次4号．写真提供＝奈良県立橿原考古学研究所）
B　飛鳥池遺跡出土（飛鳥藤原京木簡705号．写真提供＝奈良文化財研究所）
C　小敷田遺跡出土（写真提供＝埼玉県教育委員会）

しており、研究者の間では「前白」様式の木簡[38]とも呼ばれて注目されている［東野、一九八三／早川、一九九七］。都の置かれた周辺だけでなく、Cのように七世紀後半の地方の遺跡からも見つかることからすると、七世紀後半には、全国的にこの様式で上申文書を書くことが広まっていたと推測される［鐘江、一九九八b］。

（38）目上の人物に対してその前で申し上げるという文言を使い、「○○の前に……白す」という書式を基本として書かれた木簡。「白す」の前にへりくだる意味で「頓首」や「拝」と書き加えたりするなど、多くのバリエーションが見られる。大宝令の施行後にはほとんど見られなくなり、大宝公式令《くしきりょう》で規定された上申文書の様式の「解《げ》」などに転換していったと考えられる。

この「前白」様式については、類似の様式が新羅の木簡に見られることが指摘されている〔李、一九九七／市、二〇一〇〕。例えば、韓国慶州の月城垓字《げつじょうがいじ》で二〇一七年に出土した木簡に次のような事例がある。

・兮刪宋公前別白作□□
・米卅斗酒作米四斗幷卅四斗瓮□〔此〕□
・公取□開在之

（釈文は〔尹、二〇一八〕による）

この例では、書き出しが「兮刪宋（宗）公の前に別して白す」という意味になり、「〇〇の前に拝して白す」と同様な意図の表現と考えられる〔市、二〇一九〕。朝鮮半島での出土例は、現在も増えつつあり、今後に類似の例が増えれば、「前白」様式が朝鮮半島と共通するものとする見方は、さらに説得力を増すことになるだろう。

　この「前白」様式の文書については、かつては口頭伝達との関連性が強調され、「某の前で申し上げる」という書き方であることから、人と人とが対面して行われる口頭伝達を文書化する時期の政務のあり方が契機となって広く使われるようになると考えられていた〔早川、一九九七〕。しかし、先に見たように、朝鮮半島での用法が取り入れられる中で、七世紀後半に定型化した書式として広まったとみたほうがよい。つまり、こうした書式を用いて文書で伝達することは、対面で伝えるという口頭伝達の場でのやりとりからはすでに離れて確立しており、あくまで文書上でのやりとりで使われるものになっているとみるべきだろう。

先に取り上げた帳簿を使った仕事の基盤の点とも併せて考えるなら、七世紀に日本国内で文字を使って行われた仕事の方法や技術には、朝鮮半島諸国との共通性が多いのである〔武井、二〇一七〕。そして、その方式をとりながら、支配のための方法が地方社会にも及ぼされていた。どの程度の人々がこうした技術を身につけていたかという点は、明らかにするのがなかなか難しいが、文字を書く仕事に従事した人々は、七世紀半ばから設置される評《ひょう》ごとの役所である評家《ひょうけ》[39]を拠点とした地方支配の活動に関わっており、七世紀の地方遺跡で見つかる木簡は、こうした地方支配に関わった地方の人々の手によって書かれている。

これらの七世紀の木簡の中には、下達文書や上申文書、また帳簿様のものも見つかっており、八世紀に使われる木簡の機能とほぼ同じように、仕事のための書類として使われているということができる。しかしながら、先に指摘したように、これらの文書や帳簿の様式には八世紀との違いを見出すことができ、規範となった書類仕事の技術は、八世紀初頭の大宝律令の施行の際に新たな方式を取り入れることで、七世紀までの方法から変革へと導かれたとみるのがよいだろう。

七世紀後半になると、各地の遺跡から木簡がまとまって見つかるようになる。こ

(39) 評(前掲注29)の行政拠点となる施設。大宝律令施行以後は郡の拠点として「郡家」(注46参照)が史料上に見えるため、考古学的に検出される評の拠点施設を、研究上「評家」と呼んでいる。「評衙《ひょうが》」とされる場合もある。

の時期の遺跡として、地方における文字を使った仕事の拠点となる評の役所跡が見つかっており、全国のこうした評単位の役所で文書や帳簿を使った仕事が可能になってきていたと言えるだろう。文書による仕事が地方の拠点に定着したと言うことができるが、そのきっかけという点では、文書の利用目的が広く浸透したことが重要であり、戸籍などの全国一律的な文書や帳簿による支配方式の実施が、大きな契機であったはずである。七世紀後半にこうした制度の導入によって地方支配が進展したことが、全国で文字を書く仕事と、それに従事する人々の拡大を促すきっかけになったと推測される。

七世紀末の行政の法的根拠であった浄御原令は、その文章がまったく残っていないため、その下での制度がいったいどのようになっていたのか不明な部分がまだ多い。文書の作成や取り扱いについても、わからないことばかりである。しかし、各地で見つかる木簡によって、これまで紹介してきたような見通しを立てることまではできるようになった。今後も新たな遺物が発見されることによって、より明らかになっていくことが期待される。

3　律令制下で文字を書く人々と書けない人々

都の中の人々

八世紀初頭に、大宝律令制によって、中国的官僚制の支配の仕組みとしての律令制度が本格的に取り入れられ実施された。これによって運営されていた時代には、どの範囲の人々までが文字を書けたのであろうか。まず都の中の人々から見ていくことにしよう。

正倉院宝庫には、奈良時代の古文書が多数残されており、それによって奈良時代の実態がわかることも多い。このいわゆる正倉院文書の中に、天平五年（七三三）の右京計帳手実《うきょうけいちょうしゅじつ》(40)と呼ばれる帳簿が残されている。律令制では毎年人口調査を実施し統計帳簿である計帳を作成するが、その基本の材料として最初に役所に提出されるのが「手実」である。手実とは本人が自ら記すという意味である。この右京計帳手実を詳細に見ると、戸ごとに別々の筆跡であることがわかる。文字通り、それぞれの戸の者が自ら戸の情報を記して提出した、言わば自己申告書である〔岸、一九七三〕。

実例を写真で示しておくと（**図10**）、この写真の真ん中にあたる部分に紙の継ぎ目

(40) この右京計帳手実が作られた天平五年に都があったのは平城京であり、平城京の中心を南北に走る朱雀大路《すざくおおじ》から西側が右京と呼ばれた。

があり、右側が出庭徳麻呂《いでわのとこまろ》という人物が戸主である戸の手実の末尾部分、左側が次《すき》田連福徳《たのむらじふくとこ》という人物が戸主である戸の手実の冒頭部分である。実は徳麻呂本人は亡母の喪中のため、別な戸の同族とみられる出庭乙麻呂《おとまろ》が提出している。右側の手実の末尾にはこれを受け取る役人として坊令《ぼうれい》(41)の尾張連牛養《おわりのむらじうしかい》の名前が書かれている

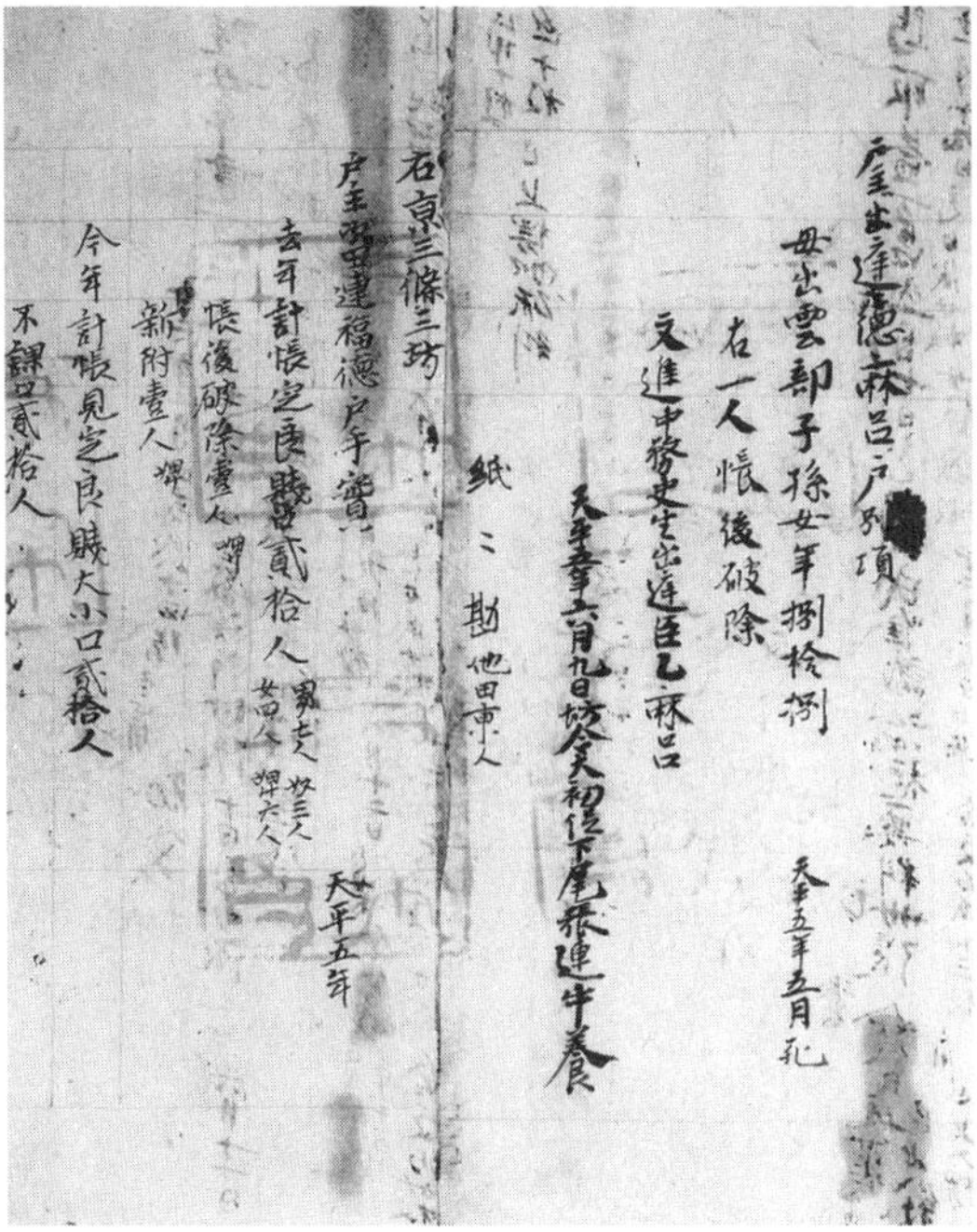

図 10　天平 5 年右京計帳手実(「正倉院文書正集」第 9 巻)
[宮内庁正倉院事務所編，1988]

(41)　平城京内で、坊という区画四つを一単位として管理する役職。各坊に置かれた坊長を統括する。

が、そこまでが同一人の筆跡になっている。その次にある「紙二　勘　他田東人《おさだのあずまひと》」は、使った用紙の数量を役人が追記した部分である。継ぎ目の左側は、右側の手実とは明らかに異なる筆跡で書かれており、戸ごとに別々の人間によって書かれていることがわかる。現在残っている同年の右京手実をすべて見ても、戸ごとに筆跡はばらばらである。

平城京には、中央官庁での仕事に携わる者や、それを支える経済活動に従事する者が多く住んでいたとみられる。彼らは文字を使った仕事に日常的に携わっているので、文字の読み書きができる人々がほとんどであると考えられる。右京計帳はこうした状況を反映していて、戸ごとの自己申告書である手実は、各戸で書かれて提出されたとみられる。提出された手実は貼り継がれて基本情報を記した保管書類となり、これらの情報から集計がなされて統計帳簿が作られていった。

奈良時代の都の中では、もはや渡来系の氏族であるかどうかにかかわらず、多数の人々が文字を書いて仕事をしており、文字で日常のやりとりができる社会になっていたと考えられる。八世紀の段階において、都の中では識字率はかなり高かったのではないかと思われる。しかし、これは都の住人が役人や商業・手工業従事者や僧侶などからなっており、きわめて特殊な地域だからである。都の人々は文字を使う必要があったために文字に親しんでいるのであり、地方社会では文字を使わなければならない役人などを除けば、自分で文字を書ける人はまだほとんどいなかったとみられる。

地方における雑任たちの活躍

以上のような理解をもとに、地方には筆記文化は浸透しておらず、地方行政に携わる者の中でも、文字を書くことに練達しているのは都から派遣され地方に赴任した役人たちであるという見方が、かつては一般的な認識でもあった。しかし、近年では、諸国の仕事を行う者として、中央から派遣された官人だけではなく、地元から採用されている書生《しょしょう》のような雑任《ぞうにん》と呼ばれる下働きの役人層にも注目がなされるようになった[中村、二〇〇八]。

八世紀の律令制下における諸国の行政の上では、戸籍・計帳をはじめとして、多種多様な書類が作成された。こうした書類のうち、戸籍は六年に一度の作成だが、計帳をはじめとする大多数の書類は毎年作成され、それらが毎年の報告書として中央官庁に提出された。こうした書類は「公文《くもん》」と呼ばれている。例えば天平一〇(七三八)年度の周防国《すおう》正税帳《しょうぜいちょう》(**図11**)からは「天平八年の雑公文(いろいろな公文)を造る書生ら」に対して食料支給があったことがわかる。彼らの筆記の労働力なくしては諸国からの多様な報告書は作成できなかったであろう[森、二〇一三]。都から赴任した管理者である国司は長官である守《かみ》、次官である介《すけ》、判官である掾《じょう》、主典である目《さかん》の四等官《しとうかん》からなり、さらに書記官の史生《ししょう》、諸国で学問や医術を教える国《くに》博士《はかせ》・国医師《くにいし》などが、中央から派遣された者として管理者側に加わっていた。これに対して、諸国出身で採用された雑任たちは、書生だけでも国ごとに数十名程度はいたのではないかと思われる(42)。

地方出身の書生たちではあるが、文字を書く能力においては、中央の書記官と比べても遜色ないほどの技術を持っている。かつては、地方から中央に提出された公文は、中央出身の能筆の官人による腕の見せ所であったという見解も出されていたが[内藤、一九六四]、これは、奈良時代には地方ではまだまだ文化水準が低いため、

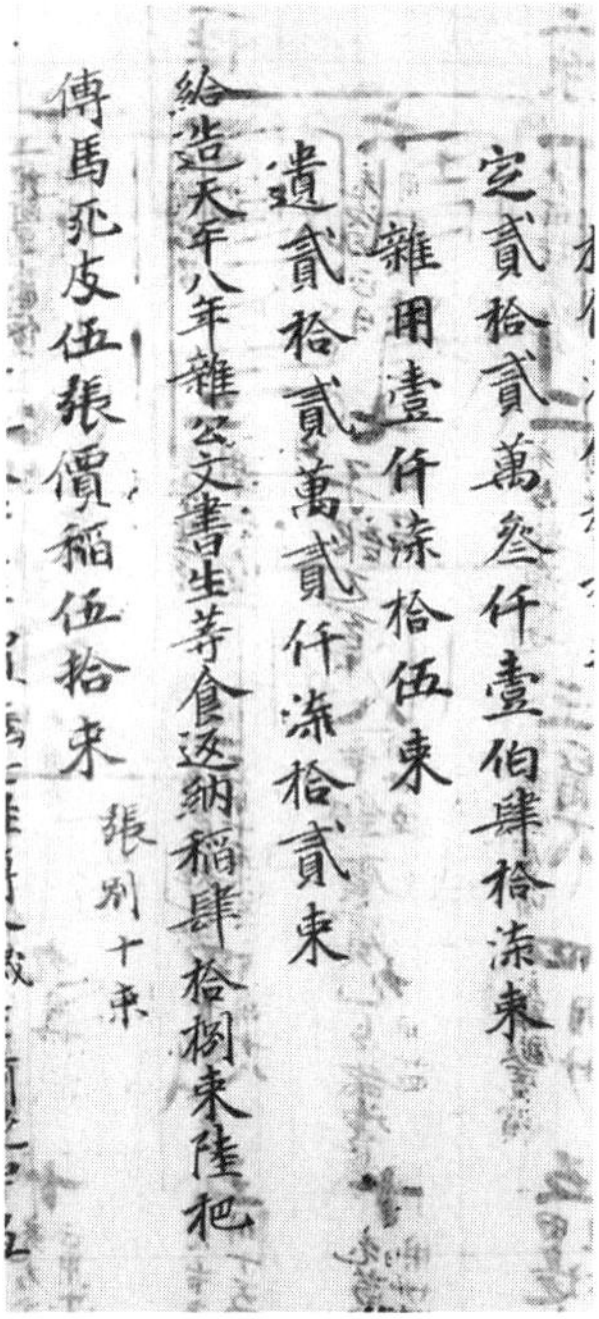
定貳拾貳萬參仟壹伯肆拾柒束
雜用壹仟柒拾伍束
遺貳拾貳萬貳仟柒拾貳束
給造天平八年雜公文書生等食送納稲肆拾捌束陸把
傳馬死皮伍張價稲伍拾束
張別十束

図 11　天平 10 年度周防国正税帳(「正倉院文書正集」第 36 巻)[宮内庁正倉院事務所編, 1990]

(42)『類聚三代格《るいじゅうさんだいきゃく》』所載の大同二年(八〇七)四月一五日太政官符をもとに計算すると、大国五〇名、上国四〇名、中国三〇名、下国二〇名の人数が想定されていることがわかる[森、二〇一三]。

整った文字で書類を仕上げることのできる人材はいないだろうという先入観による、全くの偏見であった。実際にはそれらの公文をきれいに清書していたのは書生であることが明らかになっており、(43) 正倉院文書に残されている公文の文字を見ても、**図11**のように大変整って清書されていて、地方出身の書生でも十分に能筆であることがわかる［鐘江、二〇〇二］。彼らは文字を書いて仕事を行うプロなのであり、都から赴任してきた上級役人のほうが字が汚いということすらあっただろう。

また、国の下の行政単位である郡にも、郡雑任と呼ばれる下働きの役人たちがいる。郡雑任についても、かつては、彼らが書いた実物であることがわかる史料はほとんど残っていなかったが、地方の遺跡から木簡が見つかるようになり、例えば次の例のように郡雑任の記した木簡も見つかっている。

・檜前部名《ひのくまべのな》代女《しろめ》上寺稲肆拾束
・宝亀二年十月二日税長大伴国足《おおとものくにたり》(44)

この木簡は、郡雑任の一種である税長の大伴国足が、檜前部名代女から寺に納める稲を取り立てた際に、国足の責任で書かれた記録である。国足は稲の取り立てなどの現場で活躍し、そこでの情報を文字で書き記して整理し報告する業務に携わっていたのである。

このように国や郡の雑任の活躍について、より具体的な姿が解明されつつある

(43) 公文の作成責任者として継目裏書に見える史生の名前は、同じ人名でも別な年度の公文では筆跡が異なる事例がある（越前国）。このことから、その史生ではない別な人物が継目裏書を筆記していると考えられる。継目裏書は表側の公文の本文と筆跡が同じであり、それは公文を造るとされている書生が、いずれの公文の場合も本文から継目裏書まですべて筆記したことによると考えるのが整合的である。

(44) 山崎上ノ南遺跡B地点出土木簡（埼玉県児玉町遺跡調査会の調査）、『木簡研究』二〇、一九九八年、一二〇頁（児玉町は現・本庄市）。

〔新井、二〇〇三／森、二〇〇九〕。奈良時代には地方社会でも文字を書く仕事に従事する人々が多数活躍していたのである。こうしたことがはっきりしてきたことによって、国や郡の下級役人にあたる雑任のクラスを識字層と言ってよいことは明らかである。問題はその外側のどこまでの範囲の人が文字を書けるのかということになるが、その点では、後述するように、雑任のような役人以外の人々の場合は文字を書けないことを示す材料も多いように思われる。

文字を書く修行

文字を書く仕事に就くためには、文字を書ける能力を身につけておかなければならない。八世紀においては、役人として活躍するためには、このことは必須の能力となった。七世紀以降の遺跡からは、文字の練習を行った遺物も多く見つかっており（**図12**）、こうした文字練習を習書と呼んでいる〔新井、二〇〇六〕。習書の目的としては、大きく分けて二つのことが考えられる。一つは、文字そのものを書けるように修得し上達するため、文字を一つ一つ練習すること、また『千字文』のような文字の種類を網羅したテキストを使って、文字を覚えることである。『千字文』は、梁の周興嗣《しゅうこうし》が完成させた、重複しない一〇〇〇文字からなる二五〇句の文章で、漢字を学ぶ者の教科書として使われた。二つめは、文字列を修得すること、すなわち用語や文章の一節を覚えることであり、文字を使ってどのような表記をするかという、いわば応用のための訓練である。もちろん役人として知っておかねばならない書物を暗記するために、テキストを丸写しすることも含まれる。こうした習書の例としては、『論語』を書いたものが最も多い。『論語』は学令《がくりょう》(45)において役人になるための必修科目に指定されており、初学者が必ず学ばなければならない書物であった。

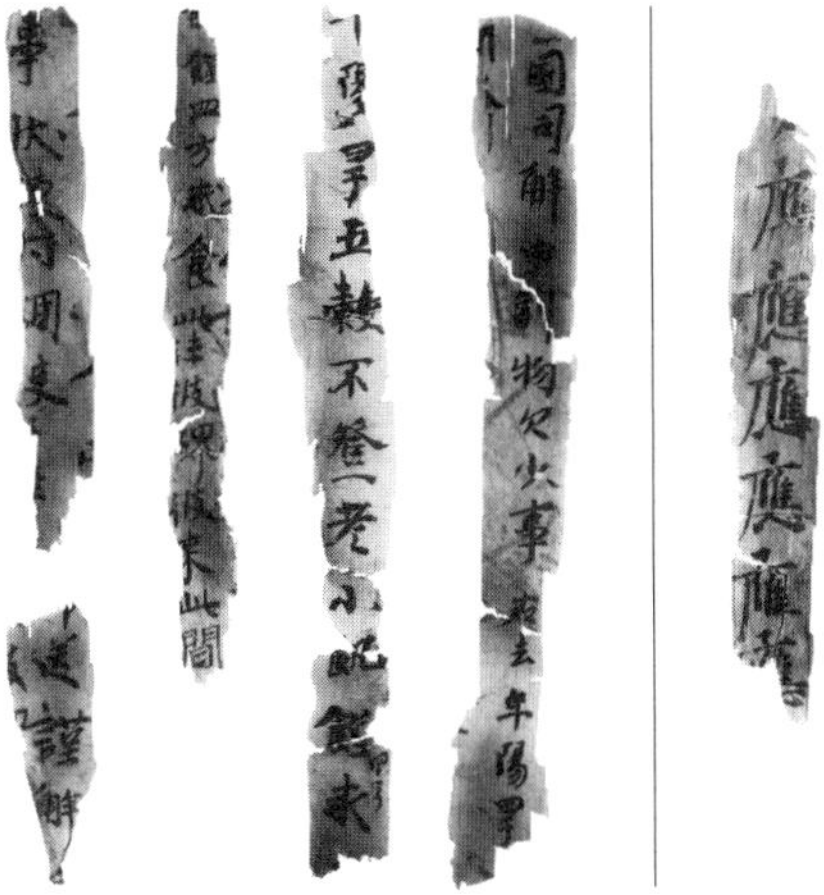

図 12　(右) 文字「應」の習書(長岡京木簡 368号．写真提供＝向日市教育委員会)
(左) 文例の習書(平城京木簡．写真提供＝奈良文化財研究所)

平城京跡からは、一つの文章を何度も木簡に書いては削り、書いては削りした際の、削りくずも見つかっている(**図12**左)。削りくずを集めて、重複する文字列から復原していくと、次のような文面ができあがる［鈴木、一九九二］。

某国司、解《げ》し申す副物《そあつもの》の欠少の事
右、去年陽旱《ようかん》にして、五穀登《みの》らず。老小飢饉し、四方食を求む。此《これ》、

(45) 学令は、律令の中で、公的な学校である大学と国学での学業や試験などについて定めた編目。第五条の経周易尚書条で選択科目を列挙した後に「孝経、論語は、学ぶ者兼ねて習へ」とあり、すべての学業者が『孝経』と『論語』を学ぶことになっていた。

彼の堺に往き、彼、此の間に来たる。輸丁……物欠小す。欠小の数、顕《あき》らかに注すこと件《くだん》の如し。仍《よ》つて事の状を具《つぶ》さにし、調使位姓名に便付して申し送る。
謹んで解す。*

これは、旱魃などの災害に遭った場合に、地方の諸国からの貢進物納入の減免を中央政府に要望するための文面であり、冒頭が「某国司」となっていることからすれば、実例ではなく見本としての文例のようである。都の中で、下級役人が地方に国司として赴任することを夢見て練習に励んだものであろうか。このように、役人は自身の文筆能力の向上を心がけていたようである。

こうした多くの役人に共通する能力としての文字習得が広く取り組まれていた一方で、文字を美しく書くことに特化した特殊な職業も出現した。奈良時代の都では、聖武《しょうむ》天皇や光明《こうみょう》皇后などの権力者が発願《ほつがん》して、大規模な写経事業が行われており、

*（大意）某国司が申し上げます、調副物《ちょうのそえつもの》が指定数より不足する事について。
去年は旱害で穀物が実りませんでした。老人から子供まで飢饉となり食糧を求めています。あちこちで人々が困っているありさまです。貢納物の負担者は……物が不足します。不足量は以上の通りです。よって状況を具体的に記し、調の使者の某位某姓某名に便宜付託し、謹んで申し上げます。

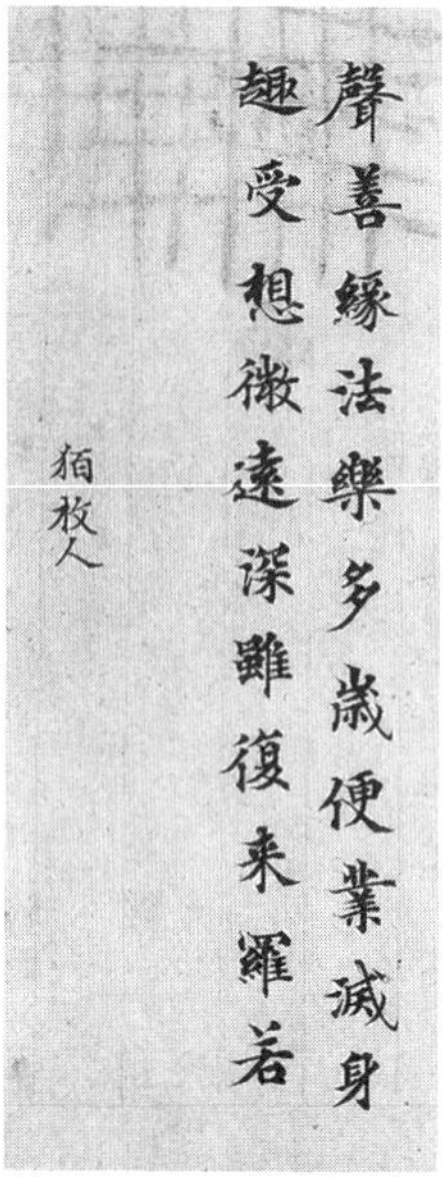

図 13　写経生の試字(「天平年間写経生日記」1巻43「狛枚人試字」. 知恩院蔵)［国立歴史民俗博物館編，1992］

仏教経典の大量の書写のために多くの写経生が写経所での作業にあたっていた。写経生の給与は歩合制《ぶあいせい》だが、希望者が多々あった。採用されるためには、写経に適した文字を楷書《かいしょ》で極めて美しく書写できる能力が要求される。正倉院文書の中には、こうした写経生の採用試験の答案である試字《しじ》(**図13**)が残っており、美麗な文字を書くことに特化した訓練の足跡を見ることができる。

どこまでの人が文字を書けるのか

都の中ではこのような職業で生計を立てる者もいたが、地方の役人の世界の末端ではどのようであったかということを考える材料も見つかっている。

栃木県の宇都宮市と上三川町にまたがる上神主《かみこうぬし》・茂原官衙《もばらかんが》遺跡は、下野国《しもつけのくに》河内郡《かわちぐん》の郡家[46]跡と考えられている遺跡だが、その正倉《しょうそう》跡からは人名ばかりを記した大量の文字瓦が見つかっている。瓦を作成する途中で、粘土で成形した後、焼成する前の段階で、成形する際に使った篦《へら》で瓦に人名を刻み記している。発掘調査報告書で報告されている文字瓦は二三〇〇点以上にものぼるが、一点の瓦に原則一名ずつの人名が記されており、同名のものもいくつもある。全体では、少なくとも六〇名以上もの人名がわかっている。[47] この人名がどのような目的で書かれているのかは、いまだ見解が定まってはいないが、瓦生産の財源提供者や労働力提供者の名が記されて

(46) 大宝律令施行以後の郡の役所。研究上は「郡衙《ぐんが》」と呼ばれる場合もあるが、史料の中では「郡家」として見える。政務や儀礼の行われた郡庁、郡内の稲を蓄えた正倉が建ち並ぶ正倉院、給食施設の厨《くりや》、外来者の饗応や宿泊のための館《たち》などからなる。

(47) 河内郡内の郷の名前と共通する同名の氏姓が五つ見えることから、特定の郷だけでなく、郡内各地の人々ではないかと考えられる。

A　B　C　D

図 14　上神主・茂原官衙遺跡出土文字瓦（栃木県上三川町教育委員会蔵）
［宇都宮市教育委員会・上三川町教育委員会編，2016］
Ａ「若麻マ毛人」(591 号)　Ｂ「大麻古万呂」(1785 号)
Ｃ「木マ小兆」(1764 号)　Ｄ「木マ小兆」(602 号)

いるという考え方が有力である。同じ人名がいくつもの瓦に書かれているため、一人の人物が複数の瓦に関係していると思われる。

この文字瓦（**図14**）の文字にも興味深いことが窺われる。Ａのように見事に流麗な筆跡で非常に達筆な者が書いていると見えるものもあれば、Ｂのように文字としてのバランスが悪く、あまりきれいな字ではないものもある。そして、さらにＣやＤの写真のような例がある。

ＣとＤは、発掘調査報告書ではともに「木マ小兆」という釈読《しゃくどく》がなされており（「マ」は「部」の略体として、当時は一般的に使われている）、同じ人名が書かれている。しかし、同じ人名を書いておきながらも、Cのように文字らしい筆跡のものもありながら、Dのようなよくわからない字画のものもある。明らかに筆跡は違うが、別な人名を書いているわけではなさそうである。筆者の見る限り、比較的文字を書ける者が書いたCのようなものを見ながら、それをまねして文字のよくわかっていない者がDを書いているという印象である。同じ人名でも筆跡の違うものがあるということは、この名前の本人が両方の瓦の文字を書いたわけではないことになる。おそらくここに書かれている人名は本人でない人物が記しているのだろう。

これらの文字は瓦生産の現場で記されており、瓦生産に携わった専門の工人か、その指導下で働かされた労働力としての庶民か、そのどちらかが書いたのではないかと思われる。瓦職人は末端の役人ないし技術者とも言えるが、役人の中でも文字を使う仕事に従事する書生のような者と違って、他の技術で奉仕する末端の役人の場合は、文字が書けるかどうかギリギリの境界線だったのかもしれない。また、庶民の中にも十分に文字の書ける者がいた可能性もあるが、その割合は決して多くはなかっただろう。文字の書けない庶民が瓦生産の作業に駆り出されていた可能性もある。いずれにせよ、文字を知っている者と知らない者が、この瓦生産の現場のようなところでは混在していたことがわかる。彼らの中には、文字の上手な識字者もいれば、うまくその文字らしく書けずに、まねて書いているような者もいるのである。このように考えれば、地方社会において文筆の場のさらに外側にいる庶民は、まだ文字の書けない人々の割合が多かったのではないかと思われる。

「文字を書けない人々」の証拠

奈良時代に文字を書けない人々がいたことは、他の史料からもわかる。奈良時代末期から平安時代前期にかけての土地売買の契約書が全国で数通残されているが、当時の定めでは、売人は自筆でサインした契約届け出の文書に保証人からサインを書き添えてもらい、管轄する郡や国の役所に提出して売買の許可を得る必要があった。このような文書を売券《ばいけん》というが、売券の中での売人のサインの部分に注目してみると、いくつかの興味深い例が見つかる。

図15の売券は嘉祥二年（八四九）に書かれたものであるが、売人である秦忌寸鯛女《はたのいみきたいめ》という人物の名前を記した部分の右側に、墨で引かれた縦線があり、その縦線には上端・下端と途中の二カ所に短い横棒のしるしが入れられている。これは画指《かくし》と呼ばれるもので、文字の書けない者が自筆でサインする代わりに、自身の指の長さの縦線を書き、指の関節の位置を横線で示すことで、本人の指の長さと関節の位置を使って本人特定ができるようにするという手段である[仁井田、一九三七]。**図15**をよ

く見ると、小さな文字で縦線の上側に「食指末」、下側に「本」とあり、上が人差し指の先側、下が根元側と示されている。もともと中国で開発された方法であり、中国でも自筆でのサインができない人がいたためにとられた方法であるが、日本でもこの鯛女のように自分の名前を自身でサインできない人がいたのである。しかも、鯛女は山城国《やましろ》葛野《かどの》郡川辺郷《かわのべ》(現在の京都市右京区から西京区の付近か)の居住者であり、

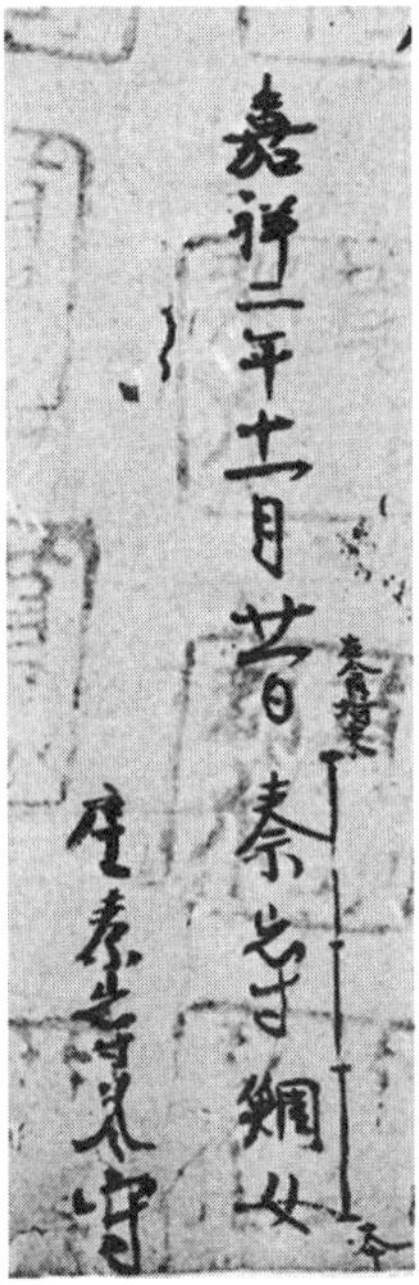

図15　嘉祥2年11月21日 秦忌寸鯛女売券(「田券」. 国立国会図書館蔵)

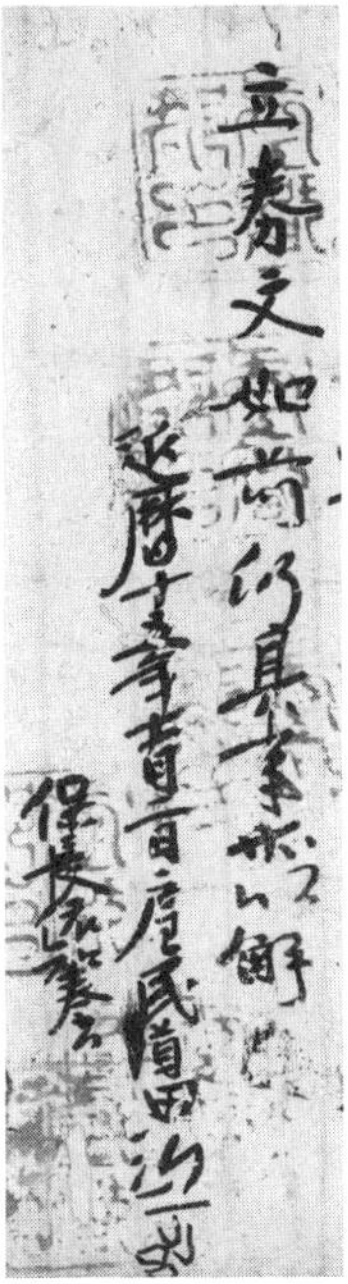

図16　延暦15年11月2日 民首田次麻呂解(近江国八木郷墾田売券. 写真提供＝国立歴史民俗博物館)

当時の都である平安京のすぐ近くで生活していた人物である。九世紀中ごろには都の周辺でもまだまだ文字の書けない人がいたことになる。

別な売券である図16は延暦一五年(七九六)の近江《おうみ》国愛智《えち》郡八木郷(現在の滋賀県愛知郡愛荘町付近)のものであるが、同じく売人が自筆サインすべき位置(「延暦十五年十一月二日戸主民首」と書かれたその下)に、写真のような書き込みがある。見る限り、サインらしいサインではない。自分の名前をふだんから書き慣れていたらこうは書かないだろうという筆跡である。売券の文面からこの売人は「民首田次麻呂《たみのおびとたすきまろ》」という人物であることはわかっており、「田次麻呂」と自筆サインすべきところを、おそらく本人とは別な人間に書いてもらった文字を見ながら、見よう見まねで慣れないものを書いてみたのであろう。その結果が、この写真のようなものというところではないだろうか(48)。

実際に文字の書けなかった人がいるらしいことは、こうした事例から明らかにできるだろう。これらの売券が作成された時期は、大宝律令が施行されてからすでに約一〇〇—一五〇年ほどが経っているが、まだまだ文字を書けない人々もかなりの割合でいるらしい。

(48) ちなみに秦忌寸氏も民首氏も渡来系の氏族の末裔のようである。とくに民首氏はかつて屯倉の管理にも活躍したと考えられるが、八世紀末にはすでにそうしたかつての氏族に期待された役割は失われ、他の氏族とほとんど変わらない状況に置かれていたのであろう。

4　文字の利用が拡大しつつある時代に起きている現象

これまで述べてきたように、律令に基づいて運営される官僚制によって、文字を書き、書類を作成する仕事が必要になったことが、その末端の官人層までを巻き込んで文字を普及させるきっかけとなった。しかし、支配されている大多数の庶民の側では、まだまだ読み書きは普及していないと考えられる。奈良時代から平安時代初期にあたる八世紀から九世紀の時代は、このように誰もが文字を読み書きできているわけではない社会なのであり、そのような社会には、その状況に応じた現象が見られるはずである。本章の最後に、八世紀の奈良時代から九世紀の平安時代初期にかけての社会において、文字と文書をめぐる現象として注目されることをいくつか取り上げておくことにしたい。

筆記による文書と、口頭によることばでの伝達

律令制の下では、庶民に伝えるべき情報の伝達にも文書が使われた。このことから、律令制による支配方式は「文書主義」であると言われる。しかし、先に述べたように、現実には庶民の全員が文字を読み書きできたわけではない。日本の律令制

の手本となった唐においても、画指の方法があったぐらいだから全員が読み書きできるとは言えないだろう。

律令の中にある詔勅の伝達に関する条文は次のように規定している。

凡《およ》そ詔勅頒《わか》ち行ふは、百姓の事に関はらば、行ひ下して郷に至るとき、皆、里長・坊長をして部内を巡歴せしめ、百姓に宣示し、人をして暁悉《ぎょうしつ》せしめよ。

（公式令75詔勅頒行条）

詔勅は天皇の命令であり、それを徹底して伝えるために、里長や坊長に巡回させて口頭で説明し、「悉《ことごと》く暁《さと》す」ことを目指したようである［鐘江、一九九八a］。

詔勅を対象としたものではないが、国家からの命令を伝達したことに関わる九世紀の木簡が、石川県津幡《つばた》町の加茂《かも》遺跡から見つかっており、国から指示を受けた郡からの命令内容がびっしりと書き込まれている（本書「〈文字とことば〉への招待」参照）。その命令の中身は八カ条からなる庶民への規制事項であり、飲酒や賭け事の禁制なども含まれている。この規制の内容を伝えるために、往来の道路の傍らに掲示された札がこの木簡である。命令の中には、国から郡への指示の部分に「口で語って示しなさい」とあり、さらに郡から郡雑任の田領《たつかい》(49)らに命じた内容として「村ごとに巡回して諭しなさい」という一節もある。掲示しただけでは文字の読めない人々には正確には伝わらないから、担当の役人が巡回してこの命令内容をかみくだいて説明

(49) 郡雑任のうちの一種。郡内の田の経営などを指導する役割と考えられる。

し、わからせる必要があったのだろう［寺崎、二〇〇六］。

このように、文書での伝達では伝わらない人々がいるのであり、口頭によることばでの伝達も必要とされていたことがわかる。しかし、そのことだけでなく、文字の読めない人々に対して、文字の書かれたものを掲示して示すことの意味も考える必要がある。国家権力の下にある人々に対して、すべての命令がこのように掲示されたわけではなく、掲示は命令内容を選んで行われているようである。庶民に見せるべきものとして掲示がなされるのであり、文字の読めない人々に対しても、何らかの見せるべき必要のある命令が出されていることを形あるもので視覚的に示す、国家側からのメッセージということもできる。

権威を伝える「形あるもの」

当時はまだ文字を読めない人々も多かったが、そうした人々を労働に駆り出す際に、文書で召集が命じられることがあった。こうした召喚命令を伝える文書を召文《めしぶみ》と呼んでおり、木簡に書かれた事例が見つかっている（**図17**右）。また、人々を直接動員する現場に近い行政区分である郡では、下達文書の書式である符《ふ》を使って人々を動員する命令が下されており（郡符）、これも木簡の事例（郡符木簡）がいくつか見つかっている（**図17**左）。

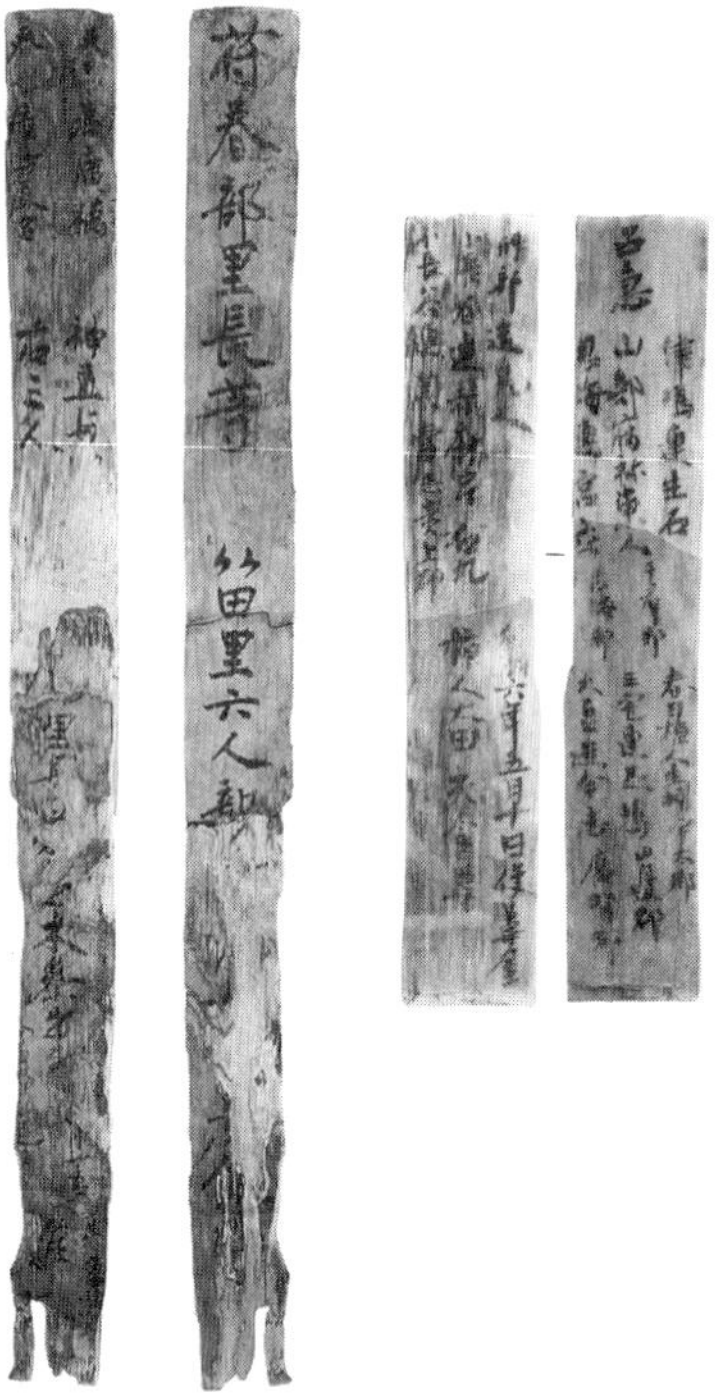

図 17 (右) 召文木簡(平城宮木簡．写真提供＝奈良文化財研究所)
(左) 郡符木簡(兵庫県丹波市山垣遺跡出土木簡．写真提供＝兵庫県教育委員会)

こうした郡符木簡や召文木簡での召喚命令の伝達は、どのようになされたと考えられるだろうか。ヒントになる説話として、『日本霊異記《にほんりょういき》』の中の話を紹介しておきたい(中巻、第一〇縁)。それは、日頃鳥の卵を煮て食べてばかりいた中男《ちゅうなん》(50)が、見知らぬ兵士によって国司からの召喚命令を伝えられ、これに応じてその兵士に従ってついて行ったところ、突然麦畑に押し入れられ、本人は足が焼けただれてしまったという、いわば仏罰を受けたという話であるが、その中で国司が召喚していると兵士が告げる場面が注目される。この兵士は「国司召すなり」と告げた際に、腰に

(50) 中男は、養老令制下での一七歳から二〇歳までの男性のこと。大宝令では「少丁」と呼ばれていた。

四尺の札を携えていたという。この四尺の札は召喚命令を書いた木簡と考えられるが〔平川、二〇〇三〕、召された中男はこの札の文章を見たとは描かれていない。兵士が四尺の札を持っていたことだけで、中男は命令に従いついて行ったのである〔鐘江、二〇〇三〕。召喚に際して使者が持参した木簡は、命令が出ていることを示す証拠であり、また命令主体からの権威を示すという点で、視覚的に働く道具である。召喚命令じたいは、木簡を携行した使者が口頭で伝えるのであり、木簡はそのことを裏付けると同時に、命令主体からの圧力をかける効果があるだろう。このような点で、こうした召喚命令の書かれた木簡は、正確には文字による伝達と言ってよいのかどうか疑問も残るが、召喚されるべき当事者に命令を伝える上での働きは担っていることになる。書かれた文字以外の点での伝達と言うこともできる。

図 18　多胡碑(写真提供＝高崎市多胡碑記念館)

　こうした視覚的な効果という点では、この時代の碑文にも興味深い例がある。群馬県高崎市に残る多胡碑《たごひ》（**図 18**）は、和銅四年（七一一)に多胡郡が設置されたことを示し、その功績のあった人物を顕彰する意図で立てられた石碑とみられる。この碑文には、「弁官符」で始まる、多胡郡設置に関する次のような「命令」が記されている。

弁官符す。上野《こうずけ》国片岡郡・緑野《みどの》郡・甘良《かんら》郡、三郡内の三百戸を幷せて、郡と成し羊に給ひ、多胡郡と成す。和銅四年三月九日甲寅宣す。左中弁正五位下多治《たじ》比真《ひのま》人《ひと》。太政官二品穂積《ほづみ》親王。左大臣正二位石上尊《いそのかみのみこと》。右大臣正二位藤原尊。*

ここに見える「弁官符」という用語は、当時に使われた紙の文書様式にはない異例なものであり、従ってその語の解釈をめぐって多くの学説が出されてきた。筆者の結論としては、多胡郡の新設にあたって郡の長官への就任予定者が都に招集され、都での儀礼において口頭で建郡の承認が伝えられ、その時の記憶をもとに地元に帰ってからその場面を文章化して碑文にしたものと考えている[鐘江、一九九八b/二〇〇六]。任官儀礼の中では口頭で命令が伝えられており、口頭による伝達内容を後日になってから記録化したことによって、架空の文書様式が出現し残されることになったのである。このことは、しかし多胡郡の現地にあっては、それで十分な効果を発揮したと考えられる。建郡の功績は、文字の読めない人々にとっては、形ある石碑として示されることによって、権威をもって表象されることになった。この碑文は、命令内容の正確性よりも、概要を象徴的に伝える物としての役割が大きい。

＊**(大意)** 弁官が命じる。上野国の片岡郡・緑野郡・甘良郡の三郡の中の三百戸を(抜き出し)併せて(新たに)郡とし、羊に与えて多胡郡とする。和銅四年三月九日の甲寅の日に口頭で命じた。左中弁で正五位下の多治比真人(某)。太政官の(知太政官事である)二品穂積親王。左大臣で正二位の石上(麻呂)様。右大臣で正二位の藤原(不比等)様。

以上のように、文字が普及しつつあるこの時代には、文字による伝達と、口頭による音声での伝達と、視覚による伝達という三つの要素が相互に補完し合って、支配機構における伝達がなされていたと言うことができる。

口頭伝達の重視される場面の意義

この時代に口頭伝達が大きな役割を持つ場面もあった。そのいくつかを簡単に紹介しておくことにしよう(以下の点については、[鐘江、二〇〇六]で詳論しているので、参照されたい)。

一つめには、日常的な政務の中での案件の報告とそれに対する決済の伝達においてである。朝堂院《ちょうどういん》において案件処理を行う政務である朝政《ちょうせい》では、諸司や弁官が報告を行う場合にも、またこれを受けた大臣が判断を下して決済の結論を与える場合にも、すべてが口頭で行われることになっている。必要があって関連書類が作成される場合はあるが、基本的には口頭でのやりとりが優先されていた[橋本義則、一九九五]。

二つめとしては、天皇からの命令である詔書《しょうしょ》を伝達する際の方法である。奈良時代の詔書は和文体で書かれており、助詞などにあたることばが小字で書き込まれた宣命《せんみょう》書きと呼ばれる文体であった。この文章は読み上げることを前提とした文体であり、その場で整列した官人たちを前にして、宣命を読み上げる役割の者が、天皇に代わってこの文章を読み上げて命令を伝えるのである。この場では命令を書いた文書は参加者に渡されることはなく、あくまで口頭で伝えられた命令を、耳で受け取るということになる。天皇からの命令を音声で受け取ることに意味があったと言うことができるだろう[大平、一九八四]。宣命を読む技術も発達していったようで、九世紀にはその道で洗練された技術を持つ者もよく周知されており、貞観六年(八六四)にはその技術を習うべき者が天皇から指名されて、師範としての仲野親王《なかのしんのう》の邸宅でその技術を教授された[51]。仲野親王は九世紀初頭に活躍した藤原緒嗣《おつぐ》からこの奥義を習い、その技法をそのままの形で保持していたという。

三つめとしては、官職に新たに任命される際の手続きにおいてである。当時は、新たな任官者が内裏《だいり》・太政官《だいじょうかん》・式部省《しきぶしょう》などの会場に集められて任官名簿に従って名前を呼ばれ、これに一人ずつ返事をするという手続きの儀礼があった[西本、一九九七]。この名簿は本人には渡されず、また任官を示した文書も本人には渡されない。口頭で名前を呼ばれる手続きが重要なのである。本人に対してはあくまで口頭での伝達のみであり、任命された当人とその場に列席した人々が任官された事実を共有することになる。もちろん、名簿は残り、任官されたことは任官先の役所には文書で通知されるのだが、こうした文書は本人に渡すことにはなっていないのである。

(51)『日本三代実録』貞観九年(八六七)正月十七日戊午《ぼご》条の仲野親王の薨伝に、このことが見える。

このように、文書での情報伝達が多くの場面で行われている時代になっても、口頭伝達に独自の意義を持たせて、おそらくは伝統的なその意義を保っている場面があった。儀礼的とも言える特徴ではあるが、当時の社会の中では文字には置き替えられないものと認識され、口頭伝達が重視されていた側面を知ることができる。そのことの意義もこの時代の特徴を考える上では重要である。

文字による伝達が、口頭による伝達を簡単に駆逐するものではない。意義を持って口頭という手段がとられていたならば、それが淘汰されていく時期には、その意義が薄れていったことが原因として考えられるだろう。ここで取り上げた三つの場面の例は、古代の官僚制の中でも口頭で伝えるべきものとされていた要素であり、その価値が認められている間は維持されていった。平安時代になっても残っていく部分である。

文字と記号の境界に相当するようなもの

八世紀の後半から九世紀にかけての各地の遺跡で、まじないに使われたとみられる文字の墨書された土器(**図19**)が見つかる。役所の跡の付近からも見つかるが、一般の集落からも多く見つかっており、それらの墨書土器からは、集落で暮らす庶民と文字の関係も窺うことができる[荒井、二〇〇五/高島、二〇〇〇/平川、二〇〇〇など」。

墨書土器の中には、人名や役所名など土器の所属先を書いたものもあるが、**図19**のように明らかにまじないの文章を書いたものも見られる。後者はおそらく土器に食事を盛って鬼神《きじん》にお供えをするなど、広い意味でのまじない行為に関わる道具であろうとみられる。

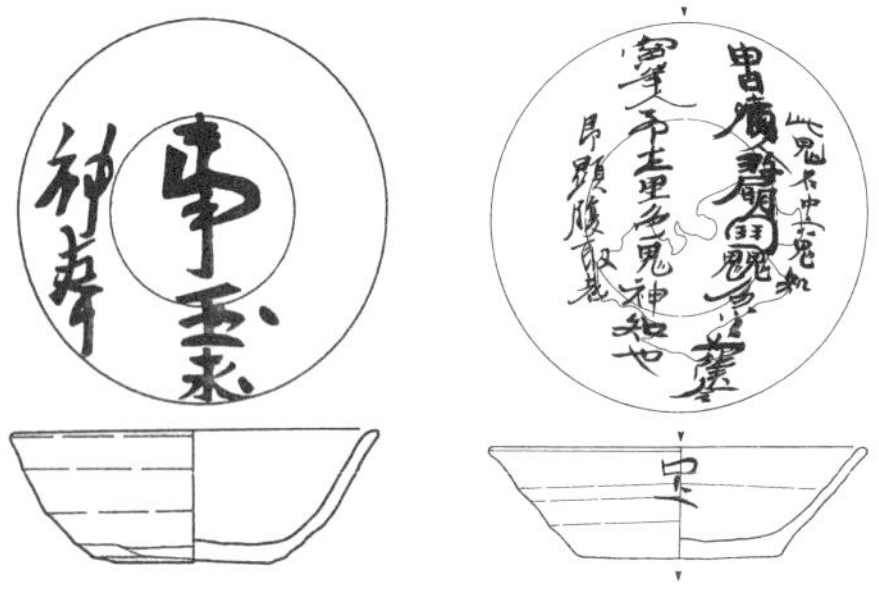

図19 まじない行為に使われた墨書土器
(左) 千葉県多古町南借当遺跡出土墨書土器「奉玉泉」「神奉」[千葉県教育振興財団文化財センター, 1991]
(右) 宮城県多賀城市山王遺跡出土墨書土器[宮城県教育委員会編, 1996]

こうしたまじない行為は、文字の書ける人も書けない人も行っていたと考えられ、達筆な墨書土器もあれば筆跡の稚拙なものも多い。それだけではなく、同じような文字を書いたものが、一つの集落跡から複数見つかる事例もあり、それらの中には、きれいに文字が書けているものもあれば、それをまねて書いたようにどこかが足りなかったり左右反転していたりするものもある。字形をまねて書いたパターンが、徐々に変化する過程を追えるような複数の事例もあり、変化していった結果、およそ文字としては元の意味がよくわからない、単なる記号と化しているものもある〔平川、二〇〇〇〕。

こうした事例からは、墨書土器がまじないに使われる道具となっており、書かれる文字じたいも、文字としての意味よりもまじない行為の一部として認識され、記号的になってしまっていると考えられる。文字の書けない人々がまじないの行為を受容した結果、こうした現象が起きているのではないかと考えられ、墨書土器の分布だけでは文筆能力の普及を窺い知る基準とはならない。

こうした行為は八世紀後半から九世紀にかけて各地で盛んになる。例えば、千葉県八千代市の権現後《ごんげんうしろ》遺跡からは大量の墨書土器が見つかっているが、その中に九世紀前期から中期のものとして**図20**のようなものがある。(52) 明らかに「生」と読める文字が書かれたものがあるが、中には妙な崩し方となっていて半

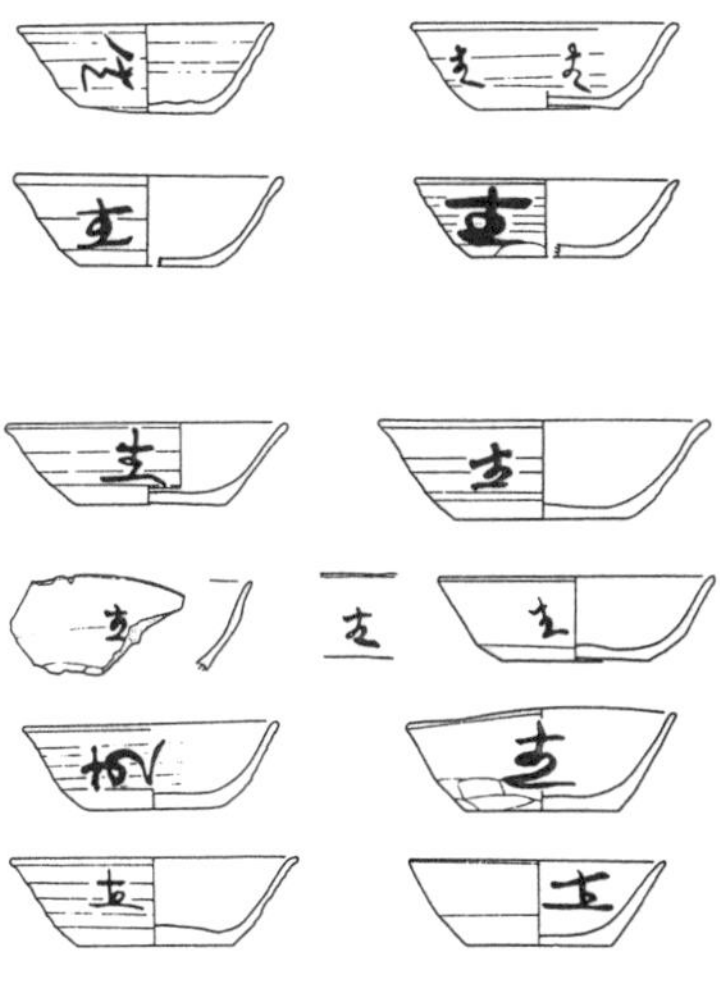

図20　権現後遺跡の墨書土器に見られる「生」(抜粋)〔千葉県教育振興財団文化財センターほか, 1984〕
上の4つは9世紀前期．その他は9世紀中期．

(52) 権現後遺跡は、九世紀ごろのこの地方のごく一般的な集落遺跡である。ここで取り上げた墨書土器の中には、当初の発掘調査報告書での釈文の段階では「主」と読まれていたものも含まれているが、『千葉県の歴史　資料編　古代』(一九九六年)編纂時に改められた釈読に従い、すべて「生」と釈読されているものを挙げた。

ば記号化しているものもある[53]。現代のわれわれの目から見ると、これらの土器になぜ「生」と書いているのか、その行為の意図もすでにはっきりとはわからない状況になってしまっている。この遺跡で生活していた者たちにとっては、例えば病気からの回復を願うなど、何らかの意味のある行為だったのかと推測されるが、発掘調査で見つかる墨書土器には一文字や二文字程度のものが多く、墨書行為の意図がわからないものが多い。

このような「文字であるような文字でないようなもの」が生まれてくるのも、文字を書ける人と文字を書けない人が混在している社会の特徴であろう。この時代に生まれたまじない行為はやがて変容し、墨書土器を使ったまじないも平安時代の中期ごろには衰退していく。その一方で、まじないのためにさまざまな道具に記号を記す行為じたいはその後も残り、文字とは呼べないものを記すことも続いていくことになる。文字の私的な使用というだけでは片付けられない、文字文化の周縁ともいうべき営みではあるが、文字が普及してきた時代に広がり始めたものとしての特徴を、この時代のまじない行為の中に窺うことができるだろう。

(53) 図20上側の九世紀前期の土器の中でも、「生」という字を意識して書いているものもあれば、あまり意識しているように見えず、他の文字にも見えてしまうようなものも混じり合っている。このことは、図20下側の九世紀中期の土器でも同じように混じり合っていると言える。同時期の集落内で、文字を意識してその文字らしく書ける人と、文字らしく書けない人とが混在し、書けない人がまねしながら書いていることも多いと思われる。

おわりに

中国を中心とした東アジアの縁辺に立地する日本列島において、漢字を使うことが定着する過程においては、官僚制の拡大と整備が大きな契機であった。とくに七世紀後半から八世紀にかけて、官僚の側にいた人々には文字を習得することが必須となり、文字文化が広く浸透することとなった。それまでの時代にも文字は日本列島に入ってきてはいたが、社会の中に文字が定着しているとは言いがたい状況だったのであり、文字を使って社会のさまざまな部分が動き始める時代に、広く定着が始まったと言ってよいだろう。

日本では、律令制の仕組みが導入されたことに伴い、中国の官僚制で行われていたさまざまな行政の仕組みが取り入れられた。律令制では漢字を使って書類が作成され、記録や情報伝達に用いられていたため、日本でも漢字を使った書類がさまざまな場面で作られ、保管されるようになる。律令制におけるこうした文字を使った文書や記録による諸手続きの重視は、本章冒頭でも記したように「文書主義」とも呼ばれている。文書の扱えない人々もいる社会全体の中で、文書を利用しながら社会を動かしていくということが貫徹されており、本章で説明してきたように、文書を読めない人々に対しては、さらに文書による伝達を補助する方法も併用されている。このように、古代の社会におけるさまざまな特徴を持ちながら文字の利用は浸透していき、その後の時代にはさらに文字が日本社会に定着していくことになる。

ここまで取り上げてきたさまざまな事例は、ここ二〇年から三〇年ほどの研究において史料そのものの分析が進むことによって、明らかになってきた部分が多い。いわば史料学の深化とともに、文字や文書の役割や、その変遷への関心が高まってきた［加藤友康、二〇〇四／佐藤、二〇一五］。今後も、史料学的研究の中に、こうした史料媒体による伝達の諸相を解明することが求められていると思われる。また、朝鮮半島諸国とのつながりについても、この二〇年で韓国の木簡や碑文の研究が大きく進み、日本の文字資料と併せて考えていくことが可能になったことの意義が大きい［瀬間、二〇一七／橋本繁、二〇一四／李、二〇一八など］。隣国の史料を通して、日本の史料の意義もまた明らかになる面が多々あるのであり、今後もこうした研究と学術交流がさらに進むことが期待される。

引用・参考文献

新井重行、二〇〇三年「郡雑任の再検討」『史学雑誌』112―2

新井重行、二〇〇六年「習書・落書の世界」平川南・沖森卓也・栄原永遠男・山中章編『文字と古代日本5　文字表現の獲得』吉川弘文館

荒井秀規、二〇〇五年「神に捧げられた土器」平川南・沖森卓也・栄原永遠男・山中章編『文字と古代日本4　神仏と文字』吉川弘文館

市　大樹、二〇一〇年『飛鳥藤原木簡の研究』塙書房

市　大樹、二〇一九年「일본 7세기 목간에 보이는 한국목간（日本の七世紀木簡からみた韓国木簡）」『木簡과文

字』22、韓国木簡学会
犬飼　隆、二〇一一年『木簡による日本語書記史　二〇一一増訂版』笠間書院
大隅清陽、二〇〇八年「大宝律令の歴史的位相」大津透編『日唐律令比較研究の新段階』山川出版社
大橋信弥、二〇〇五年「王辰爾の渡来――フヒトの系譜」平川南・沖森卓也・栄原永遠男・山中章編『文字と古代日本2　文字による交流』吉川弘文館
大平　聡、一九八四年「奈良時代の詔書と宣命」土田直鎮先生還暦記念会編『奈良平安時代史論集』上、吉川弘文館
加藤謙吉、二〇〇二年『大和政権とフミヒト制』吉川弘文館
加藤友康、二〇〇四年「古代史料の特質」歴史学研究会・日本史研究会編『日本史講座2　律令国家の展開』東京大学出版会
鐘江宏之、一九九八年a「口頭伝達の諸相」『歴史評論』574
鐘江宏之、一九九八年b「七世紀の地方木簡」『木簡研究』20
鐘江宏之、二〇〇一年「諸国正税帳の筆記と書生」『正倉院文書研究』7
鐘江宏之、二〇〇三年「律令行政と民衆への情報下達」『民衆史研究』65
鐘江宏之、二〇〇六年「口頭伝達と文書・記録」上原真人・白石太一郎・吉川真司・吉村武彦編『列島の古代史6　言語と文字』岩波書店
鐘江宏之、二〇〇七年『地下から出土した文字』(日本史リブレット15)山川出版社
鐘江宏之、二〇〇八年『律令国家と万葉びと』(全集日本の歴史3)小学館
鐘江宏之、二〇一一年「「日本の七世紀史」再考――遣隋使から大宝律令まで」『学習院史学』49
上三川町教育委員会・宇都宮市教育委員会、二〇〇三年『上神主・茂原官衙遺跡』
上三川町教育委員会・宇都宮市教育委員会、二〇一五年『上神主・茂原官衙遺跡Ⅱ』
川尻秋生、二〇〇五年「口頭と文書伝達――朝集使を事例として」前掲『文字と古代日本2　文字による交流』
岸　俊男、一九七三年『日本古代籍帳の研究』塙書房

河内春人、二〇一五年『日本古代君主号の研究――倭国王・天子・天皇』八木書店
国立歴史民俗博物館、二〇〇二年『古代日本　文字のある風景――金印から正倉院文書まで』朝日新聞社
国立歴史民俗博物館編、二〇一四年『文字がつなぐ――古代の日本列島と朝鮮半島』国立歴史民俗博物館
国立歴史民俗博物館・小倉慈司編、二〇一六年『古代東アジアと文字文化』同成社
国立歴史民俗博物館・平川南編、二〇〇五年『古代日本　文字の来た道』大修館書店
国立歴史民俗博物館・平川南編、二〇一四年『古代日本と古代朝鮮の文字文化交流』大修館書店
坂上康俊、二〇一三年「嶋評戸口変動記録木簡をめぐる諸問題」『木簡研究』35
佐藤　信、一九九七年『日本古代の宮都と木簡』吉川弘文館
佐藤　信、二〇一五年「木簡資料論」『岩波講座日本歴史21　史料論』岩波書店
鈴木景二、一九九二年「下級国司の任用と交通」『木簡研究』14
関根　淳、二〇二〇年『六国史以前――日本書紀への道のり』吉川弘文館
瀬間正之、二〇一七年「高句麗・百済・新羅・倭における漢字文化受容」犬飼隆編『古代文学と隣接諸学4　古代の文字文化』竹林舎
高島英之、二〇〇〇年『古代出土文字資料の研究』東京堂出版
武井紀子、二〇一七年「東アジアの中の日本文字資料――人・物の管理方法を中心として」前掲『古代文学と隣接諸学4　古代の文字文化』
田中史生、二〇〇五年「武の上表文――もうひとつの東アジア」前掲『文字と古代日本2　文字による交流』
田中史生、二〇一二年「倭国史と韓国木簡」鈴木靖民編『日本古代の王権と東アジア』吉川弘文館
田中史生、二〇一六年「漢字文化と渡来人」国立歴史民俗博物館・小倉慈司編『古代東アジアと文字文化』同成社
(財)千葉県史料研究財団、一九九六年『千葉県の歴史　資料編　古代』千葉県
寺崎保広、二〇〇六年「古代の木簡」前掲『列島の古代史6　言語と文字』
東野治之、一九八三年「木簡に現われた「某の前に申す」という形式の文書について」『日本古代木簡の研究』塙書房

東野治之、一九九四年『書の古代史』岩波書店
東野治之、二〇〇五年「古代日本の文字文化——空白の六世紀を考える」国立歴史民俗博物館・平川南編『古代日本　文字の来た道』大修館書店
東野治之、二〇〇六年「七世紀以前の金石文」前掲『列島の古代史6　言語と文字』
内藤乾吉、一九六四年「正倉院古文書の書道史的研究」正倉院事務所編『正倉院の書蹟』日本経済新聞社
中村順昭、二〇〇八年『律令官人制と地域社会』吉川弘文館
仁井田陞、一九三七年『唐宋法律文書の研究』東方文化学院東京研究所
西本昌弘、一九九七年『日本古代儀礼成立史の研究』塙書房
橋本　繁、二〇一四年『韓国古代木簡の研究』吉川弘文館
橋本義則、一九九五年『平安宮成立史の研究』塙書房
早川庄八、一九九七年『日本古代の文書と典籍』吉川弘文館
平川　南、二〇〇〇年『墨書土器の研究』吉川弘文館
平川　南、二〇〇三年『古代地方木簡の研究』吉川弘文館
平川南監修・(財)石川県埋蔵文化財センター編、二〇〇一年『発見！　古代のお触れ書き——石川県加茂遺跡出土加賀郡牓示札』大修館書店
方国花、二〇一七年「いわゆる国字について——木簡の用例を中心に」前掲『古代文学と隣接諸学4　古代の文字文化』
丸山裕美子、二〇一四年「帰化人と古代国家・文化の形成」『岩波講座日本歴史2　古代2』岩波書店
三上喜孝、二〇一三年『日本古代の文字と地方社会』吉川弘文館
森　公章、二〇〇九年『地方木簡と郡家の機構』同成社
森　公章、二〇一三年『在庁官人と武士の生成』吉川弘文館
森下章司、二〇〇四年「鏡・支配・文字」平川南・沖森卓也・栄原永遠男・山中章編『文字と古代日本1　支配と文字』吉川弘文館

山本　崇、二〇一七年「古代木簡のなかの七世紀木簡」前掲『古代文学と隣接諸学4　古代の文字文化』
尹善泰、二〇一八年「월성 해자 목간의 연구 성과와 신 출토 목간의 판독（月城垓字木簡の研究成果と新出土木簡の判読）」『木簡과文字』19、韓国木簡学会
李成市、一九九七年「韓国出土の木簡について」『木簡研究』19
李成市、二〇〇〇年『東アジア文化圏の形成』（世界史リブレット7）山川出版社
李成市、二〇一八年『闘争の場としての古代史――東アジア史のゆくえ』岩波書店

挿図引用文献

宇都宮市教育委員会編、二〇一六年『上神主・茂原官衙遺跡とその時代』（とびやま歴史体験館第21回企画展、パンフレット）
宇都宮市教育委員会・上三川町教育委員会編、二〇一六年『発掘された古代の役所　国指定史跡　上神主・茂原官衙遺跡』
大阪府立近つ飛鳥博物館編、一九九四年『シルクロードのまもり――中国・木簡古墓文物展』毎日新聞社
宮内庁正倉院事務所編、一九八八年『正倉院古文書影印集成』1、八木書店
宮内庁正倉院事務所編、一九九〇年『正倉院古文書影印集成』2、八木書店
国立中央博物館（韓国）、一九八〇年『雁鴨池』
国立歴史民俗博物館編、一九九二年『正倉院文書拾遺』便利堂
国立歴史民俗博物館編、二〇一三年『中世の古文書』
千葉県教育振興財団文化財センターほか、一九八四年『八千代市権現後遺跡』
千葉県教育振興財団文化財センター、一九九一年『多古町南借当遺跡』（千葉県文化財センター調査報告書195）
千葉県教育振興財団文化財センター、二〇〇九年『房総発掘ものがたり　地下50cm　文字の世界』（「平成21年度出土遺物巡回展」パンフレット）
東京国立博物館編、一九九三年『江田船山古墳出土　国宝　銀象嵌銘大刀』吉川弘文館

奈良県立橿原考古学研究所編、二〇一九年『飛鳥宮跡出土木簡』吉川弘文館
宮城県教育委員会編、一九九六年『山王遺跡』Ⅲ
木簡学会編、一九九〇年『日本古代木簡選』岩波書店
木簡学会編、二〇〇三年『日本古代木簡集成』東京大学出版会

コラム　手紙の書き方の大変革

大宝令施行以前のものとして、木簡に書かれた手紙が残っている。一例として七世紀末ごろの滋賀県野《や》洲《す》市の西河《にしが》原森《わらもり》ノ内《うち》遺跡2号木簡を挙げてみよう（**図1**）。

• 椋□伝之我持往稲者馬不得故我者反来之故是汝卜部
• 自舟人率而可行也　其稲在処者衣知評平留五十戸
旦波博士家

椋□伝ふ。我が持ち往く稲は馬得ぬ故、我は反《かえ》り来りぬ。故是に、汝卜部、自ら舟人率て行くべし。其の稲の在処は衣《え》知評《ちのこおり》平留《へるの》五十戸《さと》の旦《たに》波博士《はのふひと》の家ぞ。

表から裏に文章は続くが、木簡の幅の中にずっと一行で書いてある。ダラダラと文章が続いていて、一通り全部読まないとどこにどういう情報が出てくるのかわからない。これは本書五一―五二頁で紹介した「前白」様式の木簡でも同じであり、七世紀の木簡の手紙の基本的なスタイルらしい。書き進めていって残りのスペースが足りなくなり、最後の方だけ文字を小さくして二行にしたらしいものもある（西河原森ノ内遺跡11号木簡）（**図2**）。

• 十一月廿二日自京大夫御前□〔謹カ〕白奴吾□賜□〔別カ〕
• □匹尓□□□大寵命坐□今日□□□□□□□

十一月廿二日、京よりの大夫の御前に謹みて白す。奴吾れ……賜ふ。別□匹に□……大寵命坐して□今日□□□□□□□。

これに対して、大宝元年（七〇一）に大宝令が施行されると、木簡を使った手紙の見た目が変わってくる。次に挙げる新潟県長岡市八幡林遺跡1号木簡（**図3**）は八世紀前半ごろの郡符木簡だが、文言ごとの間を空けたり、情報の内容ごとに、木簡の幅の中央に書いたり、あるいは右に寄せたりして、木簡の面全体を活用して情報の割り付け方を意識した工夫が見られる。

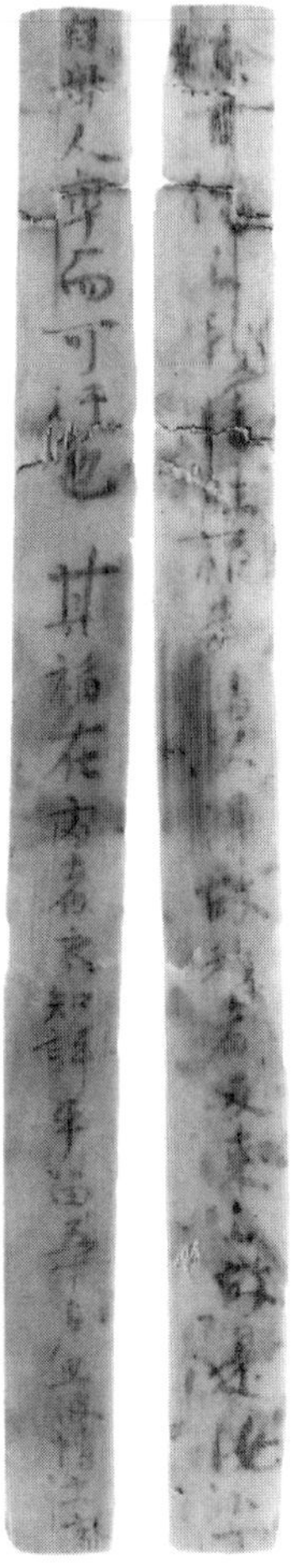

図 1　西河原森ノ内遺跡木簡第 2 号，赤外線写真(写真提供＝野洲市教育委員会)

図 2　西河原森ノ内遺跡木簡第 11 号，実測図(『木簡研究』12，1990 年)

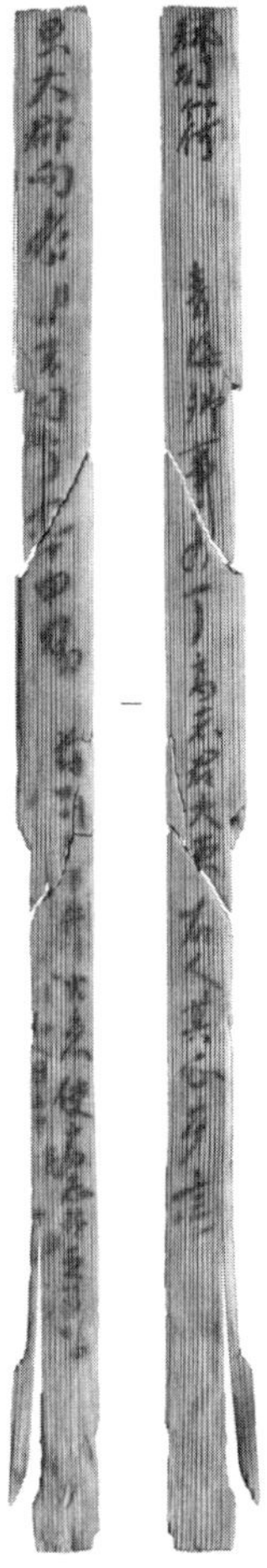

図 3　八幡林遺跡木簡第 1 号(写真提供＝長岡市教育委員会)

・郡司符　青海郷事少丁高志君大虫　右人其正身率□□

・虫大郡向参朔告司□〔身カ〕率申賜　符到奉行＝

＝火急使高志君五百嶋
九月廿八日主帳丈部□

郡司符す　青海郷の事　少丁高志君大虫　右の人、其の正身率て……虫大郡、朔告の司に向ひ参り、身率て申し賜へ。符到らば奉行せよ。火急の使高志君五百嶋。九月廿八日主帳丈部《はせつかべ》……。

大宝令の中には、文書の書式を定めた公式令《くしきりょう》というきまりがあった。その施行とともに、手紙の書き方の意識が変わっていると言えそうである。この木簡も公式令での下達文書「符」の書式通りに、冒頭は「〇〇符」、本文の最後は「符到奉行」としている。

また、年月日（あるいは月日）を記す位置にも、大きな変化があった。大宝令施行前の木簡では、年月日はいずれも冒頭に書いており、荷札木簡でも同様である。しかし、大宝令が施行されると、文書木簡も荷札木簡も一斉に年月日が文末に書かれるようになる。全国で見つかった多くの木簡で、このことが確かめられてきた。このように、大宝令の施行による全国一斉の切り替えは、あまりに徹底されていて感心するばかりである。

年月日を手紙の文末に記す習慣は、その後に続き、平安時代以降に新たな文書様式が登場しても、基本的には文末に年月日を記すことがどの様式にも受け継がれてきた。これは中世・近世を経て、現代の書店に並ぶ手紙の書き方のマニュアル本にまで続いている。つまり、年月日を手紙の文末に配置するという書き方は、大宝令が施行された大宝元年以来、現代までずっと受け継がれてきたものなのである。

大宝令の施行は、それ以前の書き方から大きく規範が変わったという点で、手紙の書き方における大変革だったと言えるのではないだろうか。

◉岸俊男「木簡と大宝令」『日本古代文物の研究』塙書房、一九八八年
◉鐘江宏之「七世紀の地方木簡」『木簡研究』20、一九九八年

新たな文字文化の始まり

川尻秋生

はじめに

私たちは、普段何気なく「ひらがな」を使っている。だが、考えてみよう。漢字を発明した中国では、当然のことながら漢字しかなく、ひらがなに相当するものはない。では、なぜ、日本でひらがなが生まれたのだろうか。一応、日本史や古文の教科書には、万葉仮名(1)をくずしたものがひらがなになったという説明はあるものの、どうしてひらがなが生まれたのかという問いの回答にはなっていない。この点は後に触れることになるが、実はまだよくわかっていない。

ひらがなの原形ができたのは、平安時代初期に当たる九世紀である。しかし、この時代には、遣唐使に加わった空海《くうかい》や最澄《さいちょう》の功績に代表されるように、唐《とう》の文物や文化も多く伝わってきたことがよく知られている。ひらがなを日本的（国風文化）と表現するとしたら、後者は中国的＝唐的（唐風文化）と表現できる。この時期の文化は、唐の文化と日本の文化が混じり合いながら、一方ではせめぎ合う複雑なものであった。

平城京に都があった奈良時代（八世紀）までの日本は、絶対的な唐の影響のもと、唐の政治や制度を取り入れるのに必死であり(2)、まだ、唐を客観視するだけの余裕は

（1）漢字の意味とは関係なく、音により日本語を表す漢字の用法（漢字の表音文字的用法）。『万葉集』に多く見られることから万葉仮名と呼ばれるようになった。

（2）天智《てんじ》二年（六六三）、唐と新羅《しらぎ》の連合軍に白村《はくそん》江《こう》の戦いで倭国は完敗を喫し、両国に攻め込まれる可能性があった。そのため、唐の制度をまねながら、急速に律令国家＝軍国国家をつくる必要に迫られた。

持てなかった。ところが、桓武《かんむ》天皇(3)が平安京に都を遷したころ(八世紀末)から一〇〇年ほどの間には少しずつ余裕が生まれ(4)、以前にも増して唐の文化を摂取する一方、それを消化・吸収した上で、日本独自の新たな文化を生み出すことができるようになった。空海・最澄とひらがなの文化史上の位置づけは、それぞれの文化の特性をよく反映していると言える。

本章は、「文字とことば」の視点に立ち、現在の日本人にもなじみ深い九世紀から一〇世紀にかけての文化を、読み解いていくことが目的である。

1　新たな文字文化

「議」の受容

まず、九世紀になって唐から入ってきた文字文化について、具体的に紹介しておきたい。

延暦《えんりゃく》二四年(八〇五)一二月、死を目前にした桓武天皇は、近臣に徳政相論《とくせいそうろん》(5)を行わせた(『日本後紀《にほんこうき》』)。

中納言近衛《ちゅうなごんこのえ》大将従三位《じゅさんみ》藤原朝臣内麻呂《ふじわらのあそんうちまろ》殿上《てんじょう》に侍し、勅有り。参議右衛士督《うえじのかみ》従四位下《いのげ》藤原朝臣緒嗣《おつぐ》、参議左大弁《さだいべん》正四位下菅野《すがのの》朝臣真道《まみち》と天下の徳政を相論せし

(3) 七三七―八〇六年。長岡京・平安京への遷都、征夷を行った。平安時代の基礎をつくった人物である。

(4) 唐では内乱(安史の乱、注23参照)が起き、新羅では八世紀末に内乱と飢饉が続発し、東アジアで軍事的緊張が緩んだ影響が大きい。

(5) 桓武天皇が、近臣であった藤原緒嗣と菅野真道に対して徳政を論じさせた際の論争。

む。時に緒嗣議《ぎ》して云はく、「方《まさ》に今、天下の苦しむ所、軍事と造作となり。この両事を停むらば、百姓安んぜん」と。真道異議を確執して聴くを肯《がえん》ぜず。帝緒嗣の議を善しとし、即ち停廃《ちょうはい》に従ふ。有識これを聞き、感歎せざるはなし。*

緒嗣の発言は「議して云はく」と表記され、桓武は緒嗣の「議」を支持したことが注目される。一般的に「議」と言えば議論のことを指す。訓読みすれば「はかる」ということになるだろう。しかし、この場合は、議論とか「はかる」という意味ではなく、中国で漢代から盛んに行われていた「議」という意見聴取方法である[川尻、二〇〇一]。

皇帝(天皇)が臣下に対し、特定の案件について意見を求めると、臣下は「某議して曰《いわ》く」ではじまる議文もしくは議状を提出する。すると皇帝は、その議文の中から、意に添うものを取り上げ、採択するという手続きをとる。

桓武天皇は、自己の皇位継承の正統性を強化するために、昊天《こうてん》祭祀(6)など、中国的な儀礼を導入したことで知られるが(7)[川尻、二〇一一]、徳政相論でも、中国伝来の意見聴取方法を採用したと言える。

これ以降、九世紀を通じて、「議」という新たな合議方法が日本でも使われていくことになった。もっとも、中国の場合、皇帝の意志により、多様な内容が諮問され、また下問する臣下も自由に選ばれたが、日本の場合、皇族の喪に服する親族の

*(大意) 中納言の藤原内麻呂が殿上に控えていると、勅があった。参議の藤原緒嗣と菅野真道とに、天下の徳のある政治について議論させた。時に緒嗣が議して云うには、「今、天下の人々が苦しんでいる原因は、軍事と造作(征夷と造都)です。この二つの事を停めたならば百姓は安心するでしょう」と。真道は異議を唱え、緒嗣の意見を聴かなかった。桓武天皇は、緒嗣の議を善しとし、二つを停廃した。有識者は桓武の判断を聞いて、感歎しない者はいなかった。

(6) 天上世界にいる天帝を祀《まつ》る儀礼。秦の始皇帝《しこうてい》がはじめたとされる。

(7) 天武《てんむ》系の系譜は孝謙《こうけん》(称徳《しょうとく》)天皇で途切れ、

範囲や期間、暦など、「議」の内容はほぼ中国の礼に関するものに限定された。そして、意見を述べる臣下には、身分が低くても中国の知識に詳しい学者が選ばれるという特徴があった。

中国には科挙《かきょ》という試験制度があった。高級官僚を出す家柄を固定させないために、国家が試験を行い、難関ではあったが、農民層の出身でも合格すれば、将来は宰相《さいしょう》（大臣）など高い官職に任命される道が開かれていた。

日本でもこの制度を手本にして大学制度を設けたが、中国のように生まれつきの身分を乗り越えて出世することは困難であった。当人の能力とは無関係に、藤原氏など高貴な家柄の出身でなければ、出世は難しかった。これを「貴族性が高い」という。

ところが九世紀に限っては、この現象に一定の歯止めがかかった。官吏登用試験に合格し、政務能力が高ければ、高位高官に栄達することも可能となったのである。春澄善縄《はるずみのよしただ》(8)は、伊勢国員弁《いなべ》郡の郡司の家柄であったが、最終的に参議まで上り詰めた。また、菅原道真《すがわらのみちざね》は、もともと葬儀を司る土師《はじ》氏の出であったが、祖父が遣唐使に任じられて唐の制度や文化に精通する家柄となり、道真の高い能力、そして宇《う》多《だ》天皇の強い引きもあって、右大臣にまで栄達した。

こうした身分の高くない家柄(9)の出身でありながら、学問的な能力が高く、出世し

光仁《こうにん》天皇（桓武の父）以降、天智系に交替した。また、桓武の母は、渡来系移住民の出身で、皇室出身者より血統が劣ると考えられていた。そこで桓武は、こうしたコンプレックスを克服するために、中国における王朝交替に自己の正統性の根拠を求めようとした。これが中国的儀礼を導入したひとつの理由であろう。

(8) 七九七—八七〇年。大学に入学し、のちに文《もん》章《じょう》博士になる。藤原良房の信任が厚かった。神《しん》仙《せん》思想や陰陽道《おんみょうどう》に詳しかった。注66も参照。

(9) 身分の低い家柄を「寒門《かんもん》」と呼ぶ。

た貴族を「文人貴族《ぶんじん》」と呼ぶ。しばしば本章に登場するので、少し記憶に留めておいていただきたい。彼らが九世紀に興った唐風文化の主たる担い手なのである。

九世紀の日本で、天皇の意志決定方法として「議」が採用されたことは、文人貴族が大きな力を持ったことを象徴している。この「議」という制度は九世紀のみに見られ、一〇世紀になると急激に衰退し、以後見られなくなってしまう。「議」は九世紀という、唐の影響を強く受けた時期を象徴する合議制度であった。

御教書

御教書《みぎょうしょ》とは、日本中世を代表する下達《かたつ》文書(上位から下位への伝達文書)のことで、平安中期以降、しばしば見られるようになる。現在の古文書学によれば、三位以上の上流貴族が用い、家司《けいし》(家の庶務を司る職員)が主人の意を書き留めて作成した文書と定義されている(10)[佐藤進一、一九九七]。平安中期から中世にかけて、摂関家《せっかんけ》の命令は御教書で下された。さらに、鎌倉時代には武家も用いるようになり、室町時代には幕府が用いるもっとも格式の高い文書になった。

したがって、御教書については、一〇〇年以上前から研究が続けられてきたが、その起源はいまだ明らかになっていなかった。一方、唐には「教書《きょうしょ》」が存在し、近年では、中国・河南省にある拳法で有名な少林寺の碑文から、書式が復原されてい

(10) こうした文書のことを、古文書学では「奉書」と呼ぶ。

(11) 後に、李世民は、唐の高祖《こうそ》(李淵《りえん》)の長男で皇太子でもあった李建成《けんせい》および弟を玄武門《げんぶもん》の変で殺害し、高祖を譲位させて即位した。

(12) 中国で、皇帝から授けられた領域(封土《ふうど》)の人民を支配していた人物。日本で言えば国司に当たる。

(13) 令の編目の一つ。詔・勅など、皇帝や官僚が用いる各種の文書様式が規定されていた。なお、唐では親王のために、親王府という役所を設けた。しかし、日本では皇太子については春宮坊《とうぐうぼう》を置いたものの、親王について

る。この碑文は、親王《しんのう》(皇帝の息子で、皇太子ではない者)時代の李世民《りせいみん》⑪(五九八―六四九年。後の太宗)が下した武徳八年(六二五)の「教」を刻んだものである〔中村、一九九一〕。

漢代から南北朝にかけて、中国で「教」は諸侯《しょこう》⑫の命令に用いられた。しかし唐代には、親王や公主《こうしゅ》(皇帝の娘)が発したことばを「教」、下した文書を「教書」と呼び、唐の公式令《こうしきれい》⑬に規定があった。

さらに、高句麗《こうくり》・新羅《しらぎ》・百済《くだら》でも「教」は使用され、高麗《こうらい》や李氏《りし》朝鮮にも継承された。たとえば、有名な高句麗の好太王《こうたいおう》(広開土王)碑文⑭にも、「「教」を言うことかくの如し」などと見える。つまり、中国を起源として、「教」という語は東アジアに広く継受され、それぞれの国で独自に使用されたことになる。

それでは、日本人は唐の「教」をどのように理解し、受容したのであろうか。

この点を知ることができる史料に、『頭陀親王入唐略記《ずだしんのうにっとうりゃくき》』⑮(『入唐五家伝《ごかでん》』所収)がある。この史料は、高丘《たかおか》親王⑯が、八六二年(咸通《かんつう》三＝貞観《じょうがん》四)に入唐した際の記録である。このなかで、長安からインドへの求法《ぐほう》の旅に出立しようとする親王の言を、同行していた唐の商人・任仲元《にんちゅうげん》が書き留め、親王の帰りを待っていた伊勢興房《いせのおきふさ》と宗叡《しゅうえい》⑰・禅念《ぜんねん》(宗叡の弟子)という僧に送ったことが記される。その際、興房は、親王のことばを「教」、親王の書状を「教書」と呼んでいる。つまり、唐人が書状で使用

は親王府に相当する役所を置かなかった。そのため日本の公式令《くしきりょう》には教の様式が規定されなかったのである。

(14) 好太王(高句麗の第一九代王)の業績を記した、現在の中華人民共和国吉林《きつりん》省集安《しゅうあん》市に存在する石碑。王の業績を称えるため子の長寿《ちょうじゅ》王が四一四年に建てた。四世紀末から五世紀初頭の朝鮮半島と倭国の関係を知る上で貴重。

(15) 高丘親王(真如《しんにょ》)が大和国を出発して大宰府、五島《ごとう》列島を経て、入唐求法するようすを、親王の母の一族の伊勢興房が書き留めたもの。

(16) 平城太上《へいぜいだじょう》天皇の子で、嵯峨《さが》天皇の即位とと

したことから見て、この「教」「教書」は、親王の言・書状という意味の唐の用法であろう。この例から、中国の「教」「教書」を日本人も認識していたことがわかる。

ここで着目したいのは宗叡という僧である。彼は、帰国後しばらくして、中国に同行した弟子の禅念に、玄静《げんじょう》という弟子の付法《ふほう》(密教で、秘密の教えを弟子に授けること)に関する書状を送った(『宝冊鈔《ほうさつしょう》』(18)巻第一三、蘇悉地経事《そしつじきょうのこと》)。そこには、次のような内容が見える。

玄静が重病の自分(宗叡)を訪ね、「先に付法された金剛界法《こんごうかいほう》に加えて、残りの法(胎蔵《たいぞう》界法など)も授けてほしい」と求めた。それに対し、自分は重病なのでそれはできない、代わりに神護寺《じんごじ》にいる弟子の禅念に「教書」を送り、付法を命じようと答えた。

唐の「教書」には、「教え」という意味はなく、親王の書状に付けられた名称に過ぎなかった。ところが宗叡は、唐の「教書」の意味を知りながら、あえて「教え」という意味に読み替えて教書を下達文書として使用した。ここにおいて、唐の「教書」は日本的な「教書」に転生したことになる。この事例は、九世紀における日本と唐との具体的な人的交流を通して、唐の教書が日本人に伝えられ、その後日本の教書に変質した過程を具体的に知ることができる点で、きわめて貴重であろう。

もに皇太子となったが、薬子《くすこ》の乱(平城太上天皇の乱)に連座して廃太子とされ、後に出家して空海の弟子となった。法号は真如。後に、インドへの求法を目指すも、羅越《らえつ》国(現在のシンガポール付近)で病没した。彼を主人公とした幻想文学として、澁澤龍彦『高丘親王航海記』が有名。

(17) 真言宗の僧侶。空海の高弟実恵《じちえ》の弟子かつ真紹《しんじょう》の弟子で、清和《せいわ》天皇の幼少時代からの護持僧であった。清和天皇の命により高丘親王とともに入唐し、五台山を巡礼《じゅんれい》した。帰国後、東寺長者、僧正《そうじょう》となり、さらには清和の出家の戒師《かいし》となり、元慶《がんぎょう》八年(八八四)に、座主であった禅林寺(京都市左京区の永観堂の正

それでは、なぜ、上流貴族が「御教書」を使用するようになったのであろうか。

ここで注目されるのは、一〇世紀の貴族の日記に見える「教」や「教命」ということばである。とくに教命とは、先君の訓戒・教えという意味で、たとえば、関白《かんぱく》・太政大臣《だじょうだいじん》藤原忠平《ただひら》(19)の仰せを息子の藤原師輔《もろすけ》(20)が書き留めた『貞信公教命《ていしんこうきょうみょう》』という書物がつくられ、子孫に伝えられた。

おそらく、上流貴族は、下達文書として転生した教書にみずからの「教命」を重ね合わせ、一〇世紀の後半頃、「御教書」という文書様式を生み出したのではあるまいか。上流貴族にとって、自らの「命令」を文書化したもの、それが「御教書」であった。

告書

九世紀には「告書《こくしょ》」と呼ばれる下達文書も出現した。一一世紀中頃に成立した『新猿楽記《しんさるがくき》』(21)には、学問に造詣が深く文書《もんじょ》づくりを生業とした「五君《ごのきみ》の夫《おっと》」が、詔《みことのり》・宣旨《せんじ》・教書などとともに「告書」の作成を得意としていたことが見える。平安中期には重要な文書様式であったことがうかがえる。

現存するもっとも古い「告書」は、承和《じょうわ》八年(八四一)に、淳和太上《じゅんなだじょう》天皇(上皇)の政所《まんどころ》(親王や公卿などの家の家政機関)が越中国《えっちゅうのくに》の諸荘園に対して下したものである

式名称)で入滅した。

(18) 東寺の寺誌『東宝記』を著した著名な学僧で、東寺観智院《かんちいん》第一世の杲宝《ごうほう》が、その弟子の賢宝《げんぽう》とともに真言宗の概要を記した書。貞和《じょうわ》六年(一三五〇)成立。

(19) 八八〇—九四九年。朱雀《すざく》天皇の摂政・関白。父は藤原基経《もとつね》。

(20) 九〇八—九六〇年。忠平の次男。九条流の祖。

(21) 往来物《おうらいもの》(初級の教科書)。藤原明衡《あきひら》の作。各種の職業に秀でた人々の生活を架空の人物に仮託し、滑稽に描いている。

（『平安遺文』六八号）。淳和が越中国に荘園を所有していたからである。それでは、告書とは、どのような経緯で発生したのであろうか。文書に「告」と書く実例は奈良時代まで遡り、正倉院文書《しょうそういんもんじょ》に見られるが、上記の例のように九世紀に正式な文書として使用されるようになった背景には、別の要因も考える必要がある。

ここで注目されるのは唐の「誥書《こうしょ》」である。「誥」とは、唐の太上皇《だいじょうこう》(22)が発する命令（皇帝で言えば詔）にあたる［中村、二〇〇三］。

楊貴妃《ようきひ》とのラブロマンスで知られる玄宗《げんそう》皇帝は、天宝《てんぽう》一五載（七五六）、安史《あんし》の乱(23)の責任を取らされて息子の粛宗《しゅくそう》に譲位したが、その際、「詔」を「誥」に替えている（『旧唐書《くとうじょ》』巻九、玄宗本紀）。だが、日本により直接の影響を与えたのは、貞元《ていげん》二一年（八〇五＝延暦二四）、順宗《じゅんそう》が憲宗《けんそう》に譲位した際、順宗が「詔」を「誥」に替えていることだろう（『韓昌黎集《かんしょうれいしゅう》』外集《がいしゅう》、巻第九所引『順宗実録《じつろく》』巻五）。延暦度の遣唐使がこの皇帝の交代劇を実際に見聞したことにより、「誥」の知識を将来したと思われる。たとえば、嵯峨《さが》太上天皇の遺言が「遺誥《いこう》」（天皇の遺詔《いしょう》に当たる）と表現されるようになった（『続日本後紀《しょくにほんこうき》』承和一〇年〈八四三〉七月・同一一年八月条）。このような前提で先の「告書」を見てみると、この発給主体が淳和太上天皇の政所であることに思い至る。おそらく、「誥書」を意識したものの、政所が「詔」と同等の「誥」を下すことを憚り、「誥」と同じ意味を持つ「告」を用いたと推測できる(24)［川尻、二〇一

(22) 譲位した皇帝のこと。日本で言えば太上天皇（上皇）にあたる。中国では、皇帝が譲位して「太上皇」になることは珍しい。逆に、日本では古代から近世に至るまで太上天皇（上皇）になることはごく普通であった。その意味は別に問われなければならない。

(23) 七五五年から七六三年にかけて、安禄山《あんろくざん》・史思明《ししめい》によって起こされた大規模な反乱。

(24) 漢字の一部を省略し同じ意味を持たせることを省画《しょうかく》ないし省文《せいぶん》という。「鏡」を「竟」で表したことは著名。

八」。

ところがこの例以降、告書の遺例は一〇例ほどあるが、発給者は太上天皇とは無関係で、すべて東大寺などの権門《けんもん》や上流貴族・僧侶であり、自身よりも身分の低い者に与えた下達文書として使用している。このことは、「告（誥）」の本来の意味が忘れられ、「告げる」という命令の意で、使用されるようになったことを示唆する。

この場合も、「御教書」と同じく、本来の漢語の意味が忘れられて、和語（日本のことば）での読み替え、いわば翻訳が行われたことを示している。古く和語は漢語で表されたが、九世紀には日本文化の成熟にともなって、逆に漢語を和語で再解釈し、日本社会の中に定着させたのである。

もともと日本の公式令《くしきりょう》には、下達文書として「符《ふ》」と「牒《ちょう》」の規定しかなかった。ところが、九世紀には、院宮王臣家《いんぐうおうしんけ》(25)が独自の家政機関を持つようになり、私的な文書様式が必要になった。その結果、御教書や告書など、新たな文書が現れたのだろう。

日本で作成・命名された文書名には「下文《くだしぶみ》」「申文《もうしぶみ》」がある。一目瞭然であるが、これらは「下す文（文を下す）」「申す文（文を申す）」に由来するごく単純な名称である。一方、御教書など主要な文書名は、あくまで唐の名称にこだわった。ここでは詳しく述べる余裕はないが、中国から伝来した文書名には他にも「宣旨」「綸旨《りんじ》」(26)

(25)「院」とは太上天皇、「宮」とは三宮（皇后・皇太后・太皇太后）や東宮（皇太子）、「王臣家」とは親王・内親王などの皇親や、五位以上の公家のこと。天皇との密接な関係をもとに、地方社会では国司と対立する場合が多かった。

(26)「宣旨」は、天皇をはじめとする貴人が発したことばないし、それを書き留め、文書としたもの。一〇世紀以降、多く用いられるようになる。「綸旨」は、天皇の仰せを蔵人が書き留め、文書として下したもの。後醍《ごだい》醐《ご》天皇が多用したことで著名。一〇世紀終わり頃から多く使用されるようになった。

などがあり、文書の機能は換骨奪胎され、取捨選択を経ながら、中世の主要な文書様式になっていく。だが、文書の機能は日本的にアレンジされたものの、名称にあくまで唐の文書名を残したことは興味深い。これはある意味で、実態を離れても、近世に至るまで、中国産を中心とした物品を「唐物《からもの》」と名付けて尊重し続けたこと[河添、二〇一四]と同質である。前近代の日本社会では、そのもの自体がたとえまったく別物になろうとも、中国を規範とする看板は変えなかった。これは日本文化の特色と言えようか(27)。

「議」のように九世紀のみで消え去るものがある一方、九世紀に将来された唐令や唐制に基づく制度、とくにこれらが起源となった中世文書の名称が――たとえその内容は換骨奪胎されたとはいえ――その後長く使用され続けたことは、記憶されてよいだろう。

(27) 現在ではあまり用いないことばかも知れないが、近・現代社会では、「唐物」の語を、欧米からの輸入品を指す「舶来品(物)」ということばに置換した。明治以降の脱中国化をよく示している現象である。

2 実録の時代

「記」の出現

前節で、漢語の読み替えが行われ、唐の文書が日本的に大きく変容させられたことを見てきた。しかし、この時期には、中国直輸入の知識により、日本で新たな文体が作成されるようになったことも重要である。

従来、九世紀の唐風の文学作品のなかで重視されたのは漢詩である。空海の遺文『遍照発揮性霊集《へんじょうほっきしょうりょうしゅう》』(28)、嵯峨・淳和天皇の勅撰漢詩集である『凌雲集《りょううんしゅう》』『文華秀麗集《ぶんかしゅうれいしゅう》』『経国集《けいこくしゅう》』(29)などがあるし、個人的な文集でも、菅原道真『菅家文草《かんけぶんそう》』のなかでは、「詩」に注目が集まってきた。しかし、視点を変えてみると新たな世界が見えてくる。そこで、本節では九世紀の文＝散文《さんぶん》（叙事の文章）について、検討してみよう。

昌泰《しょうたい》元年（八九八）一〇月、前年、醍醐《だいご》天皇に譲位した宇多太上天皇は、一カ月に及ぶ御幸《ごこう》の旅に出た。清浄さなどについての、厳しい禁忌に縛られた堅苦しい天皇の身分を捨てての、久しぶりの自由を満喫する外遊であった。

御幸のルートは、平安京を南下して長岡京付近を通り、平城京を経て大和《やまと》国吉野《よしの》の宮滝《みやたき》を経由、竜田《たつた》道《みち》を通って摂津《せっつ》国住吉社《すみよししゃ》に詣で、帰京するというものであった。途中、盛んに鷹狩りを行った。

この御幸のようすを詳細に記した史料が伝存している。紀長谷雄《きのはせお》(30)の文集『紀家集《きかしゅう》』に収められる「競狩記《きそいがりき》」である（図1）。本章とは直接関係しないため省略するが、鷹狩りのルールがわかる貴重な史料でもある。現在、宮内庁が所蔵しているが、延喜《えんぎ》一九年（九一九）、文人貴族として知られる大江朝綱《おおえのあさつな》によって書写された古写本

(28) 略して、『性霊集』ともいう。現存するものは、空海の弟子真済《しんぜい》が集めた空海の遺文に、後世、増補を加えたものである。

(29) 『凌雲集』は弘仁《こうにん》五年（八一四）、嵯峨天皇の命により編纂された日本初の勅撰漢詩集。全一巻。『文華秀麗集』も弘仁九年に、嵯峨天皇の勅命により編纂された勅撰漢詩集。全三巻。『経国集』は天長《てんちょう》四年（八二七）、淳和天皇の命により編纂された勅撰漢詩集。全二〇巻。

(30) 八四五―九一二年。都良香（注38参照）の弟子で、漢詩文に長じた。参議・中納言となった。

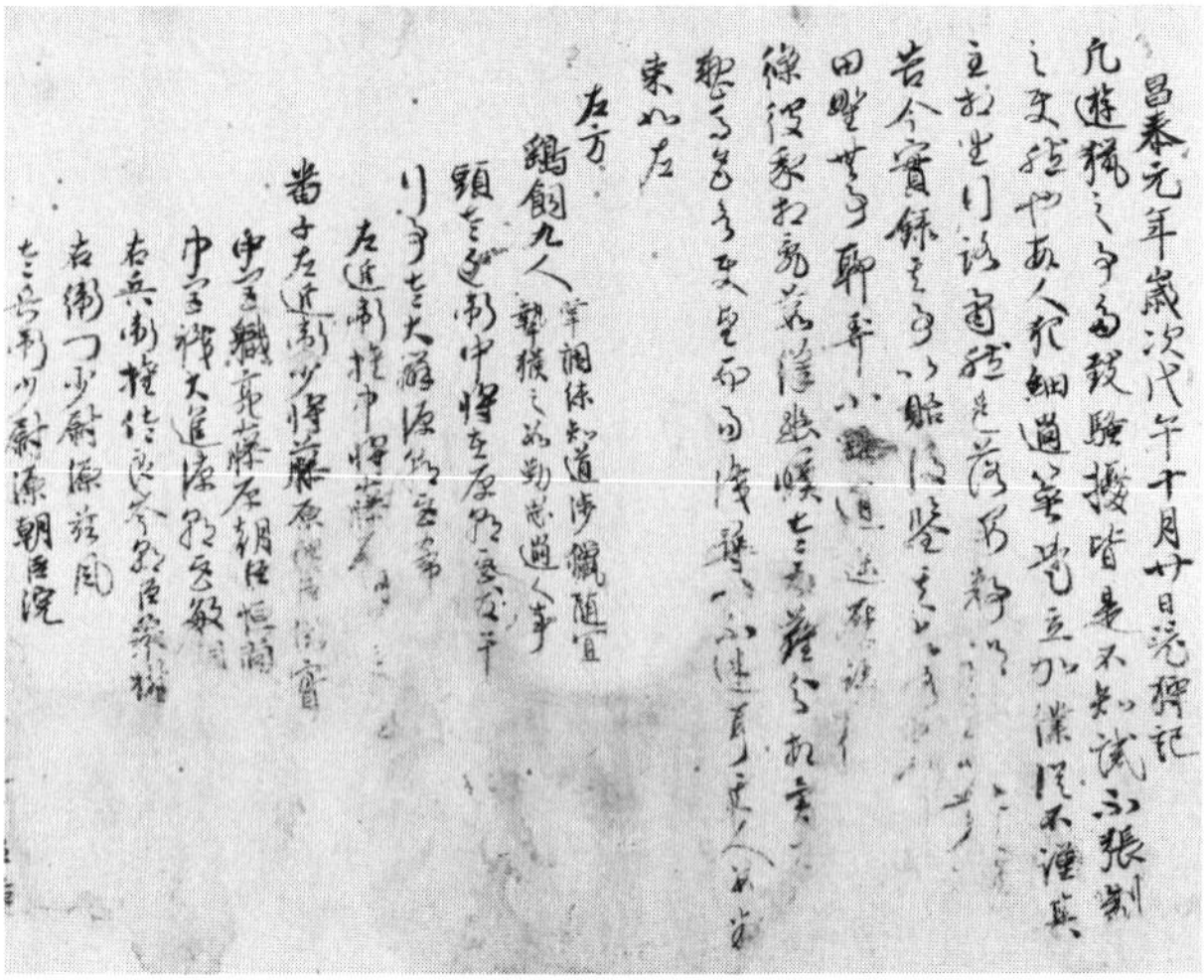

図1　紀長谷雄『紀家集』より「競狩記」(宮内庁書陵部蔵)

である。

内容を見ると、きわめて具体的で臨場感がある。一例をあげてみよう。昼は鷹狩りをし、夜は獲物を肴に宴会を開いた。薪を積んで火を焚き、通夜、飲み明かした。その時である。遊女《ゆうじょ》がどこからともなく数人現れ、座に混ざった。すると平好風《たいらのよしかぜ》は(31)、その遊女たちを「旧少将《ふるしょうしょう》」と呼び、「その懐《ふところ》を探り、口を吮《す》い」、戯《ざ》れ言《ごと》を吐いた。

きわめて生々しい描写である。文献上の「遊女」の初見であるが(32)［東野、二〇一五］、それはかりでなく、日本での

(31)『平中物語』の主人公平貞文《さだふみ》の父。貞文も色好みとして知られる。

(32)千葉県市川市に所在する下総国分寺からは、「遊女」と書かれた九世紀中頃の墨書土器が出土している。

キスの初出でもある。もちろん『古事記《こじき》』などにも性愛場面はあるが、ここまで具体的な描写は、それまでの文献にはなかった。

それでは、なぜ、長谷雄はこのような詳細な文章を記したのであろうか。それは、次の一節に込められている。

　史臣《ししん》長谷雄、右脚《あし》を馬に踏み損せられ、従行に堪へず。□故に帰洛す。悔《く》ゆといへども及ぶことなし。首を掻《か》くのみ。

この史料の中にある「史臣長谷雄」ということばが象徴的である。彼は、後世に記録を残すために「史官《しかん》」（史書を著す官人）として同行したのである。現に、『競狩記』は『日本紀略《にほんきりゃく》』の編纂材料に用いられている〔川尻、二〇〇四〕。だが、その長谷雄も右脚を馬に踏まれ、参加不能となってしまった。その後を継いで書かれたのが、菅原道真『宮滝御幸記《みやたきごこうき》』である。この史料については、次節で再び登場してもらうことになる。

もう一つ、写実的な描写を紹介しよう。

これも『紀家集』に収められた「亭子院賜《ていじのいんし》飲記《いんき》(33)」である。延喜一一年（九一一）六月一五日、宇多法皇は、近臣を呼び集め、酒の呑み比べをした。その方法は大杯《おおさかずき》を二〇個用意し、それぞれに墨線を引いて注がれる酒量を一定にして、呑んだ量を比べるというものであった。六、七杯でみな酩酊《めいてい》したという。その一節を見てみよう。

（33）亭子院とは宇多法皇のこと。

その尤《もっと》も甚《はなは》だしきは希世《まれよ》なり。門外に偃臥《えんが》す。次いでまた極まるは仲平《なかひら》なり。
殿上に欧〔嘔〕吐す。その余我にして我にあらず。泥のまた泥なり。

酩酊がもっとも甚だしかったのは平希世(34)で、門外で俯《うつぶ》せになった。ついで当時参議であった藤原仲平(後に関白・太政大臣となる藤原忠平の兄)は殿上の間で嘔吐し、皆、自分が誰だかわからないほど泥酔したという。この後にも酔って呂律《ろれつ》が回らないようすを、鳥の囀《さえず》りにたとえるなど、酒好きにはなかなか厳しい長谷雄ならではの表現が見られる。

実は、九世紀中頃、それまでの四六駢儷体《しろくべんれいたい》(35)による美文に代わって、白居易《はくきょい》(36)や元稹《げんしん》(37)の影響を受け、都良香《みやこのよしか》(38)をはじめとして、自由に事物を書き記す散文が出現した。このことはつとに指摘され、この二つの史料もその実例として挙げられている[川口、一九八二]。

しかし、さらに踏み込んで言えば、二つはいずれも「記」という文体なのである[川尻、二〇一五/佐藤全敏、二〇一五]。『紀家集』で「競狩記」「亭子院賜飲記」は「記」という編目に収められている。「記」と聞いて少し古典に詳しい方であれば、院政期に活躍した大江匡房《まさふさ》が著した『遊女記《ゆうじょき》』『暮年記《ぼねんき》』など一連の作品を思い起こすかも知れない。

そこで、少し「記」について説明しておこう。

(34) 後に、延長《えんちょう》八年(九三〇)に起きた清涼殿への落雷で焼死。これは道真の祟りと噂された。

(35) 中国の魏《ぎ》・晋《しん》・南北朝期から唐代はじめにかけて流行した文体。四字と六字の句を基本にして、対句《ついく》表現を多用した。

(36) 七七二―八四六年。唐代中期の詩人。白楽天《はくらくてん》ともいう。彼の詩文は、平易なことばを用いてわかりやすく、中国で広く大衆に受け入れられた。日本でも平安時代にはその詩集『白氏文集』が広く受容された。

(37) 七七九―八三一年。唐代中期の詩人。白居易とも親交があった。平易な表現に特色があり、その詩風は「元和体《げんなたい》」と呼

「記」とは、古代中国の文体の一つである。中国の文章を分類した書では、忘備録であるといい、「記」が盛んにつくられるようになるのは唐代からで、韓愈《かんゆ》(39)の作品に多く見られる(『文体明弁』巻四九、記／『文章弁体』巻二〇、記)。また、唐代後半の古文復興運動(40)とも関連しており、歴史や地誌、そして伝奇小説の類が見られ、文末に紀年を持つことが多い。日本の「記」にもっとも影響を与えた人物として、白居易と元稹、すなわち元白《げんぱく》が該当することが指摘されている〔大曽根、一九九八〕。

ここで日本の「記」について見てみよう。現存するもっとも古い「記」は、都良香著のものであり、主に貞観年間(八五九—八七七年)以降に限られる(**表1**参照)。あるいは、この現象は、白居易『白氏文集《はくしもんじゅう》』の伝来と関わりがあるかも知れない。承和五年(八三八)、大宰少弐《だざいのしょうに》の藤原岳守《たけもり》が任地で唐人の貨物の中から「元白詩筆《しひつ》」(元稹と白居易の詩文が書かれたもの)を発見し、仁明《にんみょう》天皇に献上し(『日本文徳《もんとく》天皇実録』仁《にん》寿《じゅ》元年〈八五一〉九月条)、さらに唐の会昌《かいしょう》四年(八四四)、入唐していた恵《え》蕚《がく》という僧侶が、同僚の僧に託して、七〇巻本の『白氏文集』を日本に持ち帰った〔田中、二〇一四〕。九世紀、元白らの散文が将来されたことと、「記」の出現には関係性があったらしい。

しかも、日本での「記」の出現は間接的な唐の文集の将来によるに留まらなかった。三善清行《みよしのきよゆき》(41)が著した円珍《えんちん》の伝記『天台《てんだい》宗《しゅう》延暦寺《えんりゃくじ》座主《ざす》円珍伝』(延喜二年〈九〇二〉成

ばれた。

(38) 八三四—八七九年。漢詩文に長じる。菅原道真・紀長谷雄の師。神仙思想を好んだ。

(39) 七六八—八二四年。唐代中期の詩人。散文では、対句を基調とする四六駢儷体(注35参照)に対して、自由な表現を重んじる文体改革を提唱した。

(40) 魏・晋・南北朝時代から初唐にかけては、四六駢儷体が流行し、対句や言語的遊技を駆使した文章がつくられることが多かった。これに対し、晩唐以降、秦・漢時代の文章をモデルとした実用的な文体に変更しようとした運動。

(41) 八四七—九一八年。

表1　9—10世紀の日本の「記」

種類	作品名	年月日	作者	典拠
紀行	富士山記	不明	都良香	本朝文粋
	吉野山記	不明	都良香	本朝神仙伝
行事	法華会記	寛平3	紀長谷雄	紀家集
	不明(雲林院子日行幸？)	寛平8.閏正	紀長谷雄	紀家集
	競狩記	昌泰元.10	紀長谷雄	紀家集
	仁和寺法華会記	延喜元.9.17	紀長谷雄	紀家集
	亭子院賜飲記	延喜11.6.15	紀長谷雄	紀家集
	崇福寺綵錦宝幢記	寛平2.12.4	菅原道真	菅家文草
	宮滝御幸記	昌泰元.10	菅原道真	散逸．扶桑略記など
	道賢上人冥途記	不明	不明	散逸．扶桑略記など
怪異	善家秘記	不明	三善清行	散逸．政事要略など
	僧妙達蘇生注記	不明	不明	三宝絵詞
生活	左相撲司標所記	元慶8.8.1	菅原道真	菅家文草
	書斎記	寛平5.7.1	菅原道真	菅家文草
	池亭記	天徳3.12.2	兼明親王	本朝文粋
	池亭記	天元5.10	慶滋保胤	本朝文粋

立)には、円珍が中国天台山に建立した止《し》観堂《かんどう》についての、円珍自身が唐人に依頼して作成させた記文が採録されている。その文章は、郷貢進士《きょうこうしんし》(州県の長官の選抜による進士)の沈懽《しんかん》が書いたもので、止観堂の来歴を記載し、本文中に「郷貢進士沈懽をして記を述作せしむ」、そして、末尾に「その事を実録し……咸通二年(八六一)五月十日記す」と見える。この記文が「記」であることは明らかであろう。このように、唐から直接「記」が流入したこともあった。さらに、ここでは「実録」ということばに注目しておきたい。

漢詩文に優れ、『意見封《いけんふう》事《じ》十二箇条』の筆者として著名。

ちなみに、清行は『天台宗延暦寺座主円珍伝』のほかに『藤原保則《やすのり》伝』(42)という本格的な伝記(43)も作成している。九世紀後半以降、「記」と近い関係にある「伝」〔大曽根、一九九八〕が、文人貴族によってつくられるようになったことも、「実録」という意識の現れなのだろう。

一方、その三善清行は一〇世紀はじめに『善家秘記《ぜんけひき》』(『善家異記』ともいう)を著した。完全には残っていないが、自分が見聞した内容や父から聞き取った伝聞を書き留めた書である。現在から見れば、荒唐無稽に思えるかも知れないが、彼が備中《びっちゅうの》介《すけ》の時、賀陽《かや》郡司が霊狐にだまされた奇譚《きたん》では、清行が自ら見たことを記したとし、文徳天皇の妻で清和天皇の母である藤原明子《めいし》が鬼と戯れたことを記した話(44)では、百済継子《くだらのつぐこ》という女官が清行の父に語ったとしている。中国での「記」の分類でいえば、いずれも「伝奇」に当たろう。

『善家秘記』と同様の奇譚集には、現存しないが『競狩記』の筆者であった紀長谷雄の『紀家怪異実録《きかかいいじつろく》』があった。当時の人々は、怪異譚であっても「実録」(事実)と認識していたことが推しはかれるし、「記」と実録が近い関係にあったこともわかる。

三善清行は、中国の「記」を知った上で、「記」としての『善家秘記』をまとめたと見てよいだろう。元白などの著作を介してのほかに、直接的な日唐の交渉のな

(42) 八二五—八九五年。元慶二年(八七八)、出羽国で起きた大規模な反乱(元慶の乱)の鎮圧を命じられ、出羽権守《ごんのかみ》として鎮圧した。

(43) このほかの伝記として、作者不詳の『恒貞《つねさだ》親王伝』(承和の変で皇太子の位を追われた淳和天皇の子、恒貞親王の生涯を描いた書)、紀長谷雄「東大寺僧正真済伝」(『紀家集』所収)などが知られている。伝記の多くは正史を編纂する「撰国史《せんこくし》所《じょ》」に送られ、その編纂材料に用いられた。

(44) 後に、『今昔物語集』では、明子(染殿后)が鬼と交わったという説話に発展し、現在でも伝奇小説の題材として用いられている。

かで、日本の文人たちは、「記」を受容したと見られる。以後、『本朝文粋《ほんちょうもんずい》』(45)などの文集には、「記」という編目が見られるようにもなる。

日常生活を描く「記」

一方、「記」のなかには、自己の生活や心情を克明に記したものもある。菅原道真『書斎記《しょさいき》』や『左相撲司標所記《ひだりすまいのつかさしめどころき》』などである(『菅家文草』巻七、記)。『書斎記』では、いわゆる「菅家廊下《かんけろうか》」(道真の私塾)について生き生きと描きながら、この場所が狭いこと、むやみに秘蔵の書物を閲覧したり、本来、文書の訂正に用いるはずの小刀で机を削ったり、メモ書きした短冊を勝手に捨てるなど、不心得者がいることに対して怒りを表す一方、塾生のなかには、自分の学問にとって、有益な人物がいることに喜びをかみしめている。生活の一齣、そして個人の内面的な機微を描いて淀みがない。

『左相撲司標所記』は、七月七日に開催される相撲の節会《せちえ》で使用される標屋《しめや》をめぐる人々の行動やその作り物を詳細に描写し、最後に、子供が便所の中に落とした冠を、職人たちが洗い濯ぎ、整えるさまをユーモラスに描いている。

いずれも、先に示した「記」と同じく精密な内容であるが、それにも増して、作者の心のひだまでも詳細に記述しているところが共通する。これらは天皇など権力

(45) 平安時代中期の漢詩文集。一四巻。藤原明衡の手になる。

者の命によって作成されたとは考えにくく、作者の自発的な営為によって記されたものと言える。

また、題材がとくに特異なものではなく、なにげない作者の日常や身の回りのできごとを描いている点も、非日常を主題とした「記」とは異なる。現代的に言えば、エッセイと見ることも可能である。

こうした「記」の導入は、日本人が散文により、私的な日常生活や精神的な内面世界を、本格的に書き表せるようになったことを意味すると言えよう。もちろん、和歌や漢詩、すなわち、韻文《いんぶん》(和歌・俳句・漢詩など形式の整った文)では、『懐風藻《かいふうそう》』や『万葉集《まんようしゅう》』のように、奈良時代、あるいはそれ以前から私的な精神世界を表現することは可能であった。また、公的な記録としては、散文も早くから記すことができたが、それはあくまで公務であり、私的な営みとは言えない。つまり、日本人が私的世界の文章化を始める契機として、「記」を位置づけることができるのではなかろうか。

「記」から日記へ

「記」の影響は、日本人が私的心情を文章化することを可能にしたが、それだけに留まらなかった。ここでは、日記の発生との関係性について述べておきたい。

九世紀後半、それまで見られなかった私日記が現れた。もちろん、戦争にともなう日記や在唐中の日記などは七世紀から見られるが(46)、これらは特別な目的のために作成されたものである。公務の日記としては、太政官《だいじょうかん》の外記《げき》や内記《ないき》が執筆した『外記日記』や『内記日記』(47)が見られるが、あくまでも職務に関わるものであって、私的なあるいは自己の内面を書き記すためのものではなかった。

私日記の発生理由について、従来は政務や儀式を書き残し、子孫の先例にするためと言われてきた[松薗、二〇〇六]。しかし、筆者はそれだけでなく、「記」の影響もあったと考えている。とくに、その傾向は、『宇多天皇日記』に顕著である。残念ながら、宇多の日記は、完全な形では残されていないが、ここでは注目される事例をあげておこう。

『宇多天皇日記』寛平《かんぴょう》元年(八八九)二月条(『河海抄《かかいしょう》』巻一三、若菜《わかな》下所引)には、次のような記事がある。

朕《ちん》、閑《かん》なる時、猫の消息《しょうそこ》を述べて曰《いわ》く、驪猫一隻《れいびょういっせき》、大宰少弐源精《みなもとのくわし》秩満《ちつみ》ち、来朝し先帝(光孝)に献ずる所なり。その毛色の余猫に類せざるを愛す。余猫、皆背浅黒き黒色也。これ独《ひと》り深黒《しんこく》なること黒烏《こくう》の如し。その形容悪しき唐盧《からろ》に似る。長さ尺五寸高さ六、七寸許《ばかり》。その屈するや、小さきこと秬粒《きょりゅう》の如く、その伸びたるや、長きこと壌弓《じょうきゅう》の如し。眼精晶熒《がんせいしょうけい》にして針芒《しんぼう》の乱眩《らんげん》の如く、耳鋒直竪《じほうちょくじゅ》に

(46) 入唐の日記として「伊吉博徳書《いきのはかとこのしょ》」(『日本書紀』所引)、円仁《えんにん》『入唐求法巡礼行記』、円珍『入唐求法行歴抄《ぎょうれきしょう》』、戦争の従軍記としては、壬申の乱にかかわる「安斗智徳《あとのちとこ》日記」(『釈日本紀《しゃくにほんぎ》』所引)などがある。

(47) 外記や内記が太政官での政務を書き残し、後日のための史料としたもの。『外記日記』は『日本三代実録』の編纂材料となった。

***(大意)** 朕は、暇な時、猫のようすを述べて言うには、「猫一匹、それは大宰少弐であった源精の任期が終わり、帰京して先帝(光孝《こうこう》天皇)に献じたものである。その毛並みが他の猫に似ていないことを愛でている。他の猫

して匙上《ひじょう》の揺れざるが如し。*（後略）

この文章は、愛猫のようすを、その大きさ、色、特徴などにわたって余すことなく自由闊達に活写している。この後には、ネズミを獲るのがうまいこと、毎日乳粥《ちちがゆ》を与えていること、懐に入れてかわいがっていることなど、興味深い内容が記されている。ちなみに、本史料が日本における実物の猫の初見である。海商はネズミを嫌い、猫を大切にしたので、おそらく交易船を通しての輸入であろう。「記」に初見の記事が多いのも、身の回りに注意を払うようになった結果である。

もちろん史料を読んだ感想であるから個人差もあろうが、筆者はここに「記」の影響を見る。(48) そういえば、宇多の日記は特異な内容を持っている。陽成《ようぜい》太上天皇の乱行について、「悪主国に益なし」と口をきわめて罵《のの》り（『扶《ふ》桑略記《そうりゃっき》』寛平元年一〇月条(49)）、陽成の乱行に悩んだ末、「玉茎発《ぎょくけいた》たず、ただ老人の如し」と、性的障害を煩ったため、臣下の勧めで露蜂《ろほう》（蜂の子。精力剤）を服して回復したこと（『扶桑略記』寛平元年八月条）など、赤裸々な内容も含まれる。彼の性格を考慮するにしても、ここにも包み隠さず書く「記」の性格を見ることができるように思う。

また、『競狩記』『宮滝御幸記』ともに、まず日付を最初に記して、その後に記事を続けている。これは日記の書き方と同一であり、両者の関連性を示唆しよう。

『宇多天皇日記』は最初の私日記ではないが、その子による『醍醐天皇日記』、そ

は、皆、背中が浅黒い黒色である。これだけは黒いカラスのように深黒である。その形は唐盧に似ている。長さは一尺五寸（四五センチ）、高さ六、七寸（二〇センチ前後）ほど。丸まると、黒い黍《きび》の粒のように小さくなり、伸びると、弓のように長くなる。眼はらんらんと輝き、切れ長で人を惑わすようで、耳は匙《さじ》のようにまっすぐ立って動かない。（後略）」

（48）『菅家文草』巻七、記に収められる、寛平二年の日付を持つ「崇福寺《すうふくじ》綵錦宝幢記《えいきんほうどうき》」は、宇多天皇の勅命によって、道真が宇多の発言を書き留めた「記」である。宇多が「記」を知っていたことがうかがえる貴重な史料である。

して初期の貴族の日記(『李《り》部王記《ほうおうき》』『貞信公記』『九暦』など)の出現に影響を与えたと推測される。これらの日記は、『宇多天皇日記』のように強い個性を持っておらず、日々の儀式のようすなどを詳しく書き留める、子孫への先例集という意味合いが強まるが、個人が私的に日記を書き留めるという行為は、九世紀後半以降にはじまる新たな傾向である。私日記成立の原因のすべてではないとしても、筆者はそこに「記」の影響を見る。

実録の意味

しかし、「記」の登場は偶然ではなく、時代の要請に基づくものであった。それを含めて、筆者はこの時代を「実録の時代」ということばで表したい。

いったい実録とは何であろうか。字義からすれば、そのまま事実を記録するということになるが、歴史的にはもっと深い意味があった。『漢書《かんじょ》』[50]の編纂者として名高い班固《はんこ》は、『史記』[51]の編者・司馬遷《しばせん》のことを、「その文は直、その事は核、美を虚《かざ》らず、悪を隠さず、故にこれを実録という」と評した(『漢書』巻六二、司馬遷伝賛)。これを下敷きにしたのであろう、史官の職掌は、「国史を修することを掌《つかさど》る。美を虚らず、悪を隠さず、その事を直書《ちょくしょ》す」とされた(『唐六典《とうりくてん》』巻第九、中書省《ちゅうじょしょう》、史館)。権力に屈せず、曲筆《きょくひつ》しないことが史官に課せられた職務なのである。

(49)『扶桑略記』の宇多天皇に関する寛平年間の部分は、『宇多天皇日記』から抜き書きしたものと推測されている。

(50) 前漢のことを記した歴史書。

(51) 前漢の武帝時代に司馬遷によって編纂された歴史書。

唐では、皇帝の代ごとに編年体による「実録」が編纂され(52)、正史の基礎史料となった。この名称の影響も受け、日本では、正史として『日本文徳天皇実録』(八五〇―八五八年までを扱う五番目の正史)と『日本三代実録』(八五八―八八七年までを扱う六番目の正史)が編纂された。『日本書紀』からはじまるそれまでの四つの正史の名称が、「日本紀」を基本としていたこととはまったく異質な名称である(53)。

また、この時期に力をつけたのが、橘広相《たちばなのひろみ》・菅原道真・紀長谷雄などの文章博士であった。彼らは漢文の妙手であったばかりか、宇多天皇の顧問に与り、広相・道真は藤原氏と鋭く対立した(54)[川尻、二〇〇一]。その彼らが「記」を著したこと、宇多天皇も彼らの影響を受け、「記」を意識した日記を書き連ねてもいたことはすでに述べてきたとおりである。

さらに、この時代には、自分の身の回りの些細なできごとを記し、私的な心情を吐露する新たな散文も出現した。こうした文化が広がったのは、「実録」の意識が日本に定着した結果であろう。このあり方は、日本文化が中国の影響を受けながら、精神的にも成熟したことを物語っている。

『競狩記』の冒頭に、「今、その事を実録し、以て後鑑《こうかん》(後の戒め)に貽《のこ》す」とあり、末尾に「史臣長谷雄」と表記していることからすれば、御幸での人々の動向を活写し、そのようすを「実録」として歴史に書き残すという強い意志がそこには見て取

(52) 先に示した『順宗実録』は、まとまって現存する唯一の「実録」である。

(53) 六つの正史、『日本書紀』『続日本紀』『日本後紀』『続日本後紀』『日本文徳天皇実録』『日本三代実録』を六国史《りっこくし》という。

(54) 文章博士の官職の唐名は翰林学士《かんりんがくし》である。中国では皇帝に直属した高官で、詔勅などの起草にあたり、宦官《かんがん》としばしば対立した。文章博士であった橘広相が阿衡《あこう》事件で藤原基経により排斥され、同職を経た菅原道真も藤原時平《ときひら》によって左遷されたことはよく知られている。

れる。『史記』や『漢書』が日本で広く普及していたことを考慮すれば、長谷雄の脳裏には、班固の司馬遷評が浮かんでいたのではあるまいか。

九世紀、とくにその後半代には、唐の古文復興運動の影響を受けて、物事をそのままに活写する風潮が生まれていたと言える。それは、公の文章のみならず、私日記、そして本格的な「私」の世界の確立として、後世の日本に大きな影響を与えた。正史の名称に「実録」が冠せられるようになったことは、そのことを象徴している。

3 仮名と『古今和歌集』

仮名墨書土器の発見

これまで述べてきたように、九世紀には、唐の文化が奈良時代とは異なった様相で導入されたが、もう一つの動向として仮名(55)の発生がある。六歌仙《ろっかせん》(56)と呼ばれる歌人たちが主として活躍したのもこの時代である(57)。

仮名の発生と和歌との関係は、日本の文化史の視点から今までも注目されてきた。しかし、現存する初期の仮名史料は少なく、和歌に使われた仮名についても、一〇世紀はじめに編纂された『古今和歌集』(以下、『古今集』とする)などを通してしか知ることはできなかった。

(55) 発生期の仮名の呼称には、草仮名《そうがな》、連綿体、女手、平仮名などいろいろあるが[小倉、二〇一五]、本章では仮名で統一する。なお、書体に関する場合には草仮名、連綿体を使用する場合もある。

(56) 『古今集』の序文に記された六人の歌人のこと。僧正遍照《そうじょうへんじょう》、在原業平、文屋康秀《ふんやのやすひで》、喜撰法師《きせんほうし》、小《お》野小町《ののこまち》、大友黒主《おおとものくろぬし》の六人。

(57) 本章では、カタカナについては扱わないが、カタカナの起源が新羅に遡るのではないかとの説があることを紹介しておく[小林、二〇一四]。

ところが、最近、京都市中京区から、藤原良相《よしみ》（八一三―八六七年）の邸宅跡および仮名が墨書された土器が発掘され注目されている［京都市埋蔵文化財研究所、二〇一三］。出土した土器の年代は八五〇年頃から八七五年頃だと推定される［丸川、二〇一五］。良相といえば、左大臣《さだいじん》であった藤原冬嗣《ふゆつぐ》の五男で、正二位・右大臣を極官《きょっかん》（生涯でもっとも高い官位・官職のこと）とし、死後正一位を贈られ、同母兄には藤原良房《よしふさ》、同母姉に藤原順子がいる。

筆者も二〇一二年、知人からの連絡を受け、ＪＲ二条駅からほど近い発掘現場を訪れたことを、今でもはっきり記憶している。平安京跡から貴族の邸宅が発掘されることはままあるが、屋敷の主が特定されることはほとんどない。しかし、この調査では「三条院釣殿高坏《つりどののたかつき》」と書かれた高杯《たかつき》片（**図2**）が出土したことで、「百花亭《ひゃっかてい》」とも呼ばれた、良相の西三条第《てい》であることが判明したのである。貞観八年（八六六）三月、花見の宴のため、この場所に清和天皇が行幸し、四〇人もの文人に詩会を催させたことが『日本三代実録』に見える。また、『伊勢物語』には、西三条第の庭石のことや、良相の子常行《つねゆき》と在原業平《ありわらのなりひら》との交流を描いた物語もある［西山、二〇一六］。

出土した墨書土器の仮名には、

いくよしも　あらしわかみを

の一句があり（**図3**）、

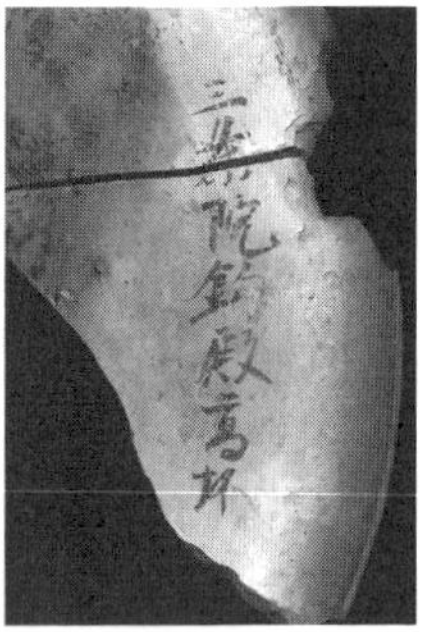

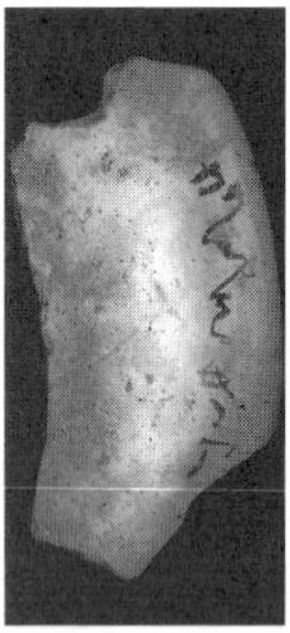

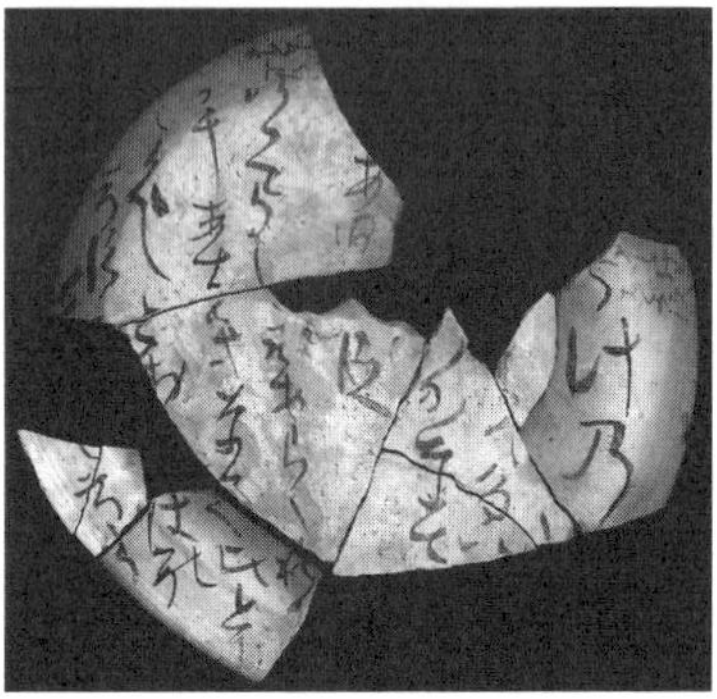

(右上)**図2**　「三条院釣殿高坏」墨書土器(写真提供＝京都市埋蔵文化財研究所)

(下)**図3**　「いくよしも　あらしわかみを」墨書土器(写真提供＝京都市埋蔵文化財研究所)

(左上)**図4**　「かつらきへ」墨書土器(写真提供＝京都市埋蔵文化財研究所)

幾夜《いくよ》しもあらじ我が身を　なぞもかくあまの刈《か》る藻《も》に思ひ乱るゝ

(『古今集』巻一八、九三四)

の上句とほぼ一致することが確認された〔南條、二〇一六〕。また、「かつらきへ」と記された破片(**図4**)もあり、和歌の一部の可能性もある。仮名と古典文学との直接的な関係も想定されるようになったのである。さらに、仮名の形態にも、いわゆる女手《おんなで》とよばれるもの、文字と文字を連続して記す連綿体《れんめんたい》も見られ、これらの書体が同時期に併存していたことも新たにわかった〔鈴木、二〇一五〕。

仮名墨書土器は、庭の池の跡を中心として検出された。曲水《きょくすい》の宴(58)にかかわるので

(58) 水の流れのある庭園で、出席者は流れてくる杯が自分の前を通るまでに歌を詠み、杯の酒を飲んで次へ流し、室内でその歌を披露する儀式。

はないかとする見解もあるが明らかではない。書かれた文字は習書《しゅうしょ》(試し書き)がほとんどであるが、平安京で最高級の貴族の邸宅で、仮名が使用されていた一級資料であり、発生期の仮名の実態を知る上でも貴重である。すべての仮名墨書土器が釈読されているわけではないが、仮名で書かれた歌があり、墨書されてからそれほど時をおかずに廃棄されたことは認めてもよいだろう。

これまでの仮名史料

まず、今まで知られていたこの時期の仮名史料について見ておこう[森岡、二〇〇六]。

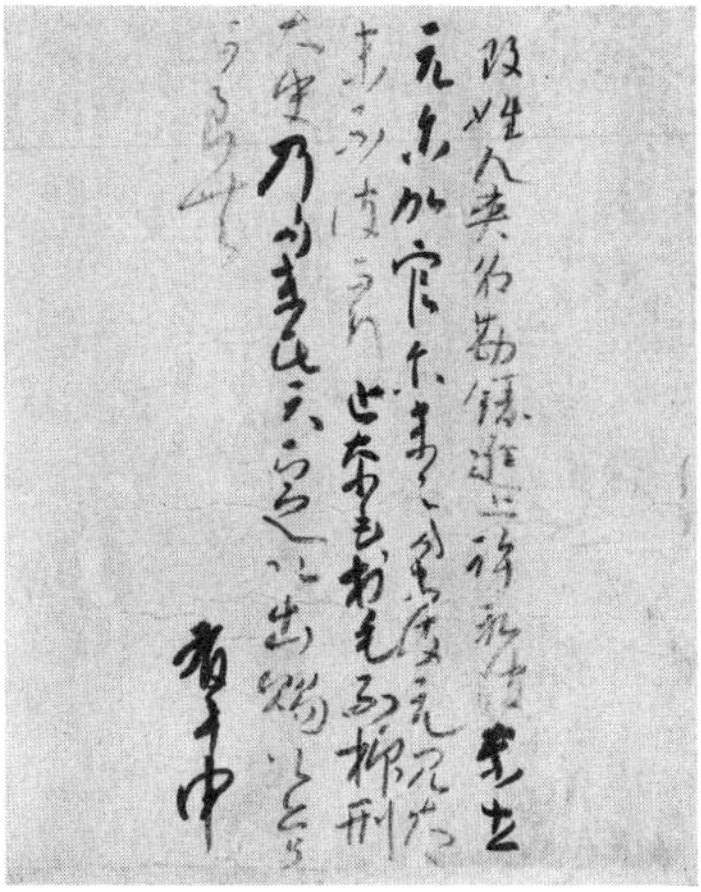

図5　讃岐国司解端書藤原有年申文(東京国立博物館蔵. Image: TNM Image Archives)

万葉仮名で書かれた書状は、すでに正倉院文書のなかに見ることができるが、漢字から仮名への過渡的な史料として、「讃岐国司解《さぬきのこくしのげ》」(**図5**)がある。貞観九年(八六七)の成立で、円珍の関係文書の中に含まれている。讃岐介《すけ》であった藤原

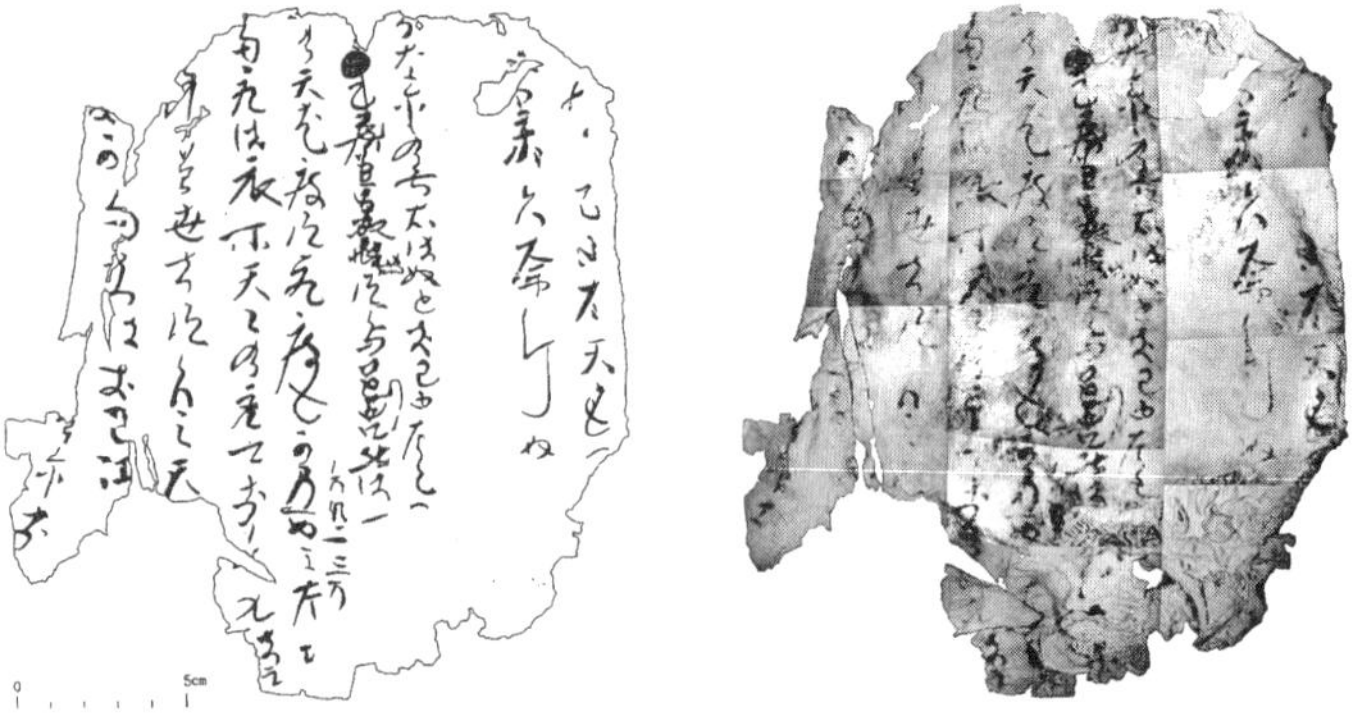

図6　多賀城跡出土漆紙仮名文書．赤外線写真(右)とトレース図(左)(東北歴史博物館蔵)

有年《ありとし》が都へ進上した「讃岐国司解」に、前に貼り継いだ紙に書かれたメモのようなものがあり、都にいる讃岐国関係者(おそらく守《かみ》)に、太政官へのこの文書の取り次ぎを依頼する内容である(59)。漢字と万葉仮名・仮名が交じった文である。

また、ほぼ同時代の史料に「多賀城《たがじょう》跡出土漆紙仮名文書《うるしがみかなもんじょ》」(**図6**)がある(60)[築島、一九九二]。共伴した遺物の年代から九世紀中頃と推定される。内容は不明であるが、「承天奈利ぬ(61)」などとあり、万葉仮名とともに仮名がみえる。他にも「な」「と」などが仮名で表されている。

一方、良相邸の仮名墨書土器との関係で注目されるものに、東寺《とうじ》所蔵の檜《ひ》

(59) [釈文]改姓人夾名勘録進上。許礼波奈世无尓加。官尓末之多末波无。見太末ふ波可利止奈毛お毛ふ。抑刑大史乃多末比天、定以出賜。いとよ可良無。　有年申。
[読み下し]改姓の人の夾《きょう》名《みょう》を勘録《かんろく》して進上《たてまつ》る。これはなぜむにか。官《つかさ》にましたまはむ。見たまふばかりとなもおもふ。抑《そもそ》も刑大史《けいだいし》のたまひて、定めて以て出し賜ふ。いとよからむ。　有年申す。

(60) 漆紙文書とは、保管しておく漆の乾燥を防ぐために漆の容器の蓋として用いた反故紙に漆が浸透し、腐敗せずに遺跡から出土したもの。赤外線を当て文字を解読する。

(61) 「承《うけたまわ》りてなりぬ」と読む。

扇《おうぎ》の薄板に書かれた仮名（**図7**）がある。東寺の食堂《じきどう》に安置されていた木像の千手観《せんじゅかん》音立像《のんりゅうぞう》の腕の中から見つかったもので、「元慶元年（八七七）十二月専当《せんとう》」とあり、「无量授〔寿〕如来《むりょうじゅにょらい》□〔にカ〕も」などの文字が見え、落書と推測される。「有年申文」、および良相邸の仮名墨書土器とほぼ同時代と考えられる。書体は「有年申文」よりもはるかに仮名墨書土器に近い。九世紀後半には、こうした書体の仮名がかなり普及していたことがうかがえるようになった。

なお、長い間、「仮名は主に女性が書くものだ」という言説がまかり通ってきた。その理由は、「男も書くという（漢字で書かれた）日記というものを女の私も書いてみようと思う」とあるように（紀貫之《きのつらゆき》『土佐《とさ》日記』冒頭）、仮名で書かれた『土佐日記』の作者が女性に仮託されたこと、仮名が「女手」と呼ばれたことなどに求められる。

図7　東寺の檜扇に書かれた仮名文字（教王護国寺蔵．写真提供＝便利堂）

しかし、仮名と真名《まな》（漢字）の書き手を、ただちに女性と男性で分けて考えることは、現在のジェンダーについての知見を踏まえれば躊躇される。使用する文字と性差の関係は改めて問われねばならない。そこで本章では仮名を女性に引きつけて考える方法をとらない。

藤原氏と和歌

九世紀の和歌というもののありようを伝える史料で、まとまったものはほとんどない。このような現状の中で、注目される史料として『続日本後紀』嘉祥《かしょう》二年（八四九）三月条を取り上げることにする（以下、「長歌」と表記する）。

この史料は、仁明天皇の四〇歳の算賀《さんが》に際し、興福寺《こうふくじ》の僧侶たちが仏像や写経を帯して多数上京し、歌を献上した際のもので、(62) きわめて長い「倭歌《やまとうた》」がそのままの形で収められている。その最初の部分をそのままあげてみよう。

其長歌詞曰、日本乃野馬台能国遠、賀美侶伎能宿那毗古那加、葦菅遠、殖生志川川国固米造介牟与理瀛都波、起川毎年尓、春波有礼度、今年之春波、毎物尓滋栄恵（後略）(63)*

一般に、天皇の賀の祝いについては、国史にはあまり記載されない。記されたとしても、ほんの一、二行で事足りるはずである。ところが、当該の記事は、千数百字におよび、「倭歌」の全文が引用されている。これは正史としては、異様な長さ

(62) 和歌と仏教の深いつながりが見て取れる点も興味深い。仏教の法会《ほうえ》で和歌が詠まれたことと関係するのであろう［吉川、二〇一六］。

(63) ［読み下し］其《そ》の長歌の詞《ことば》に曰く、日本《ひのもと》の野《や》馬台《まと》の国を賀美侶伎《かみろぎ》の宿《すく》那毗古那《なびこな》が葦菅《あしすげ》を殖生《うえおう》しつつ、国固め造りけむより、瀛《おき》つ波起《た》つ年毎《ごと》に春は有れど、今年の春は、物毎に滋《しげ》り栄《さか》ゑ（後略）

＊（大意） その長歌の詞に言うには「日本の倭の国は少彦名の神が葦や菅を植えて、国を固め造ってから、毎年春はやって来るが、今年の春は、すべてが栄えて（後略）」

＊（大意） 倭歌の体裁はおもしろく言うことをまず

そして内容である。ここには特別な力が働いているとしか言いようがない。

その中で注目されるのは、最後の部分である。

> それ倭歌の体は、比興《ひきょう》を先とし、人の情《こころ》を感動さすること、最もここに在り。季《き》世陵遅《せいりょうち》し、その道已《すで》に墜つ。今僧中に至りては、頗《すこぶ》る古語《こご》を存す。謂ふべき礼失すれば則《すなわ》ちこれを野に求む。故《ゆえ》に採りてこれに載す。*

これは、『続日本後紀』の地《じ》の文（編者のことば・コメント）である。(64)『続日本後紀』の編纂は、斉衡《さいこう》二年（八五五）、藤原良房・藤原良相・伴善男《とものよしお》・春澄善縄・安野豊道《やすののとよみち》によりはじめられ、藤原良相が途中で亡くなり、貞観一一年（八六九）に完成した。伴善男は応天門《おうてんもん》の変(65)に連座しているから、とくに深く関与したとは思われない。興福寺は藤原氏の氏寺《うじでら》で、僧侶たちは祝いの後、良房の邸宅に泊まっているところから見ても、良房の意向が強く反映した記事であることはほぼ確実である［木村、一九九七］。

さらに興味深いのは、良相が加わっていることだ。彼がどの程度関与できたのかは不明であるが、和歌墨書土器との関係性も否定できない。時期的にも重なり、良相邸の和歌墨書土器を理解する上でも重要な史料である。

先に、九世紀半ばには仮名がかなり普及し、和歌も盛んに詠まれていたのではないかと示唆したが、当時の貴族政治の中心にいた右大臣藤原良房の周辺で、和歌が

* 第一とし、人の心を感動させることに主眼がある。世の中は衰退し、倭歌の道は堕落してしまった。今、僧侶の中には大変多くの古語が残されている。唱えるべき礼がなくなれば、これを在野に求める。故に（この倭歌を）採録する。

(64) 編纂史料には、史料を直接引用する部分と、編者が史料を言い換えたり、コメントを加えたりする部分の二種類があり、後者を地の文という。

(65) 貞観八年、平安宮朝堂院の南に面する応天門が何者かによって放火され、その犯人として、最終的に伴善男父子が流された疑獄事件。藤原氏の他氏排斥運動と見られる。

きわめて重要な位置づけを与えられていたこと、そしてその弟の邸宅で、和歌墨書土器が出土したことは偶然ではないかもしれない。藤原摂関家が和歌に深く関わっていたことは、和歌や仮名の盛行に大きな影響を及ぼしたのではなかろうか。

問題はその文体である。「長歌」は、表語文字（表意文字）としての「漢字」（以下、この意味で用いる場合は「漢字」と表記する）と万葉仮名交じりで記され、和歌墨書土器は仮名のみで書かれている。正史は編纂史料であるから、「長歌」がもともと今見られる文体で献上されたのか問題になるが、「其の長歌の詞に曰く」と引用の形態をとっていることから、筆者は原形を伝えていると見る。

では、なぜこのような違いがあるのだろうか。和歌であるから口頭で詠むことは共通する。さらに、「長歌」でそれ以外にも際だった特徴として指摘できるものは「見せる」機能である。先にあげた「瀛都波」を例にとろう。これは「おきつなみ」と読み、「起《た》つ」にかかる枕詞であるが、普通は書き留める際、「沖都波」と表記するだろう。「瀛」はいささかなじみのない漢字である。にもかかわらず「瀛」を使用した理由は、おそらく道教の信仰では海上に「瀛州《えいしゅう》」という島があり、真人《しんじん》（仙人）が住んでいることになっていたからである。「瀛都波」という表記法は、「長歌」全体の意味とも相まって、(66) 天皇の長寿を祈念するという目的に相応しい。さすれば「長歌」は、詠む・読むためだけではなく「見る」という視覚的な効果を前提とし

（66）「長歌」自体、浦島子《うらしまご》（浦島太郎）や吉野《よしの》、常世島《とこよじま》などの神仙思想が見られ、天皇の長寿を予祝する性格を持っている。神仙思想を好んだ『続日本後紀』の編者・春澄善縄の影響を指摘する見解もある。なお、天武天皇の和風諡号《しごう》は天渟中原《あまのぬなはら》瀛真人天皇《おきのまひとのすめらみこと》である。「長歌」中に、関係深い吉野の地名が見えることからしても、天武を暗喩《あんゆ》として含意していた可能性があろう。

て作成されたことになる。したがって、即興ではなく十分に推敲《すいこう》された上で清書されたことになる。もし、この想定が正しいとすれば、同時期にいろいろな表記法を持った和歌が存在しただろう。

一方、墨書土器は、後述のように特定の人物に見せることはあっても、広く読まれることは想定されていない。もし、広く供覧に入れようとするならば、紙に書くはずだろう。墨書土器には、個人的に読ませることを主眼として一時的に書き留められたと言える。我々は、もっとも整った格式の高い和歌と、生まれたての〝うぶ〟な和歌——習書で断片であったとしても——を手に入れたことになる。原理的に言えば、後者はそのまま命を終えるものがある一方、複数回の推敲・清書を経て、前者に昇華《しょうか》することもあり得た。初期段階の仮名で書かれた和歌は、「漢字」・万葉仮名交じりの和歌への前段階格、ないし簡略形であったということになる。(67) 九世紀半ばの格式の高い和歌が「漢字」・万葉仮名交じりであったという点では万葉歌の一部の表記法と重なるのではないか。両者の文体の違いは、主に書かれる素材や詠われる場、作成段階の違いなどに由来するのだろう。

地方から出土する和歌資料

さらに、近年日本各地から、仮名墨書土器が発掘されるようになってきた。

(67) 同様の事例は同時期の文書にも見られる。奈良時代以来使用されていたものの、発行手続きが煩瑣な太政官符に代わって、作成が簡略な宣旨が多用されるようになった。格式が高く複雑な文書から簡略な文書への移行が行われたことになる。宣旨については注26参照。

富山県射水《いみず》市の赤田《あかんだ》Ⅰ遺跡では、大溝の中から、高級品である尾張《おわり》国猿投《さなげ》窯産の緑釉陶器《りょくゆうとうき》などを含む多量の遺物が検出され、九世紀後半の杯の内面には「ささつき」「なには」などの草仮名が墨書されている（**図8**）。「なには」とは「難波津《なにわづ》」の歌（後述、一三一頁参照）のことで、国司の饗宴にかかわる遺跡ではないかと推測されている［射水市教育委員会、二〇〇八／鈴木、二〇〇九］。

また、大隅《おおすみ》国府跡の気色《けしき》の杜《もり》遺跡（鹿児島県霧島市）から出土した九世紀後半から一〇世紀初め頃の高台《こうだい》付き杯の内部には連綿体の仮名が四行にわたり書かれている（**図9**）［霧島市教育委員会、二〇一一／鈴木、二〇一七］。

　ちとせは
　ふとも
　さ□□□
　あれ［　］

と釈読され、「千歳《ちとせ》は経《ふ》とも幸ひあれ……」という寿歌《ほぎうた》の下句《しものく》（片歌《かたうた》）と推察される。国府での饗宴儀礼にかかわるのではないかとの見解が有力である。

さらに、最近注目されている資料がケカチ遺跡（山梨県甲州市）出土の和歌刻書《こくしょ》土器（**図10**）である［甲州市教育委員会文化財課、二〇一七］。これまでの文字は焼かれた土器に墨で記されたものであるが、ケカチ遺跡の和歌は、杯の内部に焼かれる前に刻

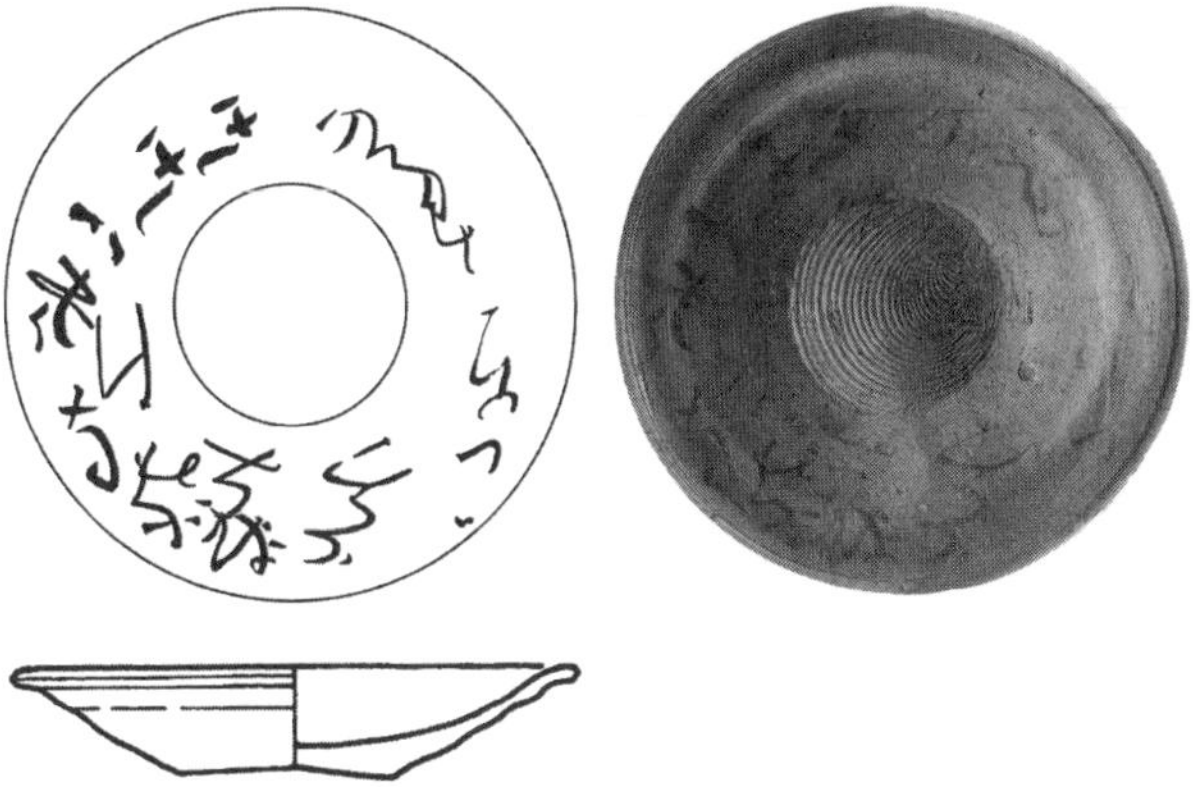

図8　赤田Ｉ遺跡出土草仮名墨書土器(写真提供＝射水市教育委員会)

図10　ケカチ遺跡出土和歌刻書土器
(写真提供＝甲州市教育委員会)

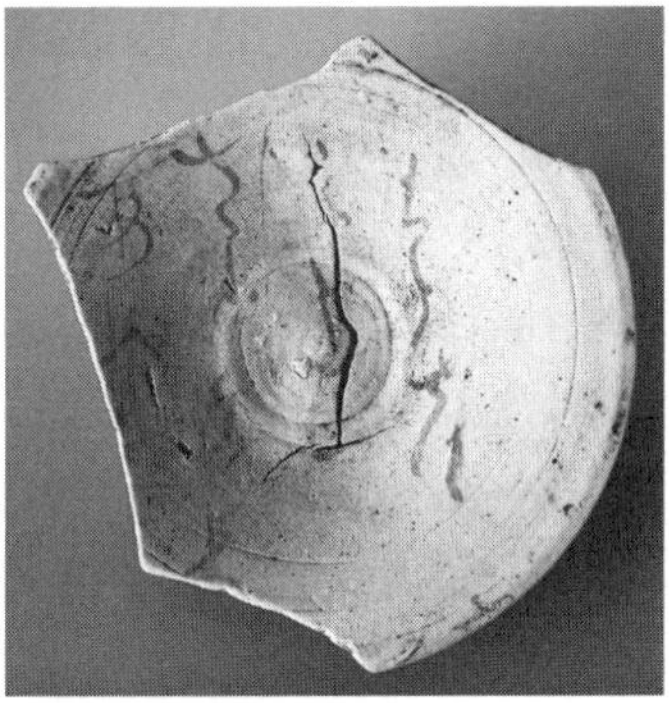

図9　気色の杜遺跡出土仮名墨書土器
(写真提供＝霧島市教育委員会)

まれた特異なものである。しかも、その土器は甲斐型杯《かいがたのつき》(68)と呼ばれるもので、一〇世紀中頃に甲斐国でつくられたことが確定できる。その点でも貴重である。

釈読は次のような二案がある。

われによりおも
ひく□〔ゝ又ハる〕らむしけい
とのあはすや□〔み〕
なはふくる
はかりそ

我により
思ひ繰《くく》(又ハ暮《く》る)らむ
絓糸《しけいと》の
逢《あ》はずやみなば
更《ふ》くるばかりぞ*

ケカチ遺跡は集落跡であるが、二面硯《にめんけん》(黒と朱の墨を使い分けるための硯)や計量のための錘《おもり》が出土していることから、国府の役人ないし地域の有力者との関係が推測されている。和歌自体はほかの歌集に見ることはできず、オリジナルであろう。

この他にも、平安京内や伊勢の斎宮《さいくう》、茨城県阿見《あみ》町の小作《こさく》遺跡などから仮名あるいは和歌墨書土器が出土しており[鈴木、二〇一七]、かなり初期の段階で、地方にも仮名文化が波及していたことが明らかとなった。国司や荘園経営者などによって、都とそれほど時間をおかずに、地域社会にもたらされたのであろう。

歌木簡と仮名墨書土器

(68) 都の土器をまねて、暗文《あんもん》(土器が生乾きの時に、ヘラを強く擦りつけ、磨いてつける文様)をつけた、山梨県域を中心に出土する土器のこと。

＊(大意) A：私の方から思いを括り合わせよう。絓糸(繭の外皮の繊維を引き出して集めたもので、不揃いでほぐれやすい粗悪な糸)のように、縒《よ》り(寄り)合う(逢う)ことのないまま離ればなれで終わってしまうならば、ただ更《ふ》けていく(年が過ぎる)ばかりだ。
B：私のためにあなたは、日がなもの思いをし続けていることだろう。絓糸のように、縒り(寄り)合う(逢う)ことのないまま離ればなれで終わってしまうならば、ただ更けていくばかりの夜になるが

あわせて、近年注目されているのが、歌木簡である〔栄原、二〇一一〕。まず、前期難波宮跡から発見された七世紀中頃の木簡をみてみよう。

　皮留久佐乃皮斯米之刀斯(69)

また、滋賀県甲賀市の宮町（紫《し》香楽宮《がらきのみや》跡）からは、注目すべき木簡が発見された。

　奈爾波ツ尓…□〔久カ〕夜己能波□□由己□〔母カ〕

　阿佐可夜…〔　　〕流夜真

一面は、多くの木簡や墨書土器に書かれたことがすでに知られている、いわゆる「難波津」の歌である(70)。

　難波津に　咲くやこの花　冬ごもり　今を春べと　咲くやこの花

二面は、「安《あ》積山《さかやま》」の歌であった。

　安積山　影さへ見ゆる　山の井の　浅き心を　わが思はなくに

（『万葉集』巻一六、三八〇七）

この二首は、『古今集』仮名序では、「歌の父母のやうにてぞ、手習《てなら》ふ人のはじめにもしける(71)」とあるように、手習い、すなわち書き方の習得をする人がはじめに写す際に手本にしていたと推測される〔犬飼、二〇〇八〕。すでに『古今集』の一五〇〇年以上も前から、この二首が手本にされていた意味は大きい(72)。

一方、和歌に関する九世紀後半の木簡が、平安京左京四条一坊二町で発掘された

（そうならぬよう今宵は逢おう）。

(69)〔読み下し〕はるくさのはじめの（し）とし

(70) 七世紀後半の「難波津」木簡は、徳島市観《かん》音寺《のんじ》遺跡、奈良県明日香村の石神《いしがみ》遺跡、藤原京跡などから出土している。

(71) 和歌の父母のようで、手習いをする人が写すのを習うのに、まずこの二首からはじめた、と指摘している。

(72) この他、京都府木津川市馬場南《ばばみなみ》遺跡（神雄《かみお》寺《でら》跡）からは、

　阿支波支乃之多波毛美□〔智カ〕

という八世紀後半の木簡も発見され、「秋萩の下葉もみちぬあらたまの月

〔京都市埋蔵文化財研究所、二〇一五〕。

□□〔なにカ〕は□〔つカ〕にさ□〔くカ〕やこのはなふゆこもりいまはゝるへと□く□〔やカ〕□のはな「　」

□□□〔くカ〕るまらとすかたそ□〔えカ〕てはへる□□□□〔つといカ〕

右行は「難波津」の歌、左側は「客人《まらど》姿そ得て侍る」と読み、「客人《まろうど》がつくったこの歌はことば遣いも内容も良くできている」と解釈する見解がある〔犬飼、二〇一七〕。しかし、歌木簡とは考えにくく、文書木簡に分類される可能性がある。この時期は万葉仮名から仮名へ移行する時期で、しかも木簡自体の使用が減少する時期である。不明な点が少なくないが、内容・文字の書体・木簡の形態などの点で、希有な資料ということになる。

前掲の歌木簡がすべて万葉仮名の一字一音で表記される理由について、犬飼隆は、「歌」が口頭でうたわれるためであり、現在目にすることのできる『万葉集』は、もともと一字一音表記であったものを、後々、「漢字」・仮名交じり表記に清書し直したものだろうと指摘している〔犬飼、二〇〇八〕。また、吉村武彦は、記紀の歌謡が一字一音で表記されることから、その編纂材料であった「旧辞《きゅうじ》」[73]の歌謡も音仮名で書かれていたと推定し、歌木簡との関係を明らかにした〔吉村、二〇一九〕。

さらに、奈良時代以来、歴史に造詣の深い学者が天皇の前で『日本書紀』を講義する「日本紀講筵《こうえん》」(日本紀講書《こうしょ》)と呼ばれる儀式があったが[74]、その場には難読の漢字

の経ゆけば風をいたみかも」(『万葉集』巻一〇、二二〇五)に当たることが確認された。

(73)『古事記』や『日本書紀』の編纂に用いられた現存しない史書で、六世紀中頃の成立とする見解が有力である。

(74) 明治になってこの儀式を再興したものが、現在、毎年一月に行われる「御進講《ごしんこう》」(正式には「講書始《こうしょはじめ》」)である。

(75)〔読み下し〕延喜十六年、秩父牧《ちちぶのまき》の馬、右大臣に賜ふ。御返事に曰く、事始《ことはじめ》延喜の御記に云く、御馬等《みうまなど》の好《よ》きにも有り。御廐《みまや》に侍《はべ》らざりては、さうざうしく有るべきに因《よ》りてなむ入れ奉ると。

を万葉仮名で表した『仮名日本紀《かなにほんぎ》』という書物が置かれた〔関根、二〇一九〕。この儀式が終わった後には大規模な宴会が開かれ、公卿や学者らが『日本書紀』の故事や逸話に因《ちな》んだ和歌を詠み、それにあわせて和琴《わごん》が奏でられた(「日本紀竟宴《きょうえん》和歌」)。こうした『日本書紀』の訓読もまた、和歌の表記に影響を及ぼしたのかも知れない。

実は、歌が一字一音で表記される傾向は、万葉仮名を仮名に代えれば、土器に墨書された和歌にも共通する。どうやら、歌と仮名の間にも深い関連がありそうである。それでは、なぜ、「漢字」を用いず、一字一音で和歌を表記したのであろうか。仮名が「漢字」に勝る理由として、筆者は次の二点を想定している。

第一は、音の固定と再現である。「漢字」は、一文字で意味を伝えることができる反面、発音を正確に残し、再現させることは苦手である。とくに助詞・助動詞、用言《ようげん》(動詞・形容詞・形容動詞)の活用形の場合に顕著である。しかし、和歌の場合、掛詞《かけことば》などの修辞技法は、発音ときわめて密接な関係にある。

その点で、興味深い史料をあげておこう。

延喜十六年、秩父牧馬賜左〔右〕大臣御返事曰、
延喜御記云、事始尔毛有。御馬等好乎御厩尔不侍天波、左宇々々之久可有尔因天奈牟奉入留。(75)*

(『河海抄』巻一、桐壺(76))

＊(大意) 延喜一六年(九一六)、秩父牧の馬を右大臣(藤原忠平)に賜った際の御返事に曰く、延喜御記(『醍醐天皇日記』)に云うには、「事(秩父牧の貢馬のことか)はじめであり、御馬等で良い馬が御厩にいないようでは、物足りないので、(御厩に馬を)入れ申し上げる」と。

(76) 武蔵国秩父牧は、当時、宇多法皇が所有する私牧であった。すでに貢馬を行い、法皇の面前で駒牽(牧から貢進された馬を天皇の前で牽き回す儀式)を行っていた。この史料は、直接和歌と関係するとは言えないが、和歌の素材として駒牽は著名であり、何らかの和歌との関連性が想定できるかも知れない。

醍醐天皇は、「漢字」と万葉仮名を交えた文体を用いて、右大臣藤原忠平のことばを忠実に書き留めた。微妙な言い回しが含まれる話しことばの表記（固定）と再現に、万葉仮名（仮名）が適していたことをよく物語る史料である。この文体は、「長歌」と共通性があることにも注目しておこう。

仮名のみで土器に歌が記された理由は、筆者も発音すること、すなわちうたうことにあったと思う。このように考えれば、万葉仮名（仮名）と歌の関係は、「旧辞」から記紀歌謡、そして歌木簡を経て、土器に墨書された歌の世界にも生き続けていたと言えるのかも知れない。歌とことば（音声）とは切り離せなかったのである。

第二にはその即興性である。

夜やうやう明けなむとするほどに、女方より出だす杯の皿に、歌を書きて出だしたり。取りて見れば、

徒歩人《かちびと》の渡れど濡れぬえにしあれば

と書きて、末はなし。その杯の皿に続松《ついまつ》の炭して、歌の末を書きつぐ。

また逢坂の関は越えなむ

とて、明くれば尾張の国へ越えにけり。*

（『伊勢物語』第六九段）

土器に墨書する事例は、この他『宇津保《うつほ》物語』[77]や和歌の詞書にも複数みることが

*（大意）夜がだんだんと明けようとする頃、女の方から差し出した杯の皿に歌を書いて出してきた。取って見ると、「歩いて行く人が渡っても濡れないほどの浅い江、それほどの浅い縁なのでしょうか」と書いてあり、下句はない。男はその杯の皿に燃えさしの炭で、下句を書き継ぐ。「また逢坂の関を越えて来ましょう」と書いて、夜が明けたので、尾張国へ越えて行った。

(77) 作者不明。二〇巻。一〇世紀の成立とみられ、空想的な内容を持つ物語である。『竹取物語』と『源氏物語』の中間的な存在とされる。

(78) 古くは、『万葉集』巻四、七〇七番の「思ひ

できる[78]〔宮谷、一九九九／藤岡、二〇一一〕。土器に和歌を墨書する行為が珍しくはなかったことを示すもので興味深いが、ここではその即興性に着目しておきたい。この『伊勢物語』の話では、男は、女から差し出された上句《かみのく》のみ書かれた杯に、時間をおかずに下句《しものく》を墨書したように読める。この場合、もし「漢字」や万葉仮名を用いて書こうとしたならばどうだろうか。ほとばしり出る心情や思いに文字は追いつくことができないのではないか。仮名序に、

やまとうたは、人のこゝろをたねとして、よろづのことのはとぞなれりける。よの中にあるひとことわざしげきものなれば、心におもふ事を、みるものきくものにつけていひいだせるなり。

とあるのは、その点を物語っている。「心に思ったこと、見るもの聞くものにつけてうたう」のが和歌なのである。もちろん、十分な時間がある場合は、「漢字」・(万葉)仮名交じりの和歌を用意できたであろう。「長歌」がそのよい事例である。言い換えれば、即興で、漢字一字にまでも工夫をこらした「長歌」と同質の和歌を書くことはまず無理である。一方、土器に墨書する場合を含めて、即興で歌を詠む時には、仮名で書く方が有利であったと見てよい[79]。従来、仮名の発生を巡っては、残存史料との関連から、消息(手紙)との関係が重視されてきたが、和歌も視野に入れて考える必要がある[80]。

やるすべの知らねば片垸《かたもい》の底にぞわれは恋ひなりにける」の左注にも「土垸の中に注《しる》す」とみえる。この場合も、歌を土器の中に書いたことになろう。

(79) 時期は下るが、藤原道長が自己の栄華を自慢する「望月《もちづき》の歌」を詠んだ際、藤原実資《さねすけ》に対して「宿構《しゅくこう》(あらかじめ作成しておくこと)に非ず」と述べている(『小右記《しょうゆうき》』寛仁二年〈一〇一八〉一〇月条)。これ自体が事実かどうかは疑わしいが、「宿構」とともに即興で歌を詠む場合があったことがわかる。

(80) 発生期の仮名に「仮名書《かながき》の美」を見出したかどうかは定かでない。一義的には速筆だと考える。

また、できるだけ速いスピードで文字を書こうとするならば、文字を崩して書く必要がある。現代で言えば、速記文字にあたるものが仮名なのではないか。仮名はことば(口頭)と文字の架け橋であり、口頭にもっとも近い文字としての機能を負っていたのではなかろうか。(81) そうであるとすれば、少なくとも発生期の仮名を鍛錬した場が、歌の場であった可能性は十分考えられよう。

なお、大隅国府跡の気色の杜遺跡から出土した墨書土器の場合、明らかに下句のみであり、上句は存在しない。『伊勢物語』とは状況は異なるが、「片歌」を詠む贈答儀礼が実際に存在した可能性があるだろう。

(81) 良相邸からは、連綿体で書かれた釈読できない一群の墨書土器が出土している。これなども他人が読むことを前提としない、私的なメモなのではなかろうか。

仮名文字

仮名文字の発生の意味付けについては、いわゆる「国風文化」の文脈で理解される場合が多い。漢字から日本独自の文字が生まれた点を強調する考え方である。しかし、近年では、仮名文字の位置付けについて、異なった解釈も生まれている。西本昌弘は、唐の「狂草《きょうそう》」とよばれる独特の書風を持つ草書体の書を宇多天皇が所持していた点などから、仮名文字が唐の影響を受けて発生したのではないかとの見解を示している[西本、二〇一五]。一方、小倉慈司は、草体仮名が新羅に存在するところから、仮名の発生に新羅の影響を想定している[小倉、二〇一五]。

山田健三は、「数(す)」の音仮名が、貫之自筆の『土佐日記』を臨写した写本(**図11**)など、一〇世紀前半にかぎってみられることを指摘した上で、[82]「数」が万葉仮名になく、代わりに王羲之《おうぎし》の書に「数」の音仮名とよく似た草書体が見出されるところから、日本独自のものではなく、中国の影響を受けているのではないかとしている〔山田、二〇一五〕。この指摘は興味深い。ちなみにケカチ遺跡出土の和歌にも「数」の草仮名が用いられている。

ここで思い起こされるのは、仁明天皇が漢文を愛して「書法」をよくし、淳和天皇から草書を学んで、筆跡の判別がつかなかったことである(『続日本後紀』嘉祥三年〈八五〇〉三月条)。また、仁明の藩邸旧臣《はんていのきゅうしん》で、[83]天皇に「元白詩筆」を奉った藤原岳守も、草書・隷書《れいしょ》を得意としていた(『日本文徳天皇実録』仁寿元年〈八五一〉九月条)。どうやら九世紀前半には天皇をはじめ貴族層に草書がかなり流行していたらしい。

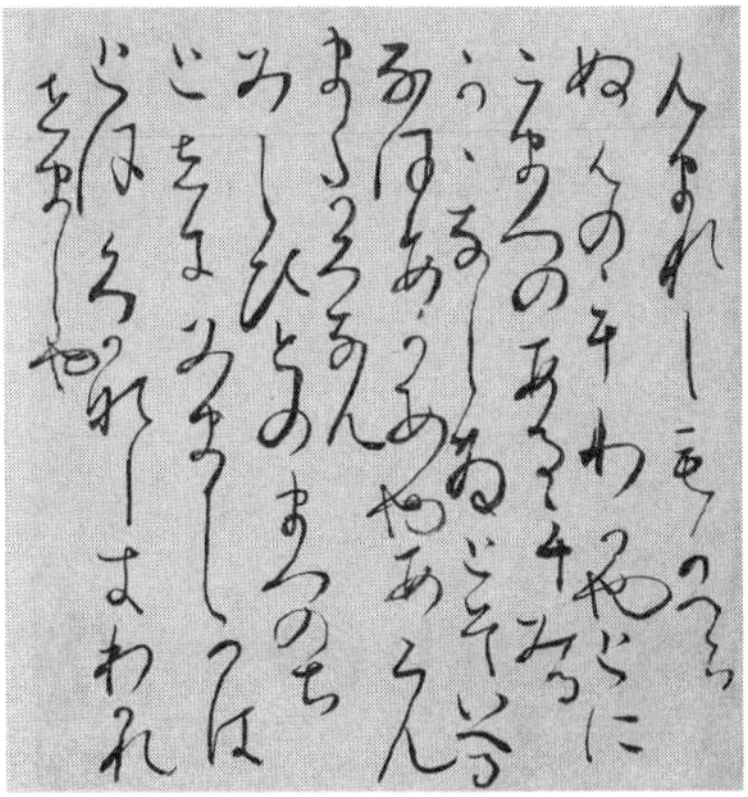

図11　藤原定家本『土佐日記』(公益財団法人前田育徳会蔵)

(82) ただし、『日本霊異記』上巻第四縁には「数」の音仮名を用いた歌が見える。

(83) 幼い皇位継承予定者に仕え、成人して即位した後、天皇の側近として官位を上昇させる人物のこと。

この背景には、唐の書の影響を受けた空海を筆頭として遣唐使によって漢字の草・行体の書跡が将来された影響が見て取れよう。仮名文字というと、教科書的には日本的な文化の代表と位置付けられているが、その背景には唐の文化の影響も見え隠れする。

これ以上、筆者が軽々に書道史に言及することは控えたいが、現在、書道史からの初期仮名資料についての言及は少ない。成立期の仮名の釈読も含め、中国および日本の書跡と仮名文字の関係について、本格的な比較研究が望まれる。

倭と漢の対立

「長歌」を読んでいると、『古今集』仮名序と重複する部分があることに気づく。仮名序には、

めに見えぬおにかみをもあはれとおもはせ、をとこをんなのなかをもやはらげ、たけきもの丶ふのこ丶ろをもなぐさむるはうたなり。

と見えるように、和歌は人に感動をあたえ、男女の仲を取り持ち、武士の心を慰めるとしている。こうした歌の効用は、「長歌」にも、「それ倭歌の体は、比興を先とし、人の情を感動さすること、最もここに在り」とあり、ほぼ同じことを述べている。男女関係に言及しないのは、さすがに正史だからであろう。『古今集』を遡る

こと五〇年以上前、すでに和歌に対する共通の認識を見ることができる。和歌の本質と考えられていたと見てよいだろう。

もう一つは、和歌と古い倭《やまと》との関連である。仮名序が「このうた、あめつちのひらけはじまりけるときより、いできにけり」*と記し、高天原《たかまがはら》(日本神話にいう、天上の世界)からはじまり、スサノオノミコト・仁徳《にんとく》天皇を経て「現在」につながっているとするように、和歌は古い倭からの連続性で語られている。

この点は、先に掲げた「長歌」冒頭にも見えるが、ここでは次の一節に注目しておく。

大御世《おおみよ》を万代《よろずよ》に祈り仏にも神にも申し上《たてまつ》る事の詞《ことば》は、この国の本詞《もとつことば》に、逐倚《おいより》て、唐《から》の詞を仮《か》らず、書記《ふみしる》す博士雇はず。この国の云ひ伝ふらく、日本《ひのもと》の倭《やまと》の国は、言玉《ことだま》の富国《さきわうくに》とぞ、古語《ふるごと》に流れ来れる神語《かみごと》に、伝へ来れる伝へ来し、事の任《まに》まに、本《もと》の世の事尋ぬれば、歌語《うたごと》に詠ひ反して、神事《かみわざ》に用ゐ来れり。皇事《きみごと》に用ゐ来れり。本の世に依り遵《したが》ひて、仏にも神にも申す。*

つまり、倭歌の詞は古くから伝わってきたもので神事や朝廷の行事に用いられてきたことを述べていることとも共鳴しよう。神代以来、詞が「現在」に到るまで連続して用いられ、神事の道具であるとの認識は、一般的には漢文には見られない特徴であり、著しい対比をもたらす。和歌は日本の古層として認識されていたのであ

*(大意) 和歌は天地《あめつち》がはじまって以来、生まれてきた。

*(大意) 天皇の御代が末永く続くことを祈り仏にも神にも申し上げる詞《ことば》は、日本古来の詞によっていて、唐の詞(漢文)を借りず、文書を記す博士(明経道・文章道などの儒学・漢文学の師)も雇わないものである。この国の言い伝えでは、日本の倭の国は、言霊の豊かに栄える国だと、古い詞に流れ来た神代の詞に伝え来るように、古い世の中の事を尋ねようとするならば、歌の詞に詠み返して、神事に用いられ、朝廷の行事に用いられてきた。

る。
一方、仏や神に申し上げる詞は、日本古来の詞によっていて、漢文ではなく、明経《みょうぎょう》・文章《もんじょう》博士などの手も借りず、古い時代を参考にしながら仏にも神にも申し上げると述べている点も興味深い。倭と漢の鋭い対立がここには見られるのである。漢詩が全盛の九世紀当時を「現在」とすれば、それに対するアンチテーゼとして、「古代」の和歌が対置されていたのである。筆者は、こうした倭のことを「つくられた倭」と名づけたい。史実としての倭ではなく、理想化された「第二の倭」である。

こうした和歌の古代からの連続性について、具体的な一例をあげておこう。「記」に分類される菅原道真の『宮滝御幸記』には、宇多上皇が吉野で「ヤタガラス」の五文字を用いた折句《おりく》(84)をつくるように命じたことが見える(『袋草子《ふくろぞうし》』一、所引)。ヤタガラスとは「八咫烏」のことで、初代天皇とされる神武《じんむ》天皇が熊野から吉野を経て、大和に入る際の道案内をつとめたという著名な日本神話に登場する鳥である。吉野にいる宇多の念頭にあったのは神武天皇なのだ(85)。こうした和歌と記紀神話の結びつきも和歌の古代性に由来しよう。和歌が神事や天皇に関する祭儀で用いられたことと密接に関係している。

それでは、漢文を得意とする文人は、和歌をどのように見ていたのであろうか。

(84) この場合、五・七・五・七・七の各句のはじめに「ヤタガラス」と一文字ずつ置くこと。『伊勢物語』の「カキツバタ」の折句が著名。

(85) 宇多は、唐の文化を重視しつつも、神話的な日本文化にも心を寄せた不思議な人物である。後者で言えば、自身の日記『宇多天皇日記』に「わが国はこれ神国なり。よって朝ごとに四方《よも》大中神祇を慶拝す。敬拝の事、今度《このたび》から始めて、一日《いちじつ》たりとも怠ることなかれ」と記している(『江次第《ごうしだい》抄《しょう》』所引、仁和《にんな》四年〈八八八〉一〇月条)。

＊**(大意)** これからどこに宿泊するか決まっていない、白い雲、紅葉した樹

宇多上皇の命により、素性《そせい》法師が御幸に参加することになった。彼は、遍照（六歌仙の一人）の息子で和歌の妙手であった。その彼が、道真にその日の宿を問うた。すると、道真は声高らかに、「不レ定前途何処宿、白雲紅樹旅人家、山中幽邃無レ人二連句一*」と吟じた上で、「長谷雄は何処《いずこ》に在りや、長谷雄は何処に在りや」と、再三、紀長谷雄の名を叫んだ（『扶桑略記』昌泰元年〈八九八〉一〇月条）。長谷雄がすでに馬に脚を踏まれて一行から離脱していたことは道真も知っていた。その上で、詩友の名を幾度も呼ぶ道真の胸中には、上皇が再三にわたり和歌の作成を命じることに対して、漢詩を疎んじているのではないかとのわだかまりが去来していたのであろう。道真のような漢詩を得意とする文人貴族もまた、和歌に対して違和感を抱いていたらしい(86)。

もちろん、和歌を漢詩に訳した道真自身の『新撰万葉集』(87)があり、逆に唐詩を和歌に詠み返した大江千里《おおえのちさと》『句題和歌』(88)も生まれた。いわば漢詩と和歌の翻訳であり、両者の交流も盛んであった。しかし、その内部に、倭と漢の対立を含んでいたことは見逃してはならない。

それでは、こうした倭と漢の対立は、歴史的にどのように位置付けることができるのであろうか。

古代の政務では漢字が用いられた。また、勅撰漢詩集として、『経国集』が編纂

が旅人の家である。山の中は幽玄で連句する人もない（連句とは、二人以上の者が、各自の漢詩の句を順につないで、一編の詩をつくり上げること）。

(86) 宇多上皇は竜田越えをする際、群臣たちに和歌を献じさせた。それに対して、道真は七言絶句《しちごんぜっく》（一句七言で四句からなる漢詩）を口ずさんでいる（『扶桑略記』昌泰元年一〇月条）。これも和歌を重視した宇多上皇に対する道真の、精一杯の異議申し立てだろう。

(87) 上巻のみが道真の撰といわれる。和歌を「漢字」と万葉仮名交じりで書き、それを七言絶句で表す。上巻は寛平五年（八九三）成立。

されたことはすでに述べたが、「経国」とは「文章経国」のことである。中国・魏の初代皇帝となった文帝（曹丕《そうひ》）のことば、「文章は経国の大業《たいぎょう》、不朽《ふきゅう》の盛事《せいじ》」に由来する。文章（漢詩文）の作成は国家を治めることであり、朽ちることのない重要なことだという意味である。

とくに、九世紀には文人貴族が重用され、文章経国思想が広がった。漢詩文をつくることは、単なる遊技や教養の披露だけでなく、深く政事と結びついていたのである。

一方、和歌を詠ませたとする史料は、漢詩の吟詠に比べれば少ないが正史にも散見する［佐藤全敏、二〇一七］。そして、近年、歌木簡や和歌墨書土器が相次いで発見されたことから、和歌の比重も大きかったことが明らかになってきた。両者の史料上の扱いの差は、あくまで機能そして評価の違いであったということになる。漢文が公的な場で用いられたのに対し、和歌は公務の後、あるいは主として神事や王権にかかわる儀礼に際して詠まれるものであった。両者の関係は公と私、ハレとケなど対照的な位置づけであったと言える。

だが、九世紀にはその関係に変化の兆しが見えてきた。漢と倭の対立が自覚されるようになってきたが、その背景には東アジア情勢が関連していた。九世紀には新羅との関係が悪化する。承和三年（八三六）、遣唐使を派遣するに際して、政府は遣

(88) 唐詩の一句と、それを翻案した万葉仮名のみで記した和歌を併記する。『大江千里集』ともいう。寛平九年（八九七）成立。

難した場合の漂流民の保護を新羅に求めた。しかし、新羅の返書には、自国を「大国」、日本の使者を「小人《しょうじん》」と記してあった。これは小中華思想[89]を持つ公卿たちを激怒させた。

また、貞観一一年(八六九)には、新羅の海賊が博多湾で略奪行為を働いた。それに対して、政府は伊勢神宮、宇佐《うさ》・石清水八幡《いわしみずはちまん》などに国家の安寧と賊の退散を祈願した。その際の告文《こうもん》には、日本は「神明《しんめい》の国」であると述べている。「神国《しんこく》思想」が表だって現れたのである[村井、二〇一三]。これ以降、日本は東アジア世界に対して閉じていくことになる。こうした対外関係観は、いやが上にも「つくられた倭」の存在を浮かび上がらせることになったが、それに対置されたのは「漢」や「唐」であろう。「長歌」にも「倭」とともに「日本」がみえることは、いわば「本朝意識」が高揚したことを示している。

(89) 日本を世界の中心におく中華思想。日本的華夷思想ともいう。

『古今集』編纂の目的

日本の歴史上、『古今集』の影響には絶大なものがあった。いささか象徴的に言えば、一八九八年(明治三一)に刊行された『歌よみに与ふる書』の中で、正岡子規《まさおかしき》が「貫之は下手な歌よみにて『古今集』はくだらぬ集にて有之候」と指摘し、『古今集』に代わって、『万葉集』が取り上げられるまで、『古今集』的世界が天皇や公家の文化的規範とされたのである［川尻、二〇一一］。

ところが、『古今集』の後代に与えた影響についてはきわめて大きく評価する一方、『古今集』が編纂された延喜五年（九〇五）当時の社会に与えた影響については否定的な見解が根強い。その理由は、『古今集』成立時の五位以下の官人の入集者が三〇人を超えたにもかかわらず、四位以上の官人が七人に満たず、全公卿一五人の内二人しかいないことをもって、公卿が非協力的であったと見る見解に代表される［村瀬、一九七二］。

確かに官位という視点から見れば正しい意見である。しかし、先に見たように、和歌の存在する世界は、官位などと関わるハレの世界ではなく、ケの世界なのである。別の構成原理をこそ考えるべきであろう。

ここで想起すべきは、当時の官人社会の構成原理の変化である。弘仁元年（八一〇）の薬子《くすこ》の乱を契機として、嵯峨天皇側の秘密を守るために蔵人所《くろうどどころ》が置かれ、藤原冬嗣・巨勢野足《こせののたり》が蔵人頭《くろうどのとう》に任命された。そして、蔵人は九世紀を通して変質し、天皇の近臣が任じられるようになった［玉井、二〇〇〇］。蔵人の特色は、官職に関係なく、天皇の代ごとに任命され直すことである。しかも、それまで六位までに限定されていた蔵人（五位になると自動的に蔵人から解任された）について、宇多天皇は五位蔵人を新設し、蔵人制の充実を図った。

一方、九世紀後半以降、昇殿制《しょうでんせい》が生まれた。昇殿とは清涼殿《せいりょうでん》にある殿上《てんじょう》の間《ま》に昇ることを天皇から許可されることである〔古瀬、一九九八〕。平安時代の文学作品にしばしば見られる「殿上人《てんじょうびと》」とは昇殿を許された人々のことを言い、すなわち側近として取り立てた天皇の近親や近臣のことである。昇殿制は宇多天皇以前から成立していたが、宇多はその人数を増やして、充実をはかった。

蔵人、昇殿制に共通するのは、位階や官職に関係なく、天皇との個人的な関係が重視された点である。これは、明らかに律令制的官職制とは構成原理を異にしていた。こうした近臣制を、宇多天皇が積極的に整備した理由は、彼自身の経歴にあった。彼はもともと即位する可能性がほとんどなかったものの、父・光孝天皇の突然の死によって位に就くことになった。そのため近臣がほとんどおらず、自分で作り出すしかなかった。

こうした近臣制の整備という点から、延喜五年当時、生存していた『古今集』の入集者と天皇・上皇の関係を表にすると**表2**のようになる。ここから存命中の醍醐天皇、陽成上皇、宇多法皇の和歌が含まれていないこと、作者のほとんどが宇多・醍醐父子の近親・近臣で占められていることがわかる。

この事実は、三つの勅撰漢詩集に嵯峨・淳和天皇の作品が収められていることと著しい対比をなす。つまり、天皇は『古今集』に対しては日本古来からの大王（オオキミ)として、勅撰漢詩集に対しては中国的な皇帝として臨んだといえる(本書一五六—一五七頁、コラム参照)。

『古今集』は官位制とは別の原理によって編纂されたのであり、象徴的に言えば、「宇多・醍醐王権の近臣(親)の勅撰和歌集」と言い表すことができる。『古今集』の

表2　『古今和歌集』入集者(登場順)と天皇・上皇との関係

人名	想定される主人	主人との関係
藤原時平	醍醐	醍醐の妻の兄
藤原国経	陽成・宇多？	陽成の蔵人頭，宇多の行幸に同行
兼見王	宇多	宇多の侍従
藤原菅根	醍醐	醍醐の蔵人頭
藤原仲平	宇多・醍醐	宇多・醍醐の蔵人
源宗于	宇多	宇多の甥
平篤行	宇多	祖父が宇多と兄弟
平中興	醍醐	醍醐の蔵人
藤原兼輔	醍醐	醍醐の蔵人
藤原兼茂	醍醐	醍醐の蔵人
藤原定方	醍醐	醍醐の義父
藤原忠房	醍醐	醍醐の蔵人
藤原忠行	宇多	母が宇多の蔵人藤原敏行の姉妹
藤原俊蔭	宇多	宇多の蔵人
源当純	醍醐	父が醍醐の東宮傅
阿保経覧		
在原元方	陽成	藤原国経の妻が妹
凡河内躬恒	宇多？	宇多の行幸に同行
大友黒主		
紀貫之	宇多？	宇多の行幸に同行
紀友則	宇多？	宇多のもとに出入り
紀淑人	醍醐	醍醐の蔵人
紀淑望	醍醐	弟が醍醐の蔵人．醍醐の東宮学士
清原深養父		
酒井人真	宇多	宇多の中宮少属
坂上是則	宇多？	宇多の行幸に同行
平貞文	宇多・醍醐	父は宇多の蔵人．醍醐の侍従
平元規	醍醐	醍醐の蔵人
高向利春	宇多	宇多の御給・院分受領にあずかる
橘長盛	宇多？	宇多の行幸に同行
春道列樹		
藤原興風	宇多	宇多の母の年給にあずかる
藤原良風	宇多・醍醐	父は宇多の蔵人．醍醐の帯刀
源恵	宇多	宇多の院分受領にあずかる
御春有輔	宇多	宇多の蔵人藤原敏行の家人
壬生忠岑	陽成	陽成の命で甲斐国に下向
宮道潔興	醍醐	醍醐の帯刀
聖宝	宇多・醍醐	醍醐寺の創建者
素性	宇多？	宇多の行幸に同行
二条后	陽成	陽成の母
伊勢	宇多	宇多の子を産む

編纂は単なる遊技や風雅のためではなく、宇多・醍醐王権の正統性を示すためになされたのであった。[90]『古今集』が編纂された意義は大きい。もちろん、明治までの日本文化の規範になったことも重要であるが、同時代においても重要な意味があった。

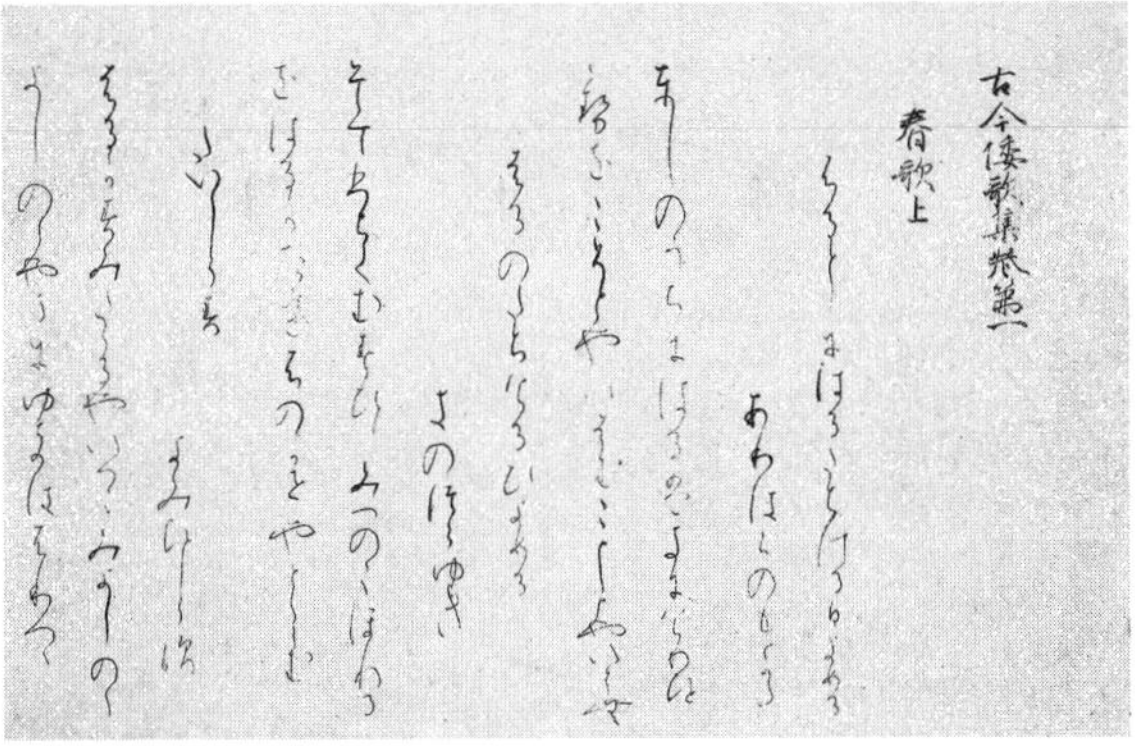

図 12　「古今集高野切（第一種）」巻一巻頭（公益財団法人五島美術館蔵．名鏡勝朗撮影）

　また、このことと関連して、歌を詠む機会が増加した点も重要であろう。古今、宇多・醍醐朝の歌合や屏風歌（屏風に描かれた絵を題としてつくられた和歌）などを年表にすれば、**表3**のようになる。『古今集』の編纂前と編纂後では、その開催回数の差が歴然としている。『古今集』の編纂が「和歌ブーム」を引き起こした可能性は高い。それまでのケの世界に閉じこめられていた和歌が市民権を得たと言える。編纂当初から『古今集』の位置づけが高かったことがうかがえる。

（90）『古今集』巻二〇には、『万葉集』と同じく東歌《あずまうた》が収められている。もともと東歌は東国の服属儀礼から生まれたものであった。形骸化していたとはいえ、この点も『古今集』が醍醐・宇多王権を表象する勅撰集であったことをうかがわせる。

表3　宇多・醍醐朝の和歌年表

年	できごと
元慶 8	3.5 光孝天皇即位，4.7 梅宮祭再興，6.10 御体御卜再興(承和以来)
仁和 元	12.18 遍照七十賀
仁和 2	12.14 芹川行幸(遊猟は承和以来)
仁和 3	※これ以前に在民部卿家歌合，8.26 宇多天皇即位
仁和 4	11.2 五位蔵人創設，この年仁和寺落成
仁和 5	4.14 宇多の外祖母氏神祭祀創始，この年男踏歌再興(承和以来)
寛平 元	11.21 賀茂臨時祭創始
寛平 2	この年四方拝創始，※このころ寛平内裏菊合
寛平 4	この年『類聚国史』成立
寛平 5	4.2 敦仁(後の醍醐天皇)立太子，※これ以前に寛平御時后宮(班子女王)歌合，※是貞親王家歌合，※9.25『新撰万葉集』上巻撰進
寛平 6	遣唐使休止
寛平 8	雲林院行幸，二条后藤原高子廃后
寛平 9	6.8 右大臣源能有薨去(昌泰2年2月まで大臣不在)，7.3 醍醐天皇即位，※9.25 大江千里『句題和歌』撰進，※このころ温子小箱合
昌泰 元	※これ以前に物語屏風(温子)，※秋ごろ亭子院女郎花合，※10月 宮滝御幸
昌泰 2	10.24 宇多出家
昌泰 4	正月 菅原道真左遷
延喜 元	この年『日本三代実録』撰進
延喜 2	3.13 延喜荘園整理令発布，※春ごろ飛香舎藤花宴(藤原時平)
延喜 4	保明立太子
延喜 5	大覚寺御幸，※2月 藤原定国四十賀，※これ以前に宇多院物名歌合，※4月『古今和歌集』撰進か，5.9 望月牧御牧編入，6.2 後院停廃，この年『延喜格』『延喜式』編纂の勅，※定文家歌合
延喜 6	閏12 日本紀竟宴和歌，※この年内裏月次屏風，※定文家歌合
延喜 7	※これ以前に長恨歌屏風(宇多)，6.8 藤原温子薨去，※9.10 大井川行幸和歌(宇多)，11月『延喜格』撰進
延喜 9	※これ以前に本院(藤原時平家)歌合，4.4 時平薨去
延喜 13	3.12 右大臣源光薨去(翌年8月まで大臣不在)，※3.13 亭子院歌合，※8月 亭子院女七宮歌合，※9月 陽成院歌合，※10.13 内裏菊合，※10.14 藤原満子四十賀
延喜 14	※12月 女四宮屏風
延喜 15	※この年春斎院屏風，※9.22 右大将六十賀屏風，※12月 左大臣(藤原忠平)北方六十賀屏風
延喜 16	※7月 亭子院殿上人歌合，※この年斎院屏風
延喜 17	※8月 内裏屏風，※この年冬中務宮屏風
延喜 18	※2月 女四宮髪上屏風，※4月 東宮屏風，※この年承香殿屏風，※このころ内裏菊合
延喜 19	※この年東宮屏風
延喜 20	11.10 東歌勅定
延喜 21	※5月ころ 京極御息所歌合
延喜 23	3.21 保明皇太子死去，※これ以前に論春秋歌合，※保明親王帯刀陣歌合

※は和歌の関わる事績　　　　(荒井洋樹氏作成)

さらに、仮名序が付けられたことが重要である。『古今集』には、漢字で書かれた真名序のほかに、仮名で書かれた序文が記されたのである。この点は、王権によって仮名が正式に認知されたことを示している。以後、『土佐日記』などの仮名文学も出現する。

もっとも漢詩文と和歌の溝はそれでも埋まることはなく、政務に関係する文書は相変わらずすべて漢文で書かれていた。[91] したがって、仮名の世界は、あくまでケの世界でありつづけ、仮名による書状・書跡・和歌などは、「私」の世界におしとどめられた。しかし、『古今集』的世界が明治中頃に至るまで、日本文化の基調、すなわち執拗（通奏）低音になったことは、日本人の精神世界にとってきわめて重要であった（**図12**）。

(91) 南北朝期に、仮名による「百《ひゃく》姓《しょう》申《もうし》状《じょう》」(農民による告発状)が出現するが、現代に至るまで、「公」の世界では漢字がひらがなよりも優勢である。

おわりに

最後に、文字とことばの視点から、本章で述べてきた九世紀から一〇世紀にかけての日本の文化についてまとめておきたい。

これまで述べてきた事例で言えば、唐の影響が強いもの（第2節）、唐の文化を日本的にアレンジしたもの（第1節）、そして唐の影響を受けてはいても日本的なもの

(第3節)ということになろう。

この三つの文化現象を統一的に理解するとすれば、問題となるのはやはり第2節と第3節の関係である。これまでの概念で言えば「唐風文化」と「国風文化」の関係性ということになるかも知れない。

この点について、筆者は、倭と唐の対置という視点から考えてみたい。倭と唐の対置の背景にあるのは、「日本」という自我意識の芽生えとともに前代への揺り戻しが起こり、「つくられた倭」という意識が生まれたことであろう。言い換えれば、「現在」の唐の文化に対する「過去」の倭の文化であった。ただし、この「倭」も、単独で生まれたものではなく、唐の影響を受けていたことは忘れてはならない。

だが、こうした対比構造は、八世紀以前には見られなかった。その理由は、おそらく緊迫した東アジア情勢の中で、急速な軍国体制=律令国家の建設が急務であった日本(倭)にとって、唐を相対視する余裕がなかったためである。

これに対して、九世紀の日本では、東アジアで唐の勢力が減退し軍事的な緊張緩和が進展したこと、そして、日本と新羅の関係が悪化したことも手伝って、唐をある程度客観視することができるようになった。そこで登場したのが、唐と倭の対置であった。言い換えれば、唐の文化を咀嚼して、独自な文化にアレンジできる段階まで、日本社会が成熟し、余裕ができたと言うことができる。この点は第1節とかかわることになる。

もう一つの視点は、「実録」に対する反動・揺り戻しである。リアリズムを追求すれば、どうしてもその対極にあるロマンティシズムが求められるようになる。四季の移ろいや恋愛を題材とした和歌、そしてそれらを書き表すための仮名が生まれ、散文の中からついに物語が誕生することは、人間の意識や営為のなかでは、むしろ当然のことだったのではなかろうか。筆者は、第2節と第3節の間にも、ベクトルの方向性はまったく異なるものの、密接な関連性があると考える。

こうしてみると、九世紀は日本文化の大きな転換点であったことになる。唐的なもの、日本的なもの、ハイブリッドなものが混在する複雑な世界であったというわけである。そしてこの時代に受容され、あるいは生まれた文化は、取捨選択、また変容されながらも、以後の日本社会に大きな影響を及ぼした。

歴史学では、古代社会から中世社会への変革期を、九世紀に求めるか、それとも一〇世紀に求めるかで論争があるが、本章からみれば、九世紀に播《ま》かれた種が一〇世紀に開花したと評価することができる。

「議」のように、九世紀で命を終えるものがある一方、御教書・宣旨・綸旨などの文書様式は、大きくその機能を変えながらも、中世社会の中で重要な位置付けを与えられた。九世紀後半に現れた「実録」という考え方は、「私」という考え方と

(92)『古今集』の成立に影響を与えた宇多天皇が即位した仁和三年(八八七)から、『源氏物語』が成立した一一世紀初頭の約一二〇年を、このように呼ぶことにする。

(93)『古今集』と『源氏

も融合して私日記の誕生に影響を与えた。また、九世紀には仮名が生まれ、『古今集』として結実する一方、「私」の世界と結合して、やがて物語文学を登場させることになる。

「長い一〇世紀[92]」の両端に生まれた『古今集』と『源氏物語』は、「カノン」(正典)として受け継がれ、末永く日本人の文化的な基調になった[93]。一〇世紀の日本の文化的成熟は、九世紀における日本と唐の複雑な関係性の中で培われ、準備されたといえよう。

「長い一〇世紀」、この問題は日本の文化論として別に考える必要がある。

物語』の成立では、一〇〇年以上の間隔があるとの指摘もあろうが、伝統的な韻文と新たに獲得した散文が成熟するまでの時期差、そして前者が勅撰というきわめて強力な編纂によるものだったという差異を考慮すべきであろう。『古今集』はある意味で「早すぎた和歌集」である。

引用・参考文献

犬飼　隆、二〇〇八年『木簡から探る和歌の起源――「難波津の歌」がうたわれ書かれた時代』笠間書院
犬飼　隆、二〇一七年「平安京出土「難波津歌」木簡の価値」『日本歴史』824
射水市教育委員会、二〇〇八年『射水市内遺跡発掘調査報告Ⅰ　赤田Ⅰ遺跡本発掘調査・串田地区試掘調査』
大曽根章介、一九九八年「「記」の文学の系譜」『大曽根章介　日本漢文学論集1』汲古書院
小倉慈司、二〇一五年「九～一〇世紀の仮名の書体――ひらがなを中心として」『国立歴史民俗博物館研究報告』194
川口久雄、一九八二年「四六駢儷体の行きづまりと変体漢文の成立」『三訂　平安朝日本漢文学史の研究　中』明治書院
川尻秋生、二〇〇一年「日本古代における「議」」『史学雑誌』110―3
川尻秋生、二〇〇四年「『紀家集』と国史編纂――「競狩記」を中心として」『史観』150

川尻秋生、二〇〇八年「『古今和歌集』の時代を考える」『全集日本の歴史4　揺れ動く貴族社会』小学館
川尻秋生、二〇一一年『シリーズ日本古代史⑤　平安京遷都』岩波新書
川尻秋生、二〇一五年「文の場――「場」の変化と漢詩文・和歌・「記」」河野貴美子ほか編『「文」の環境――「文学」以前』勉誠出版
川尻秋生、二〇一八年「九世紀における唐制受容の一様相――中世文書様式成立の史的前提」『日本史研究』667
河添房江、二〇一四年『唐物の文化史――舶来品からみた日本』岩波新書
木村茂光、一九九七年「「日本」的儀式の形成と文人貴族」『「国風文化」の時代』青木書店
京都市埋蔵文化財研究所、二〇一三年『平安京右京三条一坊六・七町跡――西三条第(百花亭)跡　京都市埋蔵文化財研究所発掘調査報告』二〇一一―九
京都市埋蔵文化財研究所、二〇一五年『平安京左京四条一坊二町跡　京都市埋蔵文化財研究所発掘調査報告』二〇一四―一〇
京都府埋蔵文化財調査研究センター編、上田正昭監修、二〇一一年『天平びとの華と祈り――謎の神雄寺』柳原出版
霧島市教育委員会、二〇一一年『気色の杜遺跡　大隅国府跡』
甲州市教育委員会文化財課、二〇一七年『古代史しんぽじうむ　和歌刻書土器の発見』
小林芳規、二〇一四年「角筆で書いた新羅語の発見」『角筆のひらく文化史』岩波書店
栄原永遠男、二〇一一年『万葉歌木簡を追う』和泉書院
佐藤進一、一九九七年「御教書」『新版　古文書学入門』法政大学出版局
佐藤全敏、二〇一五年「宇多天皇の文体」倉本一宏編『日記・古記録の世界』思文閣出版
佐藤全敏、二〇一七年「国風とは何か」鈴木靖民ほか編『日本古代交流史入門』勉誠出版
鈴木景二、二〇〇九年「平安前期の草仮名墨書土器と地方文化――富山県赤田1遺跡出土の草仮名墨書土器」『木簡研究』31
鈴木景二、二〇一五年「近年の出土仮名文字資料について」『日本史研究』639

鈴木景二、二〇一七年「出土資料に書かれた歌」犬飼隆編『古代文学と隣接諸学4　古代の文字文化』竹林舎
関根　淳、二〇一九年「「記紀」以外の古代史書――『大倭本紀』と『仮名日本紀』を中心に」『ヒストリア』272
竹内理三、一九九九年「口伝と教命――公卿学系譜(秘事口伝成立以前)」『竹内理三著作集5　貴族政治の展開』角川書店
田中史生、二〇一四年「入唐僧恵蕚に関する基礎的考察」田中史生編『入唐僧恵蕚と東アジア』勉誠出版
玉井　力、二〇〇〇年「九・十世紀の蔵人所に関する一考察――内廷経済の中枢としての側面を中心に」『平安時代の貴族と天皇』岩波書店
築島　裕、一九九二年「多賀城跡漆紙文書仮名文書について」『宮城県多賀城跡調査研究所年報一九九一』(第六〇・六一次調査)
東野治之、二〇一五年「日本古代の遊女」『史料学探訪』岩波書店
中村裕一、一九九一年「教――少林寺武徳八年(六二五)秦王「教」を中心に」『唐代官文書研究』中文出版社
中村裕一、二〇〇三年「誥書」『隋唐代王言の研究』汲古書院
中山陽介、二〇一六年「仮名成立史上の西三条第跡出土土器墨書仮名の位置付け」『國學院雑誌』117―7
南條佳代、二〇一六年「藤原良相邸出土墨書土器の仮名表記に関する考察Ⅱ」『京都語文』24
西本昌弘、二〇一五年「「唐風文化」から「国風文化」へ」『岩波講座日本歴史5　古代5』岩波書店
西山良平、二〇一六年「右大臣藤原良相と平安京の百花亭」西山良平ほか編『平安京の地域形成』京都大学学術出版会
藤岡忠実、二〇一一年『王朝文学の基層――かな書き土器の読解から随想ノートまで』和泉書院
古瀬奈津子、一九九八年「昇殿制の成立」『日本古代王権と儀式』吉川弘文館
松薗　斉、二〇〇六年「王朝日記の〝発生〟」『王朝日記論』法政大学出版会
丸川義弘、二〇一五年「平安京右京三条一坊六町(藤原良相邸)出土の仮名墨書土器をめぐって」『日本史研究』639
宮谷聡美、一九九九年「「かはらけ」に書かれた歌――『うつほ物語』実忠物語における歌物語の継承と発展」『叢書　想像する平安文学4　交渉することば』勉誠出版

村井章介、二〇一三年「王土王民思想と九世紀の転換」『日本中世境界史論』岩波書店
村瀬敏夫、一九七一年「古今集と貴族社会」『古今集の基盤と周辺』桜楓社
森岡　隆、二〇〇六年『図説　かなの成り立ち事典』教育出版
山田健三、二〇一五年「「成立期の仮名」をめぐる日本語書記システム史上の諸問題」『日本史研究』639
吉川真司、二〇一六年「法会と歌木簡――神雄寺跡出土歌木簡の再検討」『万葉集研究』36、塙書房
吉村武彦、二〇一九年「出土木簡の「歌詞」と『日本書紀』歌謡」『萬葉』227

コラム 天皇と勅撰集

嵯峨《さが》・淳和《じゅんな》天皇が編纂を命じた『凌雲集《りょううんしゅう》』『文華秀麗集《ぶんかしゅうれいしゅう》』『経国集《けいこくしゅう》』には、二人の天皇の漢詩が収められている。一方、醍醐《だいご》天皇が編纂を命じた『古今和歌集』には、醍醐はもちろん、当時存命であった陽成《ようぜい》・宇多《うだ》上皇の和歌が含まれていない。彼らは和歌を詠んでいるから、ことさら歌集に収めなかったと考えるほかない。

この違いは何に起因するのだろうか。

この点を明らかにするためには、天皇および中国皇帝と律令格式《きゃくしき》との関係性を知っておく必要がある。まず、日本の律令の中に天皇に関する規定は含まれていなかった。ところが、唐の律令には皇帝に関係する規定が収められていた。この違いは、唐の皇帝は臣下とともに礼の秩序(儒教に基づく社会的秩序)に含まれていたのに対して、天皇は律令に縛られなかったことに由来する。天皇は、神ないし司祭者として律令を超越する存在だったのである〔大津、一九九九〕。

ところが、天皇のこうした性格に変化が現れた。弘仁《こうにん》一一年(八二〇)二月には、天皇・皇后・皇太子の服装が詔《みことのり》により定められた。天皇は神事に際して帛衣《はくい》(白の練絹《ねりぎぬ》の上衣)、臣下から賀を受ける元日《がんじつ》朝賀《ちょうが》には袞冕《こんべん》十二章(日・月や竜などの刺繍がある礼服《らいふく》と玉飾りが垂れ下がった四角形の冠)、毎月一日の受《じゅ》朝《ちょう》、蕃国の使者から口上を受ける儀式には黄櫨《こうろ》染《ぜん》(黄色に少し赤みがかかった、天皇のみに許された色)の服で臨むというものである(『日本紀略』)。

それ以前の天皇の服装が基本的に白であったことからすれば、祭祀には古墳時代以来のオオキミとして、政務や外交の際には、中国的な皇帝として臨むことを明示したことになる。唐風化のただ中にあった嵯峨ならではの方針転換であった。

その後、この詔は、貞観一一年（八六九）に施行された「貞観格《じょうがんきゃく》」のなかにある「臨時格」に収められた。このことは、日本の法令にはじめて天皇に関する規定が盛り込まれたことを意味する。ここに至って、日本の天皇も、中国皇帝に倣って礼の秩序に包括されるようになったのである［川尻、二〇〇三］。

以上の知識をもって、天皇と勅撰集の関係を考えてみると、両者の違いが鮮明になる。嵯峨・淳和は中国的皇帝として勅撰漢詩集の編纂を命じた一方、醍醐は前代的なオオキミとして『古今和歌集』の編纂を総覧していたことになる。

本文で触れたように、漢詩は言うまでもなく中国由来であり、和歌は「つくられた倭」のなかで語られていた。それぞれの勅撰集に対する天皇の関与の違いは、漢詩と和歌の性格の違いと見事に符合、換言すれば「唐風文化」と「国風文化」を表象していたとみることもできる。

ちなみに、二〇一九年一〇月に行われた新天皇の即位礼正殿の儀で、天皇が黄櫨染の袍《ほう》、皇嗣《こうし》（次期皇位継承者）が黄丹《おうに》（黄赤色）の袍を着たことは、弘仁一一年の詔（その後の「貞観格」）に基づいている。

◉大津　透「天皇の服と律令・礼の継受」『古代の天皇制』岩波書店、一九九九年
◉川尻秋生「平安時代における格の特質」『日本古代の格と資財帳』吉川弘文館、二〇〇三年

日本のことばと漢字との出会い

犬飼　隆

はじめに

三世紀、中国の北の方に魏《ぎ》という国があり、朝鮮半島の西北端と接していた。その国の歴史を記録した『魏書《ぎしょ》』という書物の「東夷伝倭人条《とういでんわじんじょう》」(1)に、朝鮮半島から海を渡って陸をしばらく行ったところ、つまり日本列島のなかに、「邪馬台」という国があって「卑弥呼《ひみこ》」という名の女王が治めていたと書かれている。この「邪馬台」「卑弥呼」は、漢字の音よみを借りて現地のことばの発音を書きあらわしたものである。この漢字の用法を「仮借《かしゃ》」と呼ぶ。(2)ここに使われている字は、どれも音よみすると母音でおわる。魏の国の人の聴き取った現地語の発音は、いつも母音でおわったのだろう。発音が母音でおわることは日本語の強い特徴の一つである。また、「卑奴母離《ひなもり》」という役職名が出てくる。「鄙守＝ひな(地方)をまもる」の意味にあたるなら、目的語の後に動詞がくる日本語の文法に合う。このようなことから、古代、日本列島で暮らしていた人たちが話していたことばは、日本語と同じ仕組みを持っていたらしいと言える。

日本列島で漢字を書いたり刻んだりしはじめたとき、ことばをあらわすのでなく祈りの符号として使った。いまのところ最も古いのは三重県の貝蔵《かいぞう》遺跡(松阪市)で

(1)「魏志倭人伝」と呼ばれることがあるが、実は、これはその文章を収録した岩波文庫の題名である。

(2)「かしゃく」とも言う。本来は、麦をあらわす「來」という字を同じ発音の「来る」動作をあらわす語にあてて使うような用法である。中国では、この例のように外国語の発音をその方法を応用して書きあらわすことを「対音」と呼んで区別する。

発掘された三世紀前半の土器に「田」と書かれた例である。たんぼの水をせき止めるところから出てきたので、たとえばお供えを入れて豊作を祈るような使い方をしたと想像できる。[3] 五世紀、古墳時代になると、鏡や剣に漢文で良い意味の文章を刻んだものがつくられた。ある地方の支配者であることを認めたしるしとして贈ったり、豪族が自分や一族の代々の人たちの名誉の記念につくったりしたのである。日本のことがらを漢文つまり古典中国語に翻訳して書いたことになる。そのとき、固有名詞にあたる字がないので、『魏書』と同じように仮借の方法でその発音をあらわした。これが日本のことばと漢字との出会いのはじまりである。

(3) 隣接する片部遺跡からも「田」の可能性のある字が書かれた四世紀前半の土器が出土している。本書、デイヴィッド・ルーリー「世界の文字・リテラシーの歴史と古代日本」二三〇頁、図5参照。

1　漢字を日本で使いはじめる

漢文のなかに出てくる固有名詞の発音と書き方

埼玉県行田《ぎょうだ》市の稲荷山《いなりやま》古墳で発掘された鉄剣は五世紀後半につくられた。[4] 刀身の面に金の象嵌《ぞうがん》で漢文が刻まれている。「乎獲居」という人が、先祖代々「杖刀人（軍事の担当者）」の長として天皇に仕え、雄略《ゆうりゃく》天皇が天下を治めるのをたすけた功績を記念して、百回鍛えた良い刀をつくらせたという内容である［小川・狩野・吉村編、二〇〇三］。最初に「辛亥年七月中記乎獲居臣」と書かれていて、干支の「辛亥《しんがい》」は

(4) 本書、川尻秋生「〈文字とことば〉への招待」四頁、図1参照。

西暦四七一年にあたる。「乎獲居」は片仮名で書くとヲワケのようによむ人名を仮借で書いたものである。続いてその七代前からの先祖代々の名が仮借で書かれ、後の方の「獲加多支鹵《わかたける》大王寺(5)在斯鬼《しき》宮時」という字句には、雄略天皇の名ワカタケルと奈良県の地名磯城《しき》の発音シキが書かれている。

　これらの仮借の字はほとんどが母音でおわる音よみである。子音でおわる字も少数使われているが、その理由は説明できる。「獲居」「獲加」の「獲」は古代の中国ではkでおわる音よみだった(6)。このkは、次にくる字も子音kではじまることで解決されている。ローマ字に直してあらわすと「獲加」wak・ka→wakka→waka のように(7)、二字で二つの発音の単位をあらわし、末尾が母音になる仕組みである。この方法は、後の節で説明するが、朝鮮半島でも固有名詞に使われていた。また、先祖の一人「半弖比」の「半」は中国ではnでおわる音よみだった。この名が「はでひ」だったとすると説明が付けられる。現代の東北地方の方言などでは「で」の発音はンデのようになる。古代日本語がどうだったかは議論されているが、同じだったとすると、ハンデヒのンという発音を「半」をあてて書きあらわしたことになる。なお、古代のハ行子音は両唇を合わせる発音だったので、片仮名に直すとファンデフィまたはパンデピの方が近い。しかし、本章ではわかりやすく「ハヒフヘホ」であらわす。

(5)「寺」は中国の本来の意味で立派な建物のこと。つまり雄略天皇の宮殿。

(6) 古代の日本人がクと音よみしたのは、現代の日本でたとえば rack が外来語「ラック」になるのと同じ理屈である。

(7)「獲」をクヮクでなくワクとよむのは最初の子音が「和」などと同じだからである。実は、「和」にも天台宗で「和尚」をクヮショウと言うような音よみが後にできたが、古い音よみワで使うことが多いのである。

万葉仮名——漢字のよみを借りて日本語の発音をあらわす

七、八世紀には、仮借の方法で固有名詞だけでなく日本語を広く書きあらわした。『万葉集』に多く使われているので「万葉仮名」と呼ぶ習慣である。本章でもこの名称で呼ぶ。万葉仮名には大きく分けて音仮名と訓仮名とがある。音仮名は借音《しゃくおん》仮名とも呼ばれ、訓仮名は借訓《しゃっくん》仮名とも呼ばれる。漢字の音よみ、訓よみを借りるからである。漢字はそれぞれの字が三つの性質「形・音・義」を持つ。「形」は字体のことである。「音」はその字があらわす語の発音のことである。「義」はその語の意味用法のことである。字の形はそのままで、意味用法を切り捨て、字のよみ方を「借」りて日本語の発音をあらわすわけである。

たとえば音仮名で「加毛」と書いて地名の「かも」をあらわすと、「加」は加えるという意味、「毛」は毛という意味の中国語をあらわした字であるが、それぞれ音よみのカ、モを借りて日本語のカモの発音をあらわし、その結果、もとの中国語とは別の意味用法の日本語を書くことになる。ただし、中国語と日本語は発音の仕組みが違うので、日本語の発音にあてた音よみは日本なまりである。もとの音よみを大きく変えて使われたものもある。たとえばアの発音をあらわした万葉仮名「安」は、八世紀に音よみの末尾のnを切り捨てて使われるようになった。それが平仮名「あ」の字源である。なお、「ひらがな」は室町時代から出てくる呼び方だが、本章ではわかりやすく「平仮名」を使う（平安時代に仮名ができた事情は、本書の川尻「新たな文字文化の始まり」参照）。

訓仮名は、たとえば形容詞「懐かし」を「夏樫」と書き、「夏」「樫」のあらわす中国語と同じ意味の日本語「なつ」と「かし」の発音を借りてあらわす仕組みである。字の形に、音よみと意味用法に加えて、日本語の訓よみが結び付き、その後、音よみと意味用法を切り捨て、訓よみがあらわす日本語の意味用法も切り捨てて、訓よみの発音で日本語の発音をあらわす。二重に切り捨てるので音仮名に比べて用例が少ないし、意味をあらわすふつうの漢字として使われているのか万葉仮名なのかはっきりわからない用例も多い。

訓よみ——漢字の意味と日本語の単語の意味を結び付けて使う

稲荷山古墳の鉄剣銘文では、日本のことばと漢字との出会いのもう一つのはじまりも起きていた可能性がある。「乎獲居」の後に付いている「臣」は八世紀の日本で「おみ」と訓よみして、天皇に仕える貴人の称号をあらわすために使われた。この称号が古くからあったとすると、シンと音よみするのでなく「おみ」「おほみ」などと訓よみしていた可能性がある。何度も使われる重要なことがらをあらわす漢字は、その意味用法と一致したり似ている日本語と早くから結び付いて訓よみができたのだろう。

六世紀までは漢字と訓よみとの結び付きは部分的だった。まだ日本で文字を書くことは特別な場合に限られていて、書ける人も少数だったからである。七世紀から後、全国の役所で文書が大量に作成され（その様子については、本書の鐘江宏之「文字の定着と古代の社会」参照）、漢字を使って日本のことがらを書く機会がそれまでより格段に増えた。その結果、八世紀になるとほとんどの漢字が音よみと訓よみの両方を持つようになった。この状態が現代まで続いているのは、実は漢字を使う国のなかで日本だけの特徴である。韓国では文化として漢字を使うとき必ず音よみする。中国ではもちろん中国語でよむ。

一つの字を複数の訓でよみ、また、別の字を同じ訓でよむことがめずらしくない。その原因は、日本語と中国語の文法と語の意味のあらわし方が違うからである。たとえば「下」のあらわす中国語は、名詞としても形容詞としても動詞としてもはたらき、下の位置も、下の方であることも、下へ移動する動作もあらわす。日本語では、下の位置は名詞「した」であらわし、しかも、下にあるものと、ほかの位置にあるものとの関係が、話し手から見てどのように違うかに応じて、別の名詞「しも、もと」であらわす。下の位置への変化を動詞「さがる」であらわし、変化の仕方や、動作を誰がするか、何に向かってするかなどに応じて、別の動詞「さげる、くだる、くだす、おりる、おろす」であらわす。また、中国語で「河」があらわすのは大きな川、「江」は中国の南の地方の大きな川の意味である。このように中国語は単語で意味を詳しく区別するが、日本語は「大きな川」「南の方にある大きな川」のように文にして修飾語で区別する。

漢字があらわす中国語の意味用法と違う訓よみもできた。その事情は様々である。たとえば「鮎」は「あゆ」が中国にいないので別の魚をあらわす字を借りて訓を付けた。リウ《リュー》と音よみする「柳」の訓が示すことばは「やなぎ《楊の木》」である。輸入した日本で、ヤウ《ヨー》と音よみする「楊」と区別しなかった。伝わった経路によって違う訓ができた例もある。「椋」はふつう「むく」と訓よみするが、姓の「小椋」は「おぐら」とよむ。それは高句麗でつくられて百済から伝わった「倉」をあらわす字の「くら」という訓の名残である。この字が、中国の植物をあらわす字と同じ形だった。後に紹介する(一七〇頁)西河原《にしがわら》森《もり》ノ内《うち》木簡の「椋」も「くら」とよみ、「椋□」は、たぶん倉庫業務を担当した人であろう。

漢文の一部が日本語にあわせて変わる

漢文を日本語に直して訓読するとき返読《かえりよみ》する。原因は文法の違いである。中国語は、主語や目的語など、語の役割は文のなかの語順で決まり、目的語は動詞の後にくる。日本語は、語の品詞が決まっていて主語や目的語を助詞の類であらわし、目的語は動詞の前にくる。たとえば、中国語「我打他」にあたる日本語は「私が彼をたたく」で、「他打我」にあたるのは「彼が私をたたく」である。名詞の順序が同じでも「私を彼がたたく」なら主語と目的語が変わる。(8) さらに、活用語尾を変えて「私が彼にたたかれる」にすると「たたく」動作をする人と受ける人が入れ替わる。また、「ひらけた場所」のような、動作をしない物が自分からそういう状態になるという言い方は中国語にない。

日本のことがらを漢文で書いているうちに、こういう日本語の性格が顔を出しても無理はない。奈良の法隆寺金堂《こんどう》にある薬師《やくし》仏《ぶつ》の光背《こうはい》に刻まれた銘文は、用明《ようめい》天皇が自身の重い御病気が治るように寺を建て薬師仏を安置すると祈願したが、西暦五八七年に亡くなったので、後にその遺志を引き継いで推古《すいこ》天皇と聖徳太子が建てたという由来を漢文で書いている。(9) その「将造寺薬師像作仕奉(寺を造り薬師像を作り仕え奉らむ)」という字句は、動詞「作」が「薬師像」の後にきている。また、その前に「大御身労賜時」という字句がある。「大御身」は用明天皇のお体のことである。「賜」は、上位者が下位者に何かを与える意味の動詞をあらわす字であるが、ここでは、「労(病気になる)」に付く日本語の敬語補助動詞「たまう」をあらわして

(8) 文の先頭にくる語は強調されるので、「私が彼をたたく」と「私を彼がたたく」とでは強調して伝えたい情報が「たたく私」なのか「たたかれる私」なのか違いがある。

(9) ただし、いま実際に残っている光背は、火災にあった法隆寺が七世紀の末に再建されたときつくり直されたものらしい。ルーリー「世界の文字・リテラシーの歴史と古代日本」二二八頁の図4、および注20参照。

いる。これは仏像の銘文であるから、漢文の誤りが訂正されずに残ったのではない。一部日本語化した漢文が、正式の文章の一つとして認められていたのである。

そういう書き方ができた様子を想像させる資料もある。一九九七年に徳島市の観《かん》音寺《のんじ》遺跡で発掘された木簡のなかに『論語』学而《がくじ》篇の最初を書き写した字句がある。(10)「学而習時不孤□乎□自朋遠方来亦時楽乎人不知亦不慍」と書かれている。「学而時習之（学びて時に之を習う）」のところが、「時習」の字順が逆で「之」が抜けている。これについて、名詞「時」を目的語のように意識して動詞「習」の後に置き、本来の目的語の代名詞をあらわす「之」を、文末をあらわすよまない字の用法であると意識して、書くのを省略したという説〔瀬間、二〇〇二〕がある。そうだと証明することはできないが、日本人が漢文を学んだとき、こうした試行錯誤を重ねただろう。

(10) 本書、川尻「〈文字とことば〉への招待」八頁、図3参照。

2 漢字の旅——大陸発半島経由列島着

古代の漢字の用法は朝鮮半島の影響を大きく受けた

薬師仏光背銘の「賜」の用法は古代の朝鮮半島でも行われていた。稲荷山古墳鉄剣銘の「杖刀人」という用語(11)や「獲居」「獲加」の発音と漢字の音よみとの関係、観音寺遺跡の木簡の説明に出てきた「之」の文末用法も、みな同じである。稲荷山

(11) 江田《えた》船山《ふなやま》古墳（熊本県和水町《なごみ》）大刀銘の「典曹人」なども同じ。古代の朝鮮半島で公的な役職名を「○○人」と呼んだ。〔李成市、二〇〇二〕など参照。

古墳鉄剣銘の「七月中」の「中」も実は漢字の本来の意味用法から外れている。「中」があらわす中国語の意味は範囲が基本で、「七月中」なら七月の一日から晦日までである。しかし、この銘文の「中」は、六月でも八月でもなく七月に記したという意味で、一カ月をかけたのではない。新羅《しらぎ》と百済では、もとの意味用法から離れて日本語の「に」にあたる助詞そのものをあらわす字として使われていた。たとえば韓国慶州《キョンジュ》の月城垓字《ウォルソンヘジャ》(12)で発掘された新羅の七世紀前半の木簡は、お経を書き写すのに使う用紙の購入についての命令書である。四面に書かれていて、第三面のはじめに「経中入用思」という字句がある。日本語に翻訳すると「経に入用と思ふ」となり、この「中」は範囲よりもある一点を指示する意味が強い[金、二〇一四]。

古代日本の漢字の使い方は、朝鮮半島で積み重ねられていたこのような経験から大きな影響を受けた。以前は中国と日本の漢字の使い方を直接に見比べて研究したが、朝鮮半島で一度うけとめて使いこなした事情を考慮に入れると、より良く説明できる。朝鮮半島のことばは日本語と文法が似ているので、漢字で書こうとしたとき同じ問題にぶつかった。漢字の意味用法を自国語にあわせて改造したり、語句の強調や文の調子を整える意味用法の漢字=助字が少しあるので、それを自国語の助詞・助動詞の類にあてたりした。韓国で発掘される六、七世紀の木簡の漢字の使い方を見ると、しばらく後の日本の木簡の例に似ていることが多い。魏から高句麗が

(12) 垓字《がいじ》は溝=堀の意。

漢字、漢文を取り入れて、百済、新羅に伝え、自分たちのことばにあわせて工夫したものが日本に伝わったとすると納得が行く。

助詞・助動詞の類を漢字で書く方法

滋賀県西河原森ノ内遺跡（野洲《やす》市）で発掘された七世紀末の木簡(13)に日本と朝鮮半島の共通性のよくわかるものがある。表に「椋□伝之我持往稲者馬不得故我者反来之故是汝卜部」、裏に「自舟人率而可行也　其稲在処者衣知評平留五十戸旦波博士家」と書かれ、「椋《くら》□」が、自分の運ぶ稲は、馬がなくて帰ってきたので、卜部《うらべ》に、舟の人をつれて自分で取りに行くように依頼し、その稲は「衣知《えち》の評《こおり》」の「平留《へる》の五十戸《さと》」の「旦波《たには》の博士《ふひと》」の家にあると知らせた手紙である。字順が表側の「不得」と裏側の「可行」のほかは日本語の語順と同じになっている。そして、強調するはたらきの「者」を主語をあらわす「は」、「不」を打ち消しの助動詞「ず」、前と後のことがらを接続するはたらきの「而」を接続助詞「て」にあて、一度言いおわって相手に対応を求めるはたらきの「也」で文末をあらわし、「可」を助動詞「べし」、「故」を接続詞「かれ」、「自」を助詞「より」にあてている。「者」「而」「也」「可」は、どれも百済や新羅で助詞・助動詞にあたる語を書きあらわすのに使われていた。

(13) 本書、鐘江「文字の定着と古代の社会」九一頁、コラム図1参照。

二つの「之」は、連体助詞「の」でなく、文を言いおわるところに使われている。はじめの「椋直伝之」は訓よみすると「椋直が伝《つた》ふ」となり、「之」は動詞「つたふ」の終止形にあたる。二番目の「我者《われは》反来《かえりく》之」の「之」も動詞「く」の終止形にあたる。どちらも、発音をあらわさず、そこが文末であることをあらわす字として使われている。この「之」の用法は朝鮮半島の自国語化した漢文の特徴である。もともと中国にも「也」と同じように文を言いおわるところを示す用法が「之」にあったが、朝鮮半島では動詞終止形語尾の -da にあてて使い、後には、文を言いおわるところを示してよまない字としても使われた。それが日本にも伝わったのである［河野、一九五七／藤本、一九八八／藤井、一九九六］。

また、裏側の「也」の後を一字分わざわざ空けて書いていて(14)、ここで文章が一度切れることをあらわしている。これも朝鮮半島から輸入された書き方である。前に

図1 新羅月城垓字木簡 ［国立加耶文化財研究所, 2011］

(14) 文献学の用語で「空格《くうかく》」と呼ぶ。

紹介した慶州月城垓字の木簡（**図1**）は、第四面に「牒垂賜教在之　後事者命尽」と書かれ、文末を示す「之」と次の文頭の「後」との間が半字分ほど空けてある。日本語に翻訳すると「牒を垂《た》れたまいて教《おし》え在り。⑮後の事は命を尽くして」となり、空白は「。」にあたる。

送り仮名の源流——漢字二字で一語を書きあらわす方法

日本語の語の発音を書きあらわす方法のなかにも朝鮮半島と起源が共通のものがある。それが発達して、朝鮮半島では「義字末音添記《ぎじまつおんてんき》」という方法になり、日本では「送り仮名」になった。義字末音添記は、語を書きあらわす字（義字）に、その語の語尾の発音（末音）をあらわす字を添えて（添記）、二字で一つの語の発音を書きあらわし、ほかの語としてよまれないようにする方法である。わかりやすく漢字と平仮名に直して説明すると「下《し》た」のような書き方である。「下」だけで「した」とよめるが、「げ」と音よみしたり、別の「しも」などの訓よみをしないように「た」を末音添記する。⑯送り仮名も、二つの字を一つの語にあてて、よみ方を一つに決める書き方として見れば、同じ仕組みである。たとえば「行く」の送り仮名「く」は、「行」を「こう」と音よみしないだけでなく、「行か（ない）」「行き（ます）」などと訓よみしないように添記されるのである。

(15)「牒」は王の命令を書いた文書、「教」はその命令のことである。

(16) この書き方は平安時代に実際に行われていた。それを文献学の用語で「捨て仮名」と呼ぶ。

最近の研究で、韓国咸安《ハマン》郡の城山山城《ソンサンサンソン》遺跡で発掘された六世紀の新羅の木簡のなかに、義字末音添記にあたる例がいくつか見つかった。たとえば148号と呼ばれる木簡に「及伐城文尸伊稗一石」と書かれている。[17]「及伐城」から送ってきた稗《ひえ》に付いていた荷札である。地名・人名・物品名・数量という決まった様式で書かれているので、「文尸」は送り主の名で「伊」は人に付く接尾辞だということになる。「文」の発音は新羅語なら kïr のようだったと推定されている。「尸」は s ではじまる音よみの漢字であるが、朝鮮半島では語の末尾の子音の発音 r をあらわす字として伝統的に使われた。「文」だけで kïr とよめるところに「尸」を書き添えて、語の末尾の r を明示し、音よみされないようにしたのである〔李丞宰、二〇一三〕。

(17) 木簡の号数は『韓国木簡字典』(国立加耶文化財研究所、二〇一一年)による。

義字末音添記の仕組みと日本の連合仮名の共通性

同じ城山山城木簡のなかに、村の名を「伊骨利」(21号など)と書いたものがある。仮借の方法で新羅の地名を書きあらわしているとすると、発音は ikuri のようだった可能性が大きい。「利」を末音添記に使うときは母音の付いた ri にあてるからである。[18] そして、「骨」は中国の音よみでは子音 t でおわるが、朝鮮半島の音よみではそれを r になまってよむ。「骨」の末尾の音と「利」の頭の音は、「文」の新羅語よみの末尾と「尸」の添記であらわされる音とが同じであるように、同じ r の発音

(18) 同じ村名を「伊骨」と書いた例(123号)がある。発音が ikur だった可能性もあるが、母音の i を補ってよんだと解釈する。

をあらわしていることになる。

仮借の方法で固有名詞の発音を書きあらわすときに、前の字の末尾の音と次の字の頭の音とが同じになる並べ方は、朝鮮半島で古くから行われた習慣らしい。城山山城木簡に書かれた地名のなかでも、「甘文」(100号など)も「文」の音よみの頭の子音がmの類になるから、前の「甘」の末尾のmと同じである。「勿利村」(103号ほか)も「勿」の末尾が中国の音よみではt、朝鮮半島ではrであるから「利」の頭の子音と同じになる。この書き方は百済でも行われていた。扶余《プヨ》陵山里《ヌンサンニ》寺址で発掘された木簡5号に書かれた人名「今母」も前の字の末尾と後の字の頭が同じmである。

そして前に説明した通り、稲荷山古墳の鉄剣銘文の「獲」も、末尾が次の字の頭の子音と同じkである。この書き方は万葉仮名の用法の一つとして「連合仮名」と呼ばれているが、実は、朝鮮半島で五世紀に行われていて日本に伝えられたのだろう。そして、義字末音添記の方法は、それをもとにして六世紀に開発されたのだろう[犬飼、二〇一七b]。

日本語に義字末音添記は合わなかった

義字末音添記の方法は日本にも取り入れられた。たとえば、九州の大宰府《だざいふ》の跡で発掘された木簡に「岡賀」と書いた例がある。同じ地名を「遠賀」「岡」と書いた木簡もある。「遠賀」は現代では文字通り「おんが」と発音するが、語源は「岡」だと言われる。(19)「岡賀」は「岡」を「をか」と訓よみし、その末尾のカを万葉仮名「賀」で添記した例になる。

しかし、このように義字末音添記を日本語にあてはめて使うと支障がある。発音の仕組みが違うからである。日本語の発音は子音と母音が交互に並ぶ。新羅語は語の発音が子音でおわるときも母音でおわるときもあった。(20)新羅人は、語の末尾の子音、母音をそれぞれに意識でき、添記した字のあらわす発音が子音だけでも母音が付いていてもとくに問題なかっただろう。日本人は、語の末尾は必ず子音の後に母音が付いた形だと強く意識していたはずなので、一字を添記すると、前の語の末尾の発音を指定するのでなく、発音を一つ付け加えたように感じられただろう。

実際に不合理な書き方をしたように見える例がある。千葉県の龍角寺五斗蒔瓦窯《りゅうかくじごとまきがよう》跡(印旛《いんば》郡栄町《さかえ》)で発掘された七世紀末の瓦にいくつかの固有名詞が刻まれている。そのあたりに住む人たちが龍角寺という寺で使う瓦を寄進したとき、誰なのかわかるように字を刻んだ。「あかはま」に住む人たちが寄進した瓦のなかに、「赤」「阿加皮」と刻んで「はま」「ま」を省略したものなどにまじって「赤加」と刻んだ例がある。「あか」の末尾のカを義字末音添記であらわしたのである。ほかに、氏族名「服部(はとりべ)」を「服止」と刻んだものもある。「止」で「はと」の末音トを

(19) 『古代地名大辞典 本編』(角川書店、一九九九年)の「おんがぐん」の項による。

(20) 言語学の用語で「閉音節構造《へいおんせつ》」と呼ぶ。百済語も同じだったと考える学者が多い。

添記し、「りべ」は、逆に、補ってよむようにしている。書き手も読み手も事情がよくわかっているので、その固有名詞であるとわかればよい書き方をしたのだろう。しかし事情を知らない人、たとえば都から現地へ来た人なら、「あかか」「はとと」とよむ危険がある。この理由で義字末音添記は日本で行われなくなった。

書き方の仕組みが送り仮名のもとになった

新羅では義字末音添記の仕組みを「訓点《くんてん》」の方法に応用した〔李丞宰、二〇一四〕。漢文で書かれたお経を新羅語に直してよむために、字のまわりに記号を書き込んで返読の仕方や助詞の類にあたる語の補い方や字のよみ方などを指示する方法である。七世紀後半に日本から新羅へ留学した僧たちの持ち帰った新羅で書き写されたお経が、いま東大寺や正倉院《しょうそういん》にあり、それらに訓点が書き込まれている。それにならって日本でもお経に訓点を付けるようになった。訓点を付けるとき万葉仮名を略して書き込んだのが片仮名の起源であるが、この仕組みも新羅と共通性がある。たとえば新羅では仮借の「良」を曲線的な形にくずして、片仮名で書くとアにあたる発音をあらわす記号として使っていた。朝鮮半島のことばには日本語のラにあたる音ではじまる語がなかったからである。日本では最初の二画だけを書いて片仮名「ラ」ができ、草書体に書いて平仮名「ら」ができた〔南、二〇一四／小林、二〇一四〕。

訓点は、次の節で説明する「宣命《せんみょう》」の書き方とともに、送り仮名と漢字仮名交じり文の源流になった。正倉院の聖語蔵《しょうごぞう》にある『羅摩伽経』というお経に付けられた平安時代はじめ頃の訓点を例にすると、「為《ニ》法界等《支》一切衆生一」[21]という字句の「為」の上辺中央に胡粉で白い点が付けられている。「に」を補ってよむ記号である。その脇に墨で書かれた「ニ」と「生」の脇の「一」は返り点である。「等」の脇の「支」は万葉仮名で、形容詞「ひとし」の連体形によむことを活用語尾「き」の添記であらわしている。助詞「の」はとくに指示がなくても補ってよむ慣習だったので、これで「法界の等しき一切衆生《いっさいしゅじょう》の為に」とよむ。

(21) 小林芳規『図説日本の漢字』(大修館書店、一九九八年)から引用。

3 日本語の文の形を漢字で書く

儀式でうたうために和歌の発音を書く

日本語の文の形を書きあらわす方法の開発は儀式の歌からはじまった。政治の仕組みのなかに王や国が主催して行う儀式の制度が必ずある。古代の中国では、季節ごとに国の運営がうまくいくよう神に祈ったり、王家の祖先をお祭りする儀式で、雅楽《ががく》を演奏した。宮廷の宴会や外国の使者をもてなす宴席でも音楽を演奏した。六世紀後半の欽明《きんめい》天皇の時代、中国にならって儀式の音楽制度を整えるとき、百済から指導を受けた[22]。当時の朝鮮半島の儀式の音楽にそれぞれの国のことばでうたう歌があったと筆者は考えている。高句麗が取り入れた魏の国の儀式の音楽に鮮卑《せんぴ》語でうたう歌があった。王家が漢族でなく鮮卑族で、国ができたとき中国古来の儀式の音楽のできる人がいなかったからである。それを高句麗がまねて儀式用の歌を自国語でつくり、新羅と百済も高句麗にならったと想像して無理はない。鮮卑語と朝鮮半島のことばと日本語は文法が似ているので、中国語の歌詞をつくるより容易だったろう[犬飼、二〇一七a]。

『万葉集』の和歌のなかで最も古いのは、第二首の舒明《じょめい》天皇(在位六二九―六四一年)の御製、香具山《かぐやま》から国を見る儀式の歌である[23]。『万葉集』は八世紀の後半以後にできた書物だから、いま私たちが見ている歌句がそのときのそのままだとは言えないが、七世紀前半に国見《くにみ》の儀式で和歌の形式の歌をうたったと考えて無理はない。そして、後にも説明するように、歌の語句を書いた七世紀中頃の木簡が発掘されている。

(22)『日本書紀』の欽明天皇の一五年(五五四)に百済から四人の楽人が交代要員として派遣されて来たという記事がある。

(23) 第一首の「籠《こ》もよ美籠《みこ》もち……」という雄略天皇の和歌は伝承ということになっている。

漢訳仏典の陀羅尼をまねて歌句を書いた

儀式で声に出してうたうためには発音の全体がわからないと用を成さないから、はじめは万葉仮名で書いたと考えるのが自然である。実際に、いままでに発掘された八世紀はじめまでの木簡などの歌句は、みな万葉仮名で一字一音式に書かれている。歌の表現であるから活用語尾や助詞・助動詞の類もすべて文字化する。固有名詞の発音を仮借の方法で書きあらわす経験を五世紀から積み重ねていたので難しくなかっただろう。歌句を漢字の訓よみで書くことには問題があった。前に説明したように、訓よみの整備は七世紀からはじまったので、まだ同じ字を別の訓でよむおそれが大きかった。個人的な用途なら訓よみで書いたかもしれないが、儀式用には漢字の列が長くなっても一字一音式がふさわしい。

日本語の歌句を万葉仮名で書きはじめたとき、たぶん、漢訳仏典の陀羅尼《だらに》をまねた。陀羅尼は、お経のなかの古代インド語で唱える呪文の発音を、仮借の方法で書いたものである。古代インド語の仏典を漢文に翻訳したとき、文は漢文に置き換えられるが、呪文は発音そのものを書きあらわす必要があるので、漢字の音よみを借りたのだった。儀式でうたうことには、その場を理想の世界にし、参加者の気持ちを厳《おごそ》かに高めるための呪文の意味がある。お経の陀羅尼は、仏をたたえるとともに、信ずる者の幸せを祈る呪文である。その陀羅尼に似せて儀式の場でうたう日本語の歌を書いたと考えて無理はない(24)。

(24)［橋本進吉、一九五二］は、漢訳仏典の陀羅尼と、『万葉集』の詞書や左注の間に歌句が書かれる様態が似ていると考え、万葉仮名は「梵語《ぼんご》の音訳に用いた文字を襲用した」と述べている。

一字一音式に書くことの欠点

この方法には欠点がある。『日本書紀』『万葉集』などは楷書《かいしょ》で書かれたはずだから、万葉仮名の列は同じ大きさの字が均等に並ぶことになる。それを日本語の語や文節に分節して(25)読まなくてはならない。そこに「あいまい文」の問題が生じる。現代の例をたとえにして説明すると、「きょうはしっている」という平仮名の列は二つ以上の文として読める。たとえば、昨日まだわからなかったことがらを話題にしていて、いま知っているかどうかの文脈なら「今日は知っている」である。ある陸上競技の選手が近いうちに競技に出ると聞いていて、関係者にそれはいつかをたずねた答えなら「今日走っている」である。(26)現代なら読点を「きょう」「きょうは」の後に打って区別できるが、万葉仮名の列を目で見て区切る位置の手がかりを示す方法は限られていた。(27)

儀式用の日本語の歌は、短歌の形式なら五七の句を繰り返す形式をあてはめて字余りと字足らずに注意すれば分節できただろう。しかし、長歌や『古事記』『日本書紀』の歌謡を分節するのは容易でないし、一句が四字、六字の場合もある。たとえば『古事記』の三番目の歌謡の最初の二二字「夜《や》知《ち》富《ほ》許《こ》能《の》迦《か》微《み》能《の》美《み》許《こ》等《と》奴《ぬ》延《え》久《く》佐《さ》能《の》売《め》邇《に》志《し》阿《あ》礼《れ》婆《ば》」は「やちほこの神の命《みこと》、ぬえ草の女《め》にしあれば」と分節して読まなくてはならない。

(25)「分節 articulation」は言語学の用語である。ことばを単位に区切って意味を理解することを言う。文法用語の「文節」とは違うので注意。

(26) 口で話すときは「今日は」か「今日」で息を継ぐ。語のアクセントも「知って」と「(は)しって」で違う。

(27) 万葉仮名に少数の特別な字体を交え、同じ発音の続くところの意味が連続なら「多々牟(立たむ)」のように踊り字、不連続なら「比登々等母(人と共)」のように他の万葉仮名をあてるなど。[犬飼、二〇〇五b]第四部参照。

この問題を解決する有効な手段の一つは、漢字仮名交じりの書き方をすることである。八世紀の中頃には、万葉仮名として使うときに選択される字が少数に限られて定着したので、それができるようになった。平城京東南隅の溝から発掘された七四〇年代おわり頃の木簡に「玉尓有皮手尓麻伎母知而伊」と書かれたものがある。訓よみのところを漢字に、万葉仮名が発音をあらわしているところを平仮名に直すと「玉に有(ら)ば手にまきもち而《て》い[28]」となる。大切な女性を一緒に連れて行きたいという和歌の決まり文句である。

(28)「い」は次に続く語の頭。

はじめは訓よみで歌を書いたという説は成り立たない

念のために述べておくが、以前、ここに説明したのとは違う説があった。日本語の歌を書きはじめたとき、最初は全体を漢字の訓よみで書きあらわして活用語尾や助詞・助動詞などを文字化せず、次の段階で助詞などの要素を文字化して文の形がわかるように書き、最後に全体を万葉仮名で一字一音式に書く方法ができたというのである。日本史や日本語・日本文学の解説に決まったことのように書かれていたが、いまは否定されている[犬飼、二〇〇五a・二〇〇八]。

その説は『万葉集』の和歌の書き方を根拠にしていた。作者や作歌事情が書かれている和歌のうち、木簡の「玉尓有皮……」と同じように、訓よみを名詞や動詞語幹にあてて、活用語尾や助詞の類を万葉仮名と「者」「而」などの助字で書いたものが最も多い。その次に、万葉仮名で一字一音式に書いたものが多い。それは巻五と巻一五、巻一七―二〇の一部の和歌である。八世紀の前半と中頃、『万葉集』のなかでは後の方の時代になる。そして、七世紀末に活躍した柿本人麻呂《かきのもとのひとまろ》の作とされる和歌のなかに、訓よみで書きあらわして活用語尾や助詞の類を全く文字化しないものが少数ある。これが最も古い段階の書き方だと考えたのだった。

しかしそれは、一つの書物のなかでの和歌の書き方の違いであり、歴史的変化とは別の問題である［尾山、二〇一九］。その説が出された頃は、資料が限られていたので『万葉集』を見て日本語の書き方の歴史を組み立てた。いまは、この後に述べるように、質の異なる和歌の資料があらわれ、相対的な見方が可能になってきている。柿本人麻呂についても歌集のなかの「作者」として扱うようになった［新沢、二〇一九など］。太安万侶《おおのやすまろ》は墓誌が発掘され、大伴家持《おおとものやかもち》は『続日本紀』に記録があって実在したが、柿本人麻呂は七、八世紀には『万葉集』の記事以外に出てこない。

また、その説は『万葉集』にそれぞれの和歌の最初に書かれたときの状態がよく保たれていることを前提にしていたが、その証明はもともと不可能である。むしろ、八世紀後半から九世紀にかけた長い編集過程で手が加えられた可能性を考えるのが自然であろう。あまり変えなかったと仮定しても、いま私たちの見る『万葉集』は、完成した当時そのままの姿ではない。一一世紀以後の写本から「本文批評 textual criticism」という学問の手続きで再現されたものである。(29)

七、八世紀の実物は一字一音式に書かれている

一九六〇年代から後、木簡が発掘されて研究に利用できるようになった。書かれた当時の実物なので客観的な証拠になる。とくに、飛鳥京《あすかきょう》の木簡が大量に発掘されたので、七世紀の後半、『日本書紀』の編集作業が行われ、柿本人麻呂たちが和歌をつくっていた時代の漢字の使い方の実態がわかるようになった。

徳島市の観音寺遺跡で発掘された「奈《な》尓《に》波《は》つ尓《に》作《さ》久《く》矢《や》己《こ》乃《の》波《は》奈《な》(30)」と書かれた七世紀末の木簡が一九九八年に公表された。『古今和歌集』の「仮名序」に出てくる「難波津に咲くやこの花……」という歌のはじめに読める。もっと後の時代に書かれたのではないかと疑う学者もあるが(31)、これをきっかけに「難波津の歌」を書いた七世紀末から八世紀はじめの木簡がいくつか見つかり、みな万葉仮名で一字一音式に書かれていた。二〇〇六年には大阪の前期難波宮《なにわのみや》跡で「皮《は》留《る》久《く》佐《さ》乃《の》皮《は》斯《じ》米《め》之《の》刀《と》斯《し》□」と書かれた六五〇年頃の木簡が発掘された。後に説明する問題もあるが、この字句は「春草のはじめの年……」のように読める(32)。明らかに和歌の語句である。この事実を見れば歌の書き方は一字一音式が古いと考えるほかない。今後この結論が

いるとしても、完成したとき二〇巻だったかどうかさえ問題があり、平安時代の『万葉集』の姿について学者たちが議論している。

(30)「波」のさんずい偏が左上に寄せて小さく書かれ、「作」と「久」が連合仮名になっている。朝鮮半島と共通する古い書き方の特徴である。

(31) 発掘現場は河川敷である。順に堆積した層なので下から出たものほど古いと説明されているが、攪拌《こうはん》されて上下が入れ替わった可能性もある。

(32) 九字目の「之」はシとよむ説もある。ルーリー「世界の文字・リテラシーの歴史と古代日本」二二二頁、図2参照。

変わるとすれば、同時代か、もっと古い時代に、漢字の訓よみを主に使って和歌を書いたと確かに言える資料が出てきたときである。その可能性はないとは言えないが非常に小さい〔犬飼、二〇〇八・二〇一八〕。

木簡の書き方は内容は読めるが一つのよみに決まらない

七世紀に役所で文書をつくりはじめたとき、紙と木を使い分けた。長い文章や清書は紙に書き、荷札《にふだ》や通信やメモなど日常の用事には木簡を使った。大きい板に、行事の日程、籾《もみ》の種を蒔いた記録、戸籍をつくるデータベースになる住民の名と移住や出生・死亡の動向などを書いて、しばらく保存することもあった。用件が通じればよいので、書かれた漢字の列は日本語の文になっていない。現代の例をたとえにして説明すると、店の営業案内に「隔土休」と書けば一週間おきの土曜日に休業することが伝わる。これを読む人がいちいち頭の中で日本語の文を組み立てるわけではない。書かれている字の暗示する語を想像でき、字順が修飾語、修飾語、動詞という日本語の語順に合っているので理解できるのである。そして、この漢字の列を日本語の文に直そうとすると「隔週の土曜は休み」「隔週、土曜は休み」「隔週に土曜は休む」「隔週、土曜に休む」などといくつも考えられる。口で説明するときは「隔週で土曜休みです」などのように、また別の文の形で話すだろう。

奈良県飛鳥(明日香村)の石神《いしがみ》遺跡で発掘された七世紀後半の木簡の一つは左のように書かれている。干支の「乙丑《おっちゅう》」は天智《てんじ》天皇の四年(六六五)にあたる。その一二月。「三野」(美濃)国の「ム下《むげ》の評《こほり》」(後の武儀《むぎ》郡)、「大山の五十戸《さと》」の「造《みやつこ》」の身分の「ム下部《べ》の知ツ《ちつ》」という人。従者は「田部の児安《こやす》」と読める。

- 乙丑年十二月三野国ム下評
- 大山五十戸造ム下ア知ツ(33)

　従人田ア児安

仕丁《しちょう》の関係資料と推定されている[山尾、二〇〇六]。諸国から五〇戸に二人の割合で成年男子が都に行き、三年にわたって役所の仕事をする制度があった。それが米を納めること(租)、地方の特産物を納めること(調)と並んで決められていた税の一種だった。その役目に「ちつ」と「こやす」が指名されたのである。しかし、文になっていないので、この木簡を何に使ったのか、なぜ天智天皇が都を置いた近江でなく飛鳥で発掘されて出てきたのかなど、事情がわからない。木簡をつくった役人と受け取った本人たちはよくわかっていたので、名詞を並べて書けば用が足りたのである。

用件を伝える木簡に書かれた漢字の列は、このような性格だった。第2節のはじめで紹介した西河原森ノ内遺跡の木簡は、込み入った事情ができたので、助詞・助

(33)「部」の旁《つくり》だけを書いたものを「ア」で示した。

動詞の類を文字化して詳しく伝えようとしたのである。日本語の文の形を書いたのではない[34]。平城京の長屋《ながや》王《おう》の屋敷跡で発掘された木簡の一つには「自都家来帳内一米半升」と書かれたものがある(**図2**)。「都家《つげ》」から来た帳内《ちょうない》ひとりに米半升を支給する件である[35]。この「自」は「都」の右上に後から書き加えたように見える。何か事情があって、都家「から来た」のであり「に来る」などでないことを間違いなく伝えたかったのだろう。

図2 長屋王家木簡(写真提供＝奈良文化財研究所)

『古事記』の文章も目で読む日本語だった

木簡について言える理屈が『古事記』にもあてはまる。『古事記』の漢字の列も、歌謡でない部分は日本語の文になっていない。漢文の返読を意識して、全体に動詞の類を書きあらわす字は必ず目的語の前に置かれている[毛利、二〇一七]。動詞を

(34) [金、二〇〇八]は、新羅語でも読めると指摘している。

(35) 「つげ」は奈良の地名、「帳内」は律令制度下で親王・内親王に賦与されて警備や雑役を行った下級役人である。

万葉仮名で書いている場合にさえ必ず目的語の前に置かれている。たとえば仲哀《ちゅうあい》天皇の条の「阿蘇婆勢其大御琴」という字句は動詞「阿蘇婆勢《あそばせ》」が「其《そ》のおほみ琴《こと》」の前にある。部分によって文体が違い、天皇の系譜を書いた部分は漢文に近い。古代の出来事を書いた物語風の部分は日本語の文に近い。[36] しかしそれも、口で話す様子をそのまま文字化しているわけではない。

　これについて研究した亀井孝の「古事記は　よめるか」という有名な論文がある[亀井、一九五七]。結論の要点は「完全なかたちではヨメない。しかし、訓で書いてあるからには、よめる」(傍点は原文のまま)、「ヨメなくてもよめるかきかた」である。読んで日本語として理解できるように書かれているが、一つの日本語の文としてよみあげるようには書かれていない、ということである(実は本章も亀井の考え方を取り入れて「よむ」と「読む」を区別して書いている。注意していただきたい)。その後、研究がすすんで、『古事記』に使われた漢字はかなりの程度に一つの字の訓が一つになるよう整理されていることがわかった。[37] しかし、それも、目で読んで内容の理解が一つに決まるように工夫したので、よみあげるためではない。

歴史の語り方を土台にして日本人に読みやすく書いた

『古事記』のできた事情は、その序文に、和銅四年(七一一)九月に元明《げんめい》天皇が太

(36) これについては[奥田、二〇一八]にこれまでの研究の成果と問題点の全体がまとめられている。

(37) 『日本思想大系1 古事記』(岩波書店、一九八二年)「同訓異字一覧」参照。

安万侶に稗田阿礼《ひえだのあれ》という人の「誦《よ》」む「勅語旧辞」を「撰録」せよと命ぜられ、翌年一月に献上されたと書かれている。その稗田阿礼は二八歳のとき天武《てんむ》天皇の命令で「帝皇日継（天皇の系譜）」「先代旧辞（昔のできごと）」の「誦習《しょうしゅう》（口で語る練習）」をしたと書かれている。『日本書紀』によると、天武天皇の一〇年（六八一）、「令記定帝紀及上古諸事」という詔《みことのり》が出された。この詔は日本の正式の歴史を定めるのが目的だった。天皇家や豪族たちが歴史をそれぞれに記録していたのを統一しようとしたのである。それは、四〇年かかって養老四年（七二〇）に『日本書紀』という書物になった(38)。編集するために集めた資料は漢文や一部日本語化した漢文で書かれていたはずである。それらを書きまとめるとき、まず口で語る形にしてみた可能性がある。文字を使わない文化では、節を付けて語ることで確かに記憶して、歴史を口で伝える(39)。そういうものが日本にも古くからあって、阿礼はその語り方で「誦習」したのだろう。

安万侶（たち）が『古事記』を書いたとき、九年後に完成する『日本書紀』の編集資料を見たと考えて無理はない。正式の歴史書なら漢文で書かなくてはならないが、そうしなかった。たぶん、『日本書紀』は当時の国際標準をめざしていたが、『古事記』は国内向けだったのである。元明天皇が孫の帝王教育のために書かせたと筆者は想像している。元明天皇は文武《もんむ》天皇と元正《げんしょう》天皇の母である。文武天皇が若くして

(38) その事情は［遠藤・河内・関根・細井編、二〇一八］など参照。

(39) アイヌ民族の「ユーカラ」やフィンランドの「カレヴァラ」や中世フランスの「ローランの歌」などがそうである。

亡くなり、その第一皇子の首《おびと》の成長が期待されていた。その皇子が後に聖武《しょうむ》天皇になる。古代は書物を黙読するのでなく声に出してよみあげるのがふつうだった。この後に紹介するように、木簡も、持参した者がわたすときに口で用件を言った。だから『古事記』の文章は一つのよみ方に決まらなくても日本語の文として読めるように書かれたのだろう。

日本語としてよみあげることができるように書く

前に説明した西河原森ノ内遺跡の木簡のような書き方から発達して、万葉仮名で助詞・助動詞の類を書き、口で言うときの調子をあらわす方法ができた。その一つが、天皇の命令である宣命の書き方である。文武天皇が位についたときの六九七年の宣命が『続日本紀《しょくにほんぎ》』にある。はじまりの字句は「現御神止大八嶋国所知天皇大命良麻止詔」である。これを「現御神《あきつみかみ》と大八嶋国《おおやしまくに》知らしめす天皇《すめらみこと》が大命《おおみこと》らまと詔《の》る」のようによみあげた。[40]「と」などを小さい万葉仮名で書いて助詞の類だとわかるようにしている。「らま」は「であるもの」という意味で、「大命」に付く接尾辞である。この後には「阿礼《あれ》坐牟《まさむ》」という字句がある。「阿礼」は動詞「ある」の連用形である。天皇自身の「お生まれになる」動作なので、漢字の訓よみでは意味があらわせないから万葉仮名で書き、ふつうの大きさの字にして助詞でないことをあらわ

(40) よみ方は『新日本古典文学大系12　続日本紀　一』(岩波書店、一九八九年)による。

しています。尊敬の補助動詞「ます」を「坐」で書き、意志の助動詞「む」を小さい万葉仮名で書いて未然形でよむことを指定している。(41)

こういう日本語の文の書き方を「宣命書き」とか「宣命体」と呼ぶ。助詞の類を必ず文字化するわけでなく、動詞や補助動詞の活用語尾を詳しく書かないが、現代の漢字仮名交じりと同じ仕組みである。権威を込めるために、ことがらだけでなく口調も伝わるように工夫したのである。これを重臣がよみあげて、天皇がこのようにおおせられていると臣下たちに伝えた。特別な調子でよみあげたはずである。祭りの歌や昔のできごとの語り方が古くからあったのと同じように、天皇が命令するときの口調にも型があっただろう。

口上や手紙を万葉仮名で書くようになる

八世紀になると、ふつうの話しことばに近い日本語の文の形を万葉仮名で書いた例が出てくる。平城京の二条大路の跡で発掘された天平七、八年(七三五、六)頃の木簡(**図3**)に「進上　以子《いね》五十束　伊知比古《いちびこ》一□」と書いた後、小さい字二行で「和《わ》岐弖麻宇須《きてまうす》多加牟那波阿利《たかむなはあり》」「止毛々多无比止奈志止麻宇須《とももたむひとなしとまうす》」と書いたものがある。これが、歌でない日本語の文全体を万葉仮名で書いた最古の例と言われている。木簡を手紙として使うとき、要点しか書かれていないので、持参する人が口でも報告

(41) 第2節で説明したように、この仕組みは新羅の義字末音添記の方法の影響を受けただろう。

した。内容を付け加えることもあったらしい。この木簡はそれを文字化したように見える。贈り物の稲《いね》と苺《いちびこ》を持たせて送ったのだが、筍《たけのこ》もたのまれていて、運ぶ人数がいないという事情があって送れなかった。木簡を持参した人が「別《わ》きて申す。筍《たかむな》はありとも持たむ人なしと申す（別に申し上げます。筍はありますが持参する人がおりません）」と付け加えて説明するところを、このときは何か事情があって文字化したのである。

ただし、役人たちの業務のことばであるから、古くから話されていた純粋の日本語ではなく、漢文の影響を受けている。はじめに「……申す」と言い出して最後にまた「と申す」と繰り返している[42]。これは、後の「申す」がもともとの日本語の述語で、前の「……申す」は、たぶん役人たちが仕事をするときの口調である。漢文の公式の手紙は、はじめに「解」「移」「符」などと書く様式が決まっていた。これ

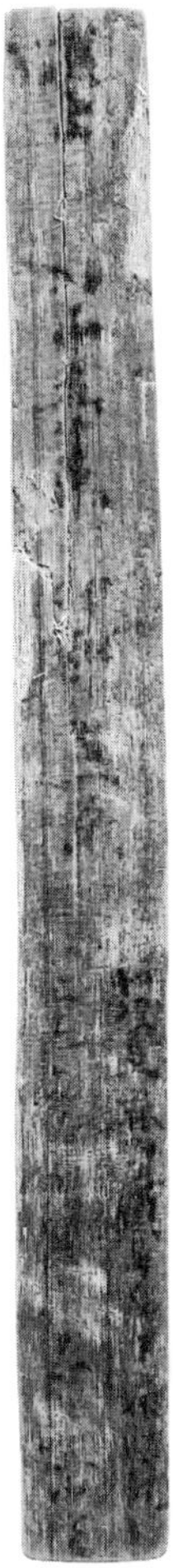

図3　二条大路木簡（197次発掘，平城京左京三条二坊八坪，二条大路濠状遺構（南）出土，写真提供＝奈良文化財研究所）

(42) この「言う。……と言う」のように、ことばを発する意味の動詞で、言った内容を包む語法が、平安時代に日本語の引用文の形式として定着した。

らの漢字を日本語でよむとすると、どれも「もうす」に翻訳することになる。

平仮名文へ、そして漢字仮名交じり文へ

正倉院文書のなかに紙に書いた七六〇年頃の二通の手紙がある。「万葉仮名文書」と呼んで「甲文書」と「乙文書」に区別する。全文がほとんど万葉仮名だけで書かれていて、当時、役人たちが仕事をするとき、このような会話をしたのではないかと想像させる文章になっている。漢文の公式の手紙の様式をもとにしていることがわかっているし、用語にも、もともとあった日本語だけでなく漢文の手紙の用語を翻訳したものが含まれている〔奥村、一九七八a・一九七八b／佐佐木、一九九六〕。しかし、「甲文書」のおわりの二行が「二」ではじまる箇条書きになっているほかは、漢語を使っていない。万葉仮名も字を簡略化したり書きくずしていて平仮名・片仮名の形に近付いているものが多い。

日本語の文の形をそのままに書きあらわす方法は、このように、歌や口上や手紙のことばを文字化してできた。歌をうたうときや用件を口で言って伝えるときは、古くから日本語にあった語や、漢語をもとにして翻訳した語を使う。漢語は、日本語に置き換えることができなかったり、文章の様式として必要なときに限って、少し使う。平安時代の和歌、手紙、物語、日記などは、そういう書き方を受け継いだ

文体で書かれた。だから平仮名で書けた。木簡のような、用件を伝えるのに必要なとき助詞・助動詞の類を文字化する書き方は、平安時代の公家の日記や神社、お寺の業務の記録に使われた。それがいわゆる変体漢文である。平安時代の末に『今《こん》昔《じゃく》物語集』などの仏教説話ができたとき、『法華百座聞書抄《ほっけひゃくざききがきしょう》』のように、話す口調を片仮名で書く場合があった。それをきっかけに、平仮名文と変体漢文が合流して、鎌倉時代に『平家物語』などの文体に受け継がれ、現代の漢字仮名交じり文の源流になっていく。

4　古代語の発音と文字との間

万葉仮名の特殊な使い方に反映した古代の発音

万葉仮名の使い方に「上代《じょうだい》特殊仮名遣い」と呼ばれるものがある。「上代」は、日本語史と日本文学史の方面で使われる用語で、奈良時代とその前の飛鳥時代のことである。その時代の万葉仮名の使い方に歴史的仮名遣いと違う規則があったように見える。歴史的仮名遣いは、平安時代の中頃の日本語に六八種類の音節[43]があったのを反映している。四七種類の仮名がいわゆる清音《せいおん》の音節を反映する。ガ行、ザ行、ダ行、バ行の音節は、カ行、サ行、タ行、ハ行の仮名に、必要なとき、濁点を付け

(43) 日本語の発音の基本になる単位のこと。学問上の考え方によって「音節 syllable」でなく「拍 mora」と呼ぶこともある。

て示す。それよりもっと多くの音節を万葉仮名で区別しているように見えるので「特殊」なのである。

その区別を五十音図の行と段の仕組みにならって表にすると左のとおりである。『古事記』『日本書紀』『万葉集』など、それぞれの書物に使われている万葉仮名の字種が違うので、同じ音節をあらわした万葉仮名の字体は複数ある。そのなかから以下の説明に都合の良い代表的な字を一つずつ選んで示した。

阿伊　宇衣　於　　多知　都弖　斗等　麻美未牟売米毛母
加岐紀久祁気古己　陁遅　豆代　度騰　夜　由叡　用余
我藝義具下宜胡其　奈尓　奴祢　努乃　羅利　留礼　漏呂
佐志　須世　蘇曽　波比非布弊閉保　和韋　恵　乎
邪自　受是　俗叙　婆毗備夫弁倍煩

歴史的仮名遣いのカ行にあたる行には、「き」にあたる段に「岐」の類と「紀」の類、「け」に「祁」の類と「気」の類、「こ」に「古」の類と「己」の類の区別があった。国語学者の橋本進吉は、この区別は母音の違いを反映していると考え、研究をすすめるのに便利なように、行内の上に配置されるものを甲類、下に配置されるものを乙類と呼んだ。カ行なら「岐」の類が「キ甲類」の万葉仮名、「紀」の類が「キ乙類」の万葉仮名である。キとケは子音が同じで母音が違うのと同じように、キ甲類とキ乙類は母音が違っていたということである〔橋本進吉、一九四九〕。いまは研究がすすんで、簡単にそうとは言えなくなったが、発音に違いがあったのを万葉仮名で区別して書いたのは間違いない。

甲類と乙類のあらわれ方は語によって決まっている。たとえば助動詞「き」はキ甲類の万葉仮名で書かれ、「木」は乙類の万葉仮名で書かれる。「子」はコ甲類で「此《こ》」は乙類である。そして、動詞の活用語尾に甲類と乙類が規則的に出てくる。四段活用の「書く」は「かか・ず」「かき・き」「かく」「かけ・ば」「かけ」と変化するが、連用形語尾の「き」は甲類、已然《いぜん》形の「け」は乙類で命令形は甲類である。下二段活用の「受く」は「うけ・ず」「うけ・つ」「うく」「うくる」「うくれ・ば」「うけ・よ」と変化するが、未然形、連用形、命令形の「け」は乙類である。上二段活用の「尽く」は「つき・ず」「つき・ぬ」「つく」「つくる」「つくれ・ば」「つき・よ」と変化するが、未然形、連用形、命令形の「き」は乙類である。変格活用にも同じような規則がある。上一段活用の語尾はすべてイ段甲類である。

書かれている語の解釈や書物の年代の研究の役に立った

この規則をあてはめることによって古代日本語の研究がすすんだ。たとえば藤原宮跡で発掘された木簡に「河鬼加布打《かきかぶち》」と書かれたものがある。蠣《かき》の殻を割って身を取り出した「かぶち」という食品に付けた荷札である。この「鬼」はキ乙類の万葉仮名なので「蠣」のキは乙類だとわかる。藤原宮の木簡に「加支鮑《かきあわび》」と書かれた食品名もある。「支」はキ甲類の万葉仮名なので「欠く」の連用形語尾で「欠き鮑」だということになる。これをあてはめると、『古事記』の允恭《いんぎょう》天皇の条の歌謡の「加岐加比」という字句は、「岐」がキ甲類の万葉仮名なので、「蠣貝」でなく「欠き貝」である〔小谷、一九八六〕。「足踏ますな」が後に続くので「欠けた貝殻(を踏んで怪我するな)」という意味になる。この方法は、歴史の研究でも、氏族名や地名の由来などを考えたり、発掘された資料に万葉仮名で書かれている語があったとき意味を解釈するのに役立つ。

また、書物が書き写された年代を推定するとき、甲類、乙類の区別が守られているかどうかを一種のものさしとして利用できる。これを基準に、古い時代にできたと言われる書物について、実は後の時代にできたとか、実際に残っている写本は後の時代に書き写されたものであるとか、部分によって古い資料のままのところと新しく書き直したところがあるなどと考えるのである。たとえば『万葉集』の巻一八の四〇四四番の和歌は、第一句の「浜辺より」が「波万乚余里《はまべより》」と書かれている。「乚」という略体字は『万葉集』にふつう使われないし、助詞「より」のヨは甲類であるがこの万葉仮名「余」は乙類である。巻一八にはこのような例が何カ所かあり、それらは平安時代になってから字を補修したのではないかと言われている。(44)

合わない例は区別がくずれて行く過程だと説明されていた

しかし、『万葉集』には、『古事記』『日本書紀』の万葉仮名の使い方を基準にすると合わない例が巻一八のほかにもいくつかある。(45)たとえば「篠《しの》」のノは『古事記』では甲類の万葉仮名「怒」で書かれているが、『万葉集』には乙類の「能」で書いた例がある。「うつろふ」のロは、巻一七の三九八二番の和歌に「宇都路布」、三九七八番に「宇都呂布」と書かれている。「路」は甲類の万葉仮名、「呂」は乙類で、両方とも作者は大伴家持である。右にあげた四〇四四番の「余」も実はその例なのかもしれない。これについて以前は、『古事記』『日本書紀』は八世紀のはじめに書かれたが、『万葉集』はそれより後なので規則がくずれていたと説明した。

ほかの八世紀後半の資料にも「違例」がある。たとえば『続日本紀』の宣命では「白酒《しろき》黒酒《くろき》」のキに乙類の「紀」「記」の万葉仮名をあてている。「酒《き》」は『古事記』などを基準にするとキ甲類である。奈良薬師寺の「仏足石歌碑」にも多くの「違

(44)『日本古典文学大系7 萬葉集 四』(岩波書店、一九六二年)「校注の覚え書四」参照。

(45)[軽部、二〇一八]は、どのような例がどのような手続きで「違例」と認められているかを詳しく整理している。

例」がある。たとえば「跡《あと》」のトは『日本書紀』では甲類の万葉仮名「都」「度」をあてて書かれているが、乙類の「止」をあてている。それらについても同じように、甲類、乙類の反映する発音の区別がくずれていたと説明した。

オ段の甲類、乙類の区別があるかないかを音節ごとに見ると、モは『古事記』にあるが『日本書紀』と『万葉集』にはない。(46) トは『古事記』『日本書紀』で「取る」「問ふ」にト甲類とト乙類の両方の万葉仮名をあてた例がある。ノ、ヨ、ロは右に紹介したような「違例」がある。コは平安時代のはじめまで区別した例がある。たとえば八五〇年頃に書かれた『東大寺《とうだいじ》諷《ふ》誦文稿《じゅもんこう》』は、「少し」のコには「古」の行書体、「事」のコには「己」の行書体をあてて書いている。八世紀ならそれぞれコ甲類、乙類の万葉仮名にあたる字である。これを学者たちは、二種類あった母音オが、前の子音を発音する際の口の運動の都合で一つになっていった順序ではないかと考えた。これらの子音を発音するとき、モは唇の運動でつくる。ト、ノ、ヨ、ロは舌の運動でつくる。コはのどの奥でつくる。発音運動をする所が口の先から奥の方への順になる。その順でオ段の甲類、乙類の区別がくずれて行ったのではないかということである。(47) それならホも唇でつくる子音だったので古くは区別があったかもしれないということになる。

(46)『万葉集』も巻五の大伴旅人と山上憶良の和歌にはあるが、彼らが高齢者だから区別したと説明した。

(47)［馬淵、一九六八］など参照。

発掘資料の状態は期待と違っていた

七世紀以前の確かな資料が出て、この想像が合っているかどうか確かめられることを学者たちは期待していたが、現実は違った。二〇〇六年に前にも紹介した難波宮跡の木簡が発掘された（一八三頁参照）。その「刀斯」という字句は、「春草のはじめの」に続くので「年」と読めば都合が良い。しかし「年」のトは乙類で、この万葉仮名「刀」は甲類なのである。女性の敬称「とじ」ならトが甲類で、後ろの万葉仮名「斯」をジとよむことは可能だが、文脈がうまく続かないし、その「とじ」は「刀自」と書く習慣が固まっていて、ジに「斯」をあてて書いた例がほかにない。やはりこれは「年」だとすると、『古事記』『日本書紀』で「取る」「問ふ」のトの甲類、乙類の区別がないのに加えて、それより六〇年くらい古い資料でも「年」のトの区別がないということになる。

平城京跡で発掘された天平一八年（七四六）の木簡についても考え直さなくてはならなくなった。「田《た》延《え》之《し》比《ひ》等《と》等《と》々《と》流《る》刀《と》毛《も》意《お》夜《や》志《じ》己《こ》々《こ》呂《ろ》曽《そ》」と書かれた字句があり、「絶えし人と取るとも同じ心ぞ」という意味に解釈されている（**図4**）。「ひとととるとも」の四つのトは順に「等」「等」「々」「刀」をあてて書かれている。「人」と助詞「と」のトは乙類、「取る」のトは甲類か乙類か問題で、助詞「とも」のトは乙類であるが、万葉仮名「等」は乙類、「刀」は甲類である。[48]難波宮木簡の「刀斯」

（48）この「刀」はここで文脈が逆接になるので字種を変えたのかもしれない。二番目の「等」もやや大きく書かれて前の「比等」と目で見て分節する手がかりになっている。

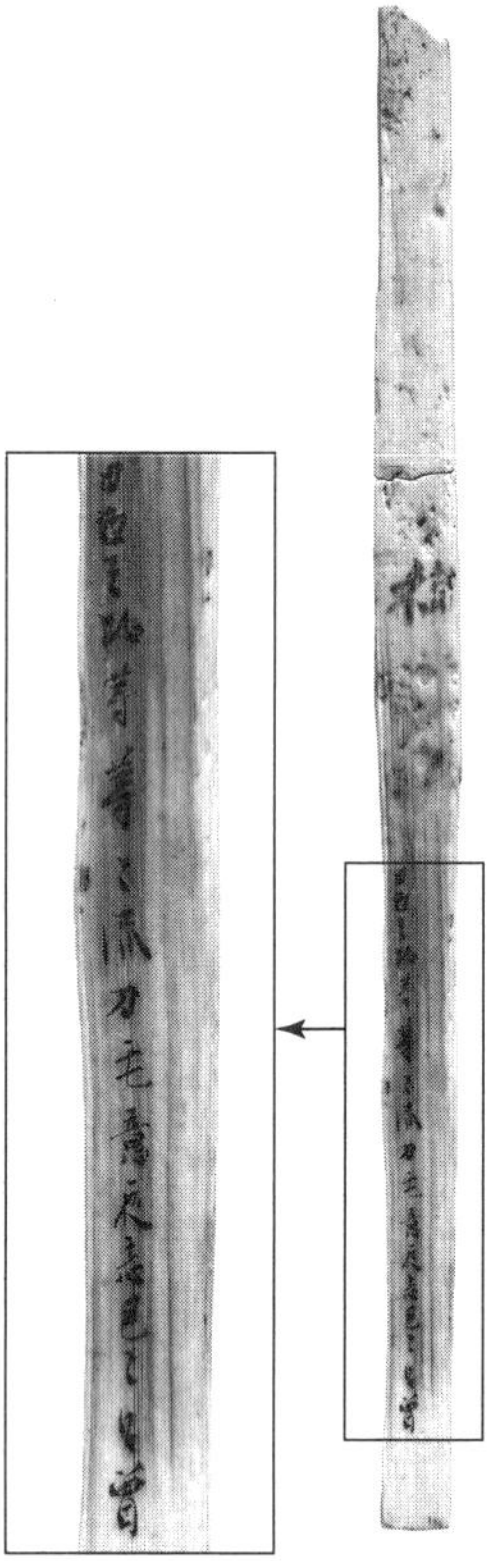

図4　平城京木簡(写真提供＝奈良文化財研究所)

が「年」だとすると、七世紀中頃から八世紀中頃までの一〇〇年間に、トの甲類と乙類をよく区別して書いたのは『古事記』『日本書紀』だけだという見方もできるわけである。

木簡には甲類、乙類に合わない例がめずらしくない

地名は「野」を要素として含むものが多い。『古事記』などはノ甲類の万葉仮名「怒」「努」をあてて書いているが、木簡では「大乃《おおの》」のようにノ乙類の万葉仮名「乃」をあてて書くか「野」で書く。

八世紀中頃の平城宮の木簡に、大きな板に何度も習字をしたものがある。その「津《つ》玖《く》余《よ》々《よ》美《み》宇《う》我《か》礼《れ》」という字句が「月夜好み浮かれ」という意味だとすると、

「夜」はヨ甲類、形容詞「よし」の語幹は乙類であるが、この万葉仮名「余」は乙類である。(49)

前に紹介した(一九六頁)藤原宮の荷札木簡のキ乙類の万葉仮名「鬼」は規則に合っているが、徳島市の観音寺遺跡で発掘された八世紀前半の木簡に「椿」に「ツ婆木」という訓を付けたものがある。「つばき」のキは『古事記』などでは甲類であるが、「木」は乙類である。京都府木津川市の馬場南《ばばみなみ》遺跡(神雄寺《かみおでら》跡)で発掘された八世紀後半の木簡には「阿支波支乃《あきはぎの》」という字句がある。「秋萩の」という歌句だとすると、「萩」のギ乙類に甲類の万葉仮名「支」をあてた例である。キ乙類の万葉仮名「紀」「貴」は、木簡ではほとんどが固有名詞に使われていて、規則に合っている。ただ、奈良時代後期の平城宮木簡の「保連紀《ほれき》」という字句は、意味が不明なので規則に合うかどうかわからないが、後に「が言を繁みかも」と続く歌句の一部分である。この木簡は、ふつうの木簡の二―三倍の二尺半の長さである。貴族たちが和歌をうたう宴会のような用途のために特別な字を選んだのだろう。

氏族名「あべ」の「べ」は、べ乙類の万葉仮名「倍」をあてて書かれるが、平城京の若犬養門《わかいぬかいもん》地区で発掘された木簡に甲類の「部」をあてて「阿部朝臣」と書いた例がある。(50)楷書に近い書体で、「部」は書きくずされていない(**図5**)。「難波津の歌」を書いた木簡に出てくる「春辺《はるべ》」のべはみな甲類の万葉仮名「部」で書かれて

(49) また、濁音専用の「我」が清音のカにあてて使われている。清濁を区別しない書き方も木簡に多い。

(50) この例を含めて「軽部、二〇一九」は木簡の状態を詳しく整理し「崩壊過程説については、木簡には適用させることができない」と述べている。

図5　平城京若犬養門木簡(写真提供＝奈良文化財研究所)

いる。[51]「辺《へ》」が「春」に付いて連濁してべになるのだが、この語は甲類、乙類の別そのものに疑問がある。『古事記』の仁徳《にんとく》天皇の条の歌謡には、「大和へに西風《にし》吹き上げて」のへが甲類の万葉仮名「幣」、「川のへに生《お》ひ立てる」のへが乙類の「倍」をあてて書かれている。「(甲類の)辺はある場所の周辺を、(乙類の)上《へ》はまさにそのところを示すという違い」と説明されているが[52]、八世紀の人たちはそこまで区別していただろうか。

前に紹介した(一八五頁)美濃国の木簡の「ム下《むげ》」という地名は、正倉院文書の大宝二(七〇二)年度の美濃国戸籍に「牟義」と書かれている。万葉仮名「下」は、用例が少ないので確かなことが言えないが、ゲ甲類と考えられている。「義」はゲ乙類またはギ乙類の万葉仮名として使われた字である。

よく使う字をあてたか、発音そのものを区別しなかった

甲類、乙類の区別に合わない書き方をしているとき、エ段はどちらの「違例」が

(51) 略して旁だけを「ア」「マ」のように書いた例が多い。

(52) 『時代別国語大辞典 上代編』(三省堂、一九六七年)六四八頁、「上」の項の記述。

(53) 猿の鳴き声「ここ」、身体語彙「腿《もも》」と数詞「百《もも》」はオ甲類が二つ続くが、これらは同じ語を繰り返したものだと説明できる。

(54) 正確には語でなく、語を構成する意味単位、

多いとも言えないが、オ段は、「野」のように、規則どおりなら甲類の語に乙類の万葉仮名をあてていて、その逆はない。イ段は、乙類の語に甲類の万葉仮名をあてる例が多い。これが考える手がかりになる。そのとき非常に重要なことがある。オ甲類、イ乙類、エ甲類・乙類は、一つの語のなかで二つ以上続かない。(53) そして、語頭か語末に限って出てくる。(54) このことから考えると、これらの万葉仮名が反映する発音は何かの変化が起きてできた可能性が大きい。そういうものは音色の違いで意味を区別するはたらきが小さく、前後の発音の影響を受けてさらに変化しやすい。オについては、強調されたりウと結び付いて語をつくるとき甲類になり、ふつうは乙類になるという説［松本、一九九五］がある。学者たちがみな賛成しているわけではないが、これで「違例」も説明できて実態に合う。(55) イ乙類はウの後にイ、エ乙類はアの後にイが付いて融合したという説［有坂、一九五五・一九五七］が、いまも有力である。エの甲類が乙類と違う事情は一つでないらしい。

　オ段の甲類の万葉仮名は乙類よりも使われる数がずっと少ない。イ段の乙類の万葉仮名は甲類よりも使われる数が少ない。しかも、イ段とエ段の甲類、乙類の区別はカ、ガ、ハ、バ、マ行にしかない。ということは、その万葉仮名に反映した日本語の音節は発音される機会が少なかった。役人たちは、ふつうよく使う方の字をあてですませたのかもしれない。甲類と乙類で区別して書く発音が違うと思っていな

言語学の用語で言う「形態素 morpheme」の頭か末尾。「添ふ」は甲類のソの語幹が形態素の末尾で、「ふ」が付いて語になっている。「さけ(酒)」は二音節の形態素がそのまま語になっていて末尾がエ乙類である。

(55)『古事記』『日本書紀』の「問ふ」のトも、甲類は「質問」、乙類は「訪問、言語」で意味が違うと説明される［有坂、一九五五］が、実は、「(立ちて)問ひし」など語頭は甲類、「下《した》」「妻《つま》」「言《こと》」に付くときは乙類の状態である。『古事記』の歌謡七九の「(我が)登《と》布《ふ》(妹)」だけは語頭で乙類であるが、直前の句「下問ひに」の影響、「我が」とひと続きなどと説明できるかもしれない。

かった可能性もある。発音の音色が実際に違っていてもそれに気付かないことがある。たとえば「会社」のカは発音しはじめるとき自然に息がたくさん出てk'で書きあらわすのが適当な音色になることが多く、「社会」のカはふつうのkの音色になる。語頭と語中とで音色が違うのだが、意味が変わらないので日本人は同じだと思っている。しかし、k'とkの音色で意味用法の違いを区別することばを話す人なら、日本語のカに二つの音があると思うだろう。(56) 甲類、乙類の万葉仮名に反映した発音は、それと似た状態で、言われなければ気付かなかったかもしれない。

実は『古事記』『日本書紀』で区別したのが特別だった

それでは、『古事記』『日本書紀』の万葉仮名は、なぜ甲類、乙類をよく区別しているのか。そのわけは、『日本書紀』の場合、正式の歴史書として漢文で書いたことに関係がある。歌謡や日本の古来のことばを万葉仮名で一字一音式に書きあらわすときも、外国人に発音がわかるようにしたのである。そのために、万葉仮名には音よみと日本語の発音とが近い字を特別に選んで使っている。天武天皇の命令で『日本書紀』の編集をはじめた頃、上級役人は天智天皇のときに設置された大学で養成されていた。その教授はみな百済人だった。中国語会話を教えた「音博士」は中国人だったが、漢文の作文を教えた「書博士」も末士善心という百済人だった。

(56) 言語学の用語を使って説明すると、k'とkとが日本語では語頭と語中の位置の「条件異音 conditional-allophones」であるが、区別のあることばでは「弁別音素 segmental-phonemes」である。

その指導を受けた人たちが原稿を書いただろう。現代の韓国語・朝鮮語は日本語より母音が多くて「母音調和」[57]があり、動詞が活用する。百済語と新羅語も同じだった〔李基文、一九七五〕。中国語も子音・母音の種類が日本語より多い。たとえば「弓」と「穹」の日本の音よみはどちらもキュウであるが、古代中国では頭の子音が違っていて「弓」はkで「穹」はk'だった。それらを聴き分けられる耳を持つ人たちが日本語の発音を詳しく観察して万葉仮名に置き換えると、甲類、乙類の区別になった。『日本書紀』の万葉仮名の使い方を現代の私たちが整理すると、「上代特殊仮名遣い」にあたる規則があるように見えるのである。

『古事記』の場合は、『日本書紀』を編集している途中の資料を見て、それまでに使われたことのある万葉仮名を使って一つの発音に一つの種類の字体をあてる方針で整理したのだろう。モの甲類、乙類を区別した理由は、たぶん半年足らずの間に短く上中下三巻にまとめたからである。『日本書紀』は、完成するまでの長い間に書き手が何人も交代し、三〇巻全体として書き方が統一されなかった。大宝二年(七〇二)に送られた遣唐使が翌々年に帰国して中国の最新の様子がわかった後、大きく書き直されたとも言われている。

このように考えると、オ段の甲類、乙類の区別は、モ↓ト↓ノヨロ↓コの順で次第にくずれたのでなく、『日本書紀』を編集するとき、この順ではっきりしなかっ

(57) 語のなかの母音が、発音運動の仕組みに共通性のあるものだけの組み合わせに制限される規則。

たのである。そして、イ段、エ段の甲類、乙類は、舌の運動でつくる子音では区別ができなかったのである。『万葉集』や「仏足石歌碑」にある「違例」は、実態に近かったことになる。

甲類、乙類に反映した発音を区別する人としない人がいた

七、八世紀の下級の役人たちは漢字の使い方を役所内の研修で習っただろうと言われている。地名、氏族名、人名などは慣用に従って良い意味の字をあてて書いた。その結果、キ乙類の万葉仮名「紀」「貴」の使い方は規則どおりになった。一般の語彙を書くときは自分の区別する発音に合わせて万葉仮名をあてた。よく発音する方の字をよく書くから確率的に甲類、乙類の区別に合う例が多くなる。難波宮の木簡の「皮斯米《はじめ》」の万葉仮名「米」は乙類である。「初め」のメは下二段活用連用形で乙類だから合っているが、甲類の「売」とどちらをあてるのが正しいか選んだわけではない。神雄寺跡の木簡の「萩」の「支」や若犬養門木簡の「阿部」は発音を区別せずに書いたので「違例」になった。[58] そのように考えると、宣命のキ甲類の「酒《き》」に乙類の万葉仮名「紀」をあてている「違例」も、「しろ」「くろ」の後に続くので発音が変わった可能性もあるが、[59] 発音を区別せず良い意味の字をあてたかもしれない。

(58)［軽部、二〇一九］は、「阿部」は「物部」などの集団を表す「部」に牽引されたと解釈する。

(59) へ乙類の「上《へ》」も『古事記』だけでなく『日本書紀』『万葉集』、みな助詞「の」に続く例である。

甲類、乙類は外国人の耳で整理した結果なので、日本古来の家系の人なら区別しないところや区別が違うところもあっただろう。八世紀の前半、朝鮮半島から移住した文化人が活躍していた。その人たちのつくった和歌が『万葉集』の巻五などにある。書くとき『古事記』『日本書紀』と同じ万葉仮名の使い方をしただろう。(60)たとえば吉田宜《きちだのよろし》はもと百済人だから甲類、乙類に反映した発音を区別できたはずである。現代の移民を見ると、一世はもとのことばを使い、二世は親からもとのことばを受け継ぎながら移住地のことばを身に付ける。大伴旅人《おおとものたびと》ら古来の家系の貴族たちは、たぶん現代の外国語学習のように発音の違いを理解できた。下級の役人たちも和歌をつくる機会があった。たとえば『万葉集』の巻一五に天平八年(七三六)に新羅へ派遣された使節団の旅の歌がある。その人たちは、たぶん和歌の書き方として甲類、乙類の万葉仮名を学んだ。朝鮮半島から移住した家系なら発音の違いのわかる人もいたはずである。

(60)『万葉集』の山上憶良の和歌の字は、『古事記』に万葉仮名として使われた字と似ている。藤原宮時代の木簡の万葉仮名とも似たところがある。

おわりに

一九八〇年代以後、古代の漢字についての研究環境が大きく変わった。発掘資料を以前よりはるかに多く有効に利用できるようになり、漢字文化が日本に伝わった事情を中国大陸と日本列島に朝鮮半島を加えた三者の関係で考える条件が整った。『古事記』『日本書紀』『万葉集』などは、残っているのは原本でなく平安時代から後の写本である。八世紀に書かれたそのままの第一次資料(primary sources または original sources)は正倉院文書だけだった。しかし、一九六一年から木簡の発掘がはじまり、いまでは古代だけで三〇万点を越した。主なものは奈良文化財研究所がインターネットに公開している「木簡庫」を使って誰でも調べられる。

七世紀前半の木簡は都周辺で出るが、後半以後のものは全国で出る。以前は都の少数の知識人だけが読み書きできたのだろうと想像して研究を組み立てていたが、「識字層」はずっと広かった。地方の役人たちも日常に書いていたのだから、書き手の学力や地域差に注意しながら、書いた目的や場の違いを考えなくてはならない。木簡は下級の役人たちが日常業務で漢字を使った実態を伝える。

それを取り入れて、本章はいままでと違う考え方や成果を紹介した。第4節で説明した発音の問題だけでなく、文法や語彙についても新しいことがわかってきている。詳しくは参考文献を読んでいただきたい。土器に書かれたものも木簡と似た利用価値があるし、正倉院文書を日本語の資料として扱う研究もすすんでいる[中川、二〇一七/桑原、二〇一七]。

韓国では一九七五年から木簡が見つかりはじめ(61)、古い石碑の発掘も増えた。以前

(61) 手に入り難いが、[国立昌原文化財研究所、二〇〇四/国立加耶文化財研究所、二〇一一・二〇一七]がある。その研究については[橋本繁、二〇一四]など参照。

は、日本には七世紀までの資料が少なく、朝鮮半島には八世紀の資料がなかったので、同時代の比較が難しかったが、いまは、六―八世紀の半島と列島の様子を第一次資料を使って比べて見ることができる。漢字の用法が日本に伝わった事情につい て、これからは、朝鮮半島で一度受けとめて消化した事情を考慮に入れることが必要である。その結果わかったことを第2節でいくつか紹介したが、ほかにもある。たとえば「畠」は日本の国字《こくじ》であると言われていたが、六世紀の新羅と七世紀はじめの百済の用例が見つかっている。ただし意味用法は日本と違う。

本章を読んで、古代に起きた日本のことばと漢字との出会いの様子を新しい見方で考えてみようと思う人があれば幸いである。

引用・参考文献

有坂秀世、一九五五年『上代音韻攷』三省堂
有坂秀世、一九五七年『国語音韻史の研究 増補新版』三省堂
李基文(藤本幸夫訳)、一九七五年『韓国語の歴史』大修館書店
李丞宰、二〇一三年「新羅木簡と百済木簡の表記法」『震檀学報』117
李丞宰、二〇一四年「角筆口訣の解読方法と実際」藤本幸夫編『日韓漢文訓読研究』勉誠出版
犬飼 隆、二〇〇五年a「「歌の文字化」論争について」『美夫君志』70
犬飼 隆、二〇〇五年b『上代文字言語の研究 増補版』笠間書院
犬飼 隆、二〇〇六年「木簡にあらわれた已然形単独の条件表現」『萬葉』196

犬飼　隆、二〇〇八年『木簡から探る和歌の起源』笠間書院
犬飼　隆、二〇一七年ａ『儀式でうたうやまと歌』塙書房
犬飼　隆、二〇一七年ｂ「連合仮名を文字運用の一般論から見る」犬飼隆編『古代文学と隣接諸学4　古代の文字文化』竹林舎
犬飼　隆、二〇一八年「古事記と木簡」『古事記年報（六〇）平成二九年度』
犬飼　隆、二〇一九年「土器に和歌を書き刻むこと──交際において内意を伝える作法」『古代学研究所紀要』29、明治大学日本古代学研究所
遠藤慶太・河内春人・関根淳・細井浩志編、二〇一八年『日本書紀の誕生──編纂と受容の歴史』八木書店
小川良祐・狩野久・吉村武彦編、二〇〇三年『ワカタケル大王とその時代──埼玉稲荷山古墳』山川出版社
沖森卓也・佐藤信、一九九四年『上代木簡資料集成』おうふう
奥田俊博、二〇一八年「古事記の文体」瀬間正之編『古代文学と隣接諸学10　「記紀」の可能性』竹林舎
奥村悦三、一九七八年ａ「仮名文書の成立以前」『論集日本文学・日本語1　上代』角川書店
奥村悦三、一九七八年ｂ「仮名文書の成立以前　続」『萬葉』99
尾山　慎、二〇一九年『二合仮名の研究』和泉書院
亀井　孝、一九五七年「古事記は　よめるか──散文の部分における字訓およびいはゆる訓読の問題」久松潜一編『古事記大成3　言語文字篇』平凡社
軽部利恵、二〇一八年「上代特殊仮名遣いの「違例」について」『叙説　奈良女子大学』45
軽部利恵、二〇一九年「木簡における上代特殊仮名遣いの「違例」について」『美夫君志』98
金永旭、二〇〇八年「西河原森ノ内遺跡址の〝椋直〟木簡に対する語学的考察」『木簡と文字』創刊号、韓国木簡学会
金永旭、二〇一四年「木簡に見られる古代韓国語表記法」前掲『日韓漢文訓読研究』
桑原祐子、二〇一七年「日本語資料としての正倉院文書」前掲『古代文学と隣接諸学4　古代の文字文化』
河野六郎、一九五七年「古事記に於ける漢字使用」前掲『古事記大成3　言語文字篇』

国立加耶文化財研究所、二〇一一年『韓国木簡字典』
国立加耶文化財研究所、二〇一七年『韓国の古代木簡Ⅱ』
国立昌原文化財研究所、二〇〇四年『韓国の古代木簡』
小谷博泰、一九八六年「記紀歌謡の解釈と木簡」『木簡と宣命の国語学的研究』和泉書院
小林芳規、二〇一四年「日本の訓点・訓読の源と古代韓国語との関係」前掲『日韓漢文訓読研究』
佐佐木隆、一九九六年『上代語の構文と表記』ひつじ書房
新沢典子、二〇一九年「人麻呂と赤人」『現代思想』47―11
瀬間正之、二〇〇一年「上代漢文訓読の一端」『季刊　悠久』86
中川ゆかり、二〇一七年「「彼国」と「貴国」」前掲『古代文学と隣接諸学4　古代の文字文化』
南豊鉉、二〇一四年「韓国の借字表記法の発達と日本の訓点の起源について」前掲『日韓漢文訓読研究』
橋本　繁、二〇一四年『韓国古代木簡の研究』吉川弘文館
橋本進吉、一九四九年「上代の文献に存する特殊の仮名遣と当時の語法」『文字及び仮名遣の研究』岩波書店
橋本進吉、一九五一年「万葉集は支那人が書いたか」『上代語の研究』岩波書店
藤井茂利、一九九六年『古代日本語の表記法研究――東アジアに於ける漢字の使用法比較』近代文芸社
藤本幸夫、一九八八年「古代朝鮮の言語と文字文化」岸俊男編『日本の古代14　ことばと文字』中央公論社
松本克己、一九九五年『古代日本語母音論――上代特殊仮名遣の再解釈』ひつじ書房
馬淵和夫、一九六八年『上代のことば』至文堂
毛利正守、二〇一七年「古代日本語の表記・文体」前掲『古代文学と隣接諸学4　古代の文字文化』
山尾幸久、二〇〇六年「郡県化による公民化の考察――東国国司詔を中心に」『「大化改新」の史料批判』塙書房
李成市、二〇〇二年「古代朝鮮の文字文化」国立歴史民俗博物館編『古代日本　文字のある風景』朝日新聞社

コラム　音義木簡

木簡の分類の一つに「音義木簡《おんぎもっかん》」がある。漢字または字句を項目にしてその音よみや訓よみを書いているものを呼ぶ。この分類が使われるきっかけになったのは滋賀県の北大津《きたおおつ》遺跡（大津市）の木簡である（本書八頁、**図2**参照）。一九七三—七四年の発掘調査で、大型の木簡に漢字辞書のような記事をたくさん書いたものが見つかった。時代は七世紀後半と推定された。当時は解読の経験や技術がまだ蓄積されていなかったが、偏が「米」で旁が「買」に見える字の下に小さい字で「久皮反」と書いたように見えた字句があり、この「反」は「反切《はんせつ》」の意味で、二字目の「皮」に疑問があったが、クヮにあたる音よみをあらわしたのではないかと解釈された。

「反切」は中国で字の音よみを書きあらわした仕組みである。たとえば「東徳紅反」は、上の「徳」の前半分と下の「紅」の後半分を切ってつなぐと「東」の音よみになる。わかりやすく現代の音よみに直すとト・クとコ・ウの「反」でトウになる。

この木簡には漢字の訓よみも書かれているので、「音義」の記事のようなものではないかと推定された。「音義」は、漢籍や仏典に使われている漢字について、音よみの仕方やその文脈での意味用法を解説した書物のことである。『法華経音義《ほけきょうおんぎ》』なら、法華経のなかの字句を取り出して、音よみやその文脈でどのような意味で使われているかを解説した書物である。日本でも中国にならって音義がいくつかつくられた。意味を漢文で説明するのでなく訓よみで書きあらわす場合もあった。そういうものが七世紀末につくられはじめていて、それを書き写して学習した跡、あるいは、紙に書いて書物にする前の原稿、などと想像したのである。それで、この木簡を「音義木簡」と呼んだ。以後、漢字辞書のような字句を書いた木簡が見つかると、この分類に入れる習慣になった。

ところが、その後研究がすすみ、「反」に見えた字は「之」、用法も万葉仮名であるとわかった。その上の「皮」が七世紀にハの万葉仮名として使われたことも学者たちの間で共通の認識になった。中国の非常に古い時代の音なら日本語のハにあてること ができたし、「波」をはじめ旁が「皮」の字をハと音よみすることが支えになっていたのだろう。見出しの字は「精」の異体字で、その訓「久皮之《くはし》」が書かれていたのである。

この木簡のほかの字句は、「賛田須久《たすく》」は「賛」を「たすく」という訓でよむこと、「采取」は「采」が「取る」意味であることなど、その文脈での意味用法を説明している。「音」の記事はなく「義」だけが書かれているのだから、分類名称「音義」は実態に合わなくなった。

その後も、一つの木簡に「音」「義」の両方を書いた例は見つかっていない。徳島市観音寺遺跡から出た木簡の一つに、「椿」に国訓の「ツ婆木《つばき》」を付けた例がある。奈良県の飛鳥池から出た八世紀はじめの木簡は、「熊汙吾《うぐ》」のように万葉仮名で音よみを書いたり「横詠」のように二字が同じ音よみであることを示している。音よみのなかでも非常に古い時代のものである〔犬飼、二〇一一〕。平城京の二条大路から出た八世紀前半の木簡は「鮫」に「佐米《さめ》」、「醬」に「比之保《ひしほ》」の訓を付けている。

山口大学構内の吉田遺跡から出た八世紀はじめの木簡は『千字文《せんじもん》』の「雲騰致雨露結為霜」という句のなかの字に訓を付けたものであるとわかった。「露」に「ツ由《つゆ》」、「霜」に「之母《しも》」などであるが、「雨」には「不路《ふる》」である。「路」は『古事記』などでロ甲類の万葉仮名として使われているが、ここではルをあらわしている。これは不自然なことでなく、「難波津の歌」を書いた木簡にも「咲く」のクの位置にコ甲類の万葉仮名「児」「古」をあてた例がある。この訓は、名詞「雨」のよみ方でなく、句の前半を「雲は(空に)のぼって雨を降らせる」のように訓読することを指示している[多田、二〇一七]。

七、八世紀の現場の役人たちが漢字の音訓を学ぶとき、字に即して覚えるのでなく、実際に使われた文脈を通して習得したのではないかと筆者は思う。北大津遺跡木簡の「誣」の異体字「誈」に付けられている「阿佐ム加ム移母《あざむかむやも》」という訓は、助動詞「む」と助詞「やも」を含んでいて、特定の文脈でのよみ方であることが以前から知られている。最近の再調査で材の上の方に書かれた「鑠」に「汙ツ《うつ》」という訓が判読された。これも金属を鍛えるという文脈のよみ方である。左隣が「鎧」に「与里(比)《よろひ》」の訓なので、そういう文脈を訓読したとわかる。飛鳥池の木簡も、ふだんと違う特別に古い音でよむ文脈を説明した記事だったのかもしれない。

◉犬飼 隆『木簡による日本語書記史 増訂版』笠間書院、二〇一一年
◉多田伊織「典籍木簡から見る、奈良時代の『千字文』『文選』の受容」犬飼隆編『古代文学と隣接諸学4 古代の文字文化』竹林舎、二〇一七年

世界の文字・リテラシーの歴史と古代日本

デイヴィッド・ルーリー

はじめに

本章では、古代日本の文字の歴史を、世界の文字とリテラシー（識字、読み書きの能力）の歴史との比較を通じて考え直すことを試みる。大きく分けて、以下の三つの問題を取り扱う。

まずは、言葉そのものを表す「表語文字」と、言葉の音だけを表す「表音文字」との違いの扱い方である(1)。表語文字から表音文字への進化を前提にして文字の歴史を分析する傾向が、日本の文字の研究史にも、世界一般の文字の研究史にもあるが、木簡や金石文《きんせきぶん》(2)などを紙媒体の資料と合わせて、古代日本の文字の流れを見渡せば、表音と表語の併存をも、場合によっては表音から表語への展開をも認めなければならない。このことは仮名の出現や漢字の存続など、日本の文字史の根本的な問題につながる。

第二の問題は、右の表語・表音という現象に関わる。ひらがなとカタカナの成立以前にも、日本で使用されていたテキストのスタイル＝書記は、比較研究的に見れば、バラエティーに富んでいたといわざるをえない。表語文字と表音文字の併存、正訓字《せいくんじ》(3)や万葉仮名の交用、いわゆる正格漢文と和化漢文（変体漢文）の使い分け(4)など

（1）表語文字（logograph）とは、言葉または形態素（言葉の一部）を表す文字。現代日本語の書記では漢字のほとんどは表語文字である。かつて、表意文字（ideograph）という術語がよく使われたが、字が直接（言語を通さないで）意味を表記するというのは不適切なので、現在は「表意文字」を使う文字研究者はほとんどいない。表音文字（phonograph）は音節や音素（音節の一部）を表す文字であり、日本語の仮名やアルファベットなどがこれに当たる。

（2）金属や石に彫刻・象嵌・鋳造などの方法で記された銘文。造像銘・碑文・墓誌などの種類が

の現象が存在し、古代日本の書記スタイルは非常に多様である。こうした多様性をどうとらえるべきだろうか。

第三に、伝統的なリテラシーの理解では、いわゆる完全なリテラシーは理想として考えられ、子供・学生・女性・下層階級などの読み書きはその理想に至る一つの段階、またはその断片、またはただ不完全なリテラシーとして考えられがちだった。しかし二〇世紀末ごろから、リテラシーについては大いに考え直されるようになってきた。

歴史的に見れば、社会における様々な読み書きの行為は単一的な、一元的なリテラシーの理想によって評価されるべきではない。リテラシーを多様かつ複数的な現象として見ると、初めて社会における文字の機能とその変遷が分析できるようになる。リテラシー一般の多様性を再認識すれば、古代日本の文字史の流れを新しく解釈することが可能になる。弥生時代の貨泉《かせん》(5)、鏡の銘文や土器などに見られる文字らしき記号、古墳時代の鉄剣銘、飛鳥時代前半の仏像銘などは、現存する遺物では確認できない、本来あったはずのもっと広い文字使用の一要素として考えられがちである。しかし、こうした考え方は、意識的にも、無意識的にも、統一された一元的なリテラシーが存在するという想定に基づいている。別な立場から見れば、考古学的に見出された断片的な文字使用の状況がその時代のリテラシーの範囲を反映する

ある。

(3) 衣《ころも》・照《てる》・黒《くろ》など、漢字本来の意味の訓読みを表す字のこと。正音字(餓鬼《がき》など、本来の意味と音読みの組み合わせ)、借音字(音仮名)、借訓字(訓仮名)に対応する術語である。

(4) 正格漢文が、論語や文選《もんぜん》など、中国の古典の語彙、文法などに則して書かれた漢字テキストであるのに対して、変体漢文は、中国のテキストに見えない日本語の語彙、敬語、語調などを含む漢字テキストをいう。

(5) 新《しん》王朝(八―二三年)の王莽《おうもう》によって鋳造された銅銭。九州から畿内にかけての弥生時代の遺跡から出土する。

蓋然性の高さを認めなければならない。つまり、もともと、私たちが今見ることのできる程度の文字使用しかなかったかもしれないのである。

1　表語から表音への進化という誤信

世界史上、文字システムがゼロから発明されたことは、わずか四回しかないようである。すなわち、シュメールの楔形《くさびがた》文字、エジプトの象形《しょうけい》文字、中国の漢字、中央アメリカのマヤ文字である。(6) もちろん、シュメール語・エジプト語・中国語・マヤ語という言語以外でも、書記された言語は非常に多いけれども、そのために使用された文字のほとんどはこの四つのシステムから派生した。隣接の文化で使用されている文字を適応させたり、色々工夫して作り直したり、または稀にそれにインスパイアされて表面的に新しく発明されたりしたが、まったくゼロの状態からこれらの文字が発明されたことはない。世界の文字を語る際には、楔形文字や漢字などが発明される最初の段階が強調されるが、実はむしろ既存のシステムの応用こそが世界文字史の中心だと言うべきである。

　数少ない発明された文字システムとその数多くの末裔を考えあわせる時、そこには一つの落し穴がある。それは、表語性と表音性との関係に関わる。最古の文字シ

(6) インダス文明の未解読の銘文(もしくは模様)などは、もう一つの発明の可能性として議論されることもあり、楔形文字が象形文字に影響を与えた可能性も指摘されているが、現在のところゼロからの発明は四回とするべきだろう。

マヤ文字［世界の文字研究会編、一九九三］

ステムの多くの字は表語文字であるが、それから発生したより新しい文字システムになると、表音文字が多くなってくる。日本語話者には漢字と仮名の関係がすぐ頭に浮かぶが、同じような現象はアルファベット(ローマ字)の祖先であるフェニキア文字やハングルなどの出現にも見える。よく知られているように、現在使用されている文字システムのほとんどは表音文字からなり、ただ一つの例外が中国語と日本語を表記するための漢字である。

さて、さきに書いた「落し穴」とは、こうした事実に対する間違った意味付けである。大昔の文字システムにおいては表語が主流という原則で、現在はそれが表音になっているということは、ある意味では事実であるが、この二つの原則の関係は簡単ではない。歴史的には、表語から表音へ、という単純な図式で割り切ることは不正確である。

実は、どんな文字システムでも、表語的要素と表音的要素の組み合わせで成り立っていると言うべきである。漢字は基本的に表語文字であるが、その部品の中には、音符の機能をもつものが多い(「松」の「公」や「河」の「可」など)。表音文字からなっているシステムも同様である。例えば、英語の場合には、アルファベットの各文字のレベルで見れば、原則的には音素を表すので、純粋な表音文字のように見えるが、システムの全体的な働きのレベルで見れば、綴りを含めてかなり表語性が高い(7)。

(7) 例えば、咳を意味するcough(コフ)とパン生地を意味するdough(ドウ)の母音と語尾の発音は違うが、語頭以外の綴りは全く同じである。こうした綴りは、ひとまとまりで表語的な役割があると認められよう。これは極端な例であるが、英語や、アルファベットを使用する他の言語では、これほど複雑ではない綴りの言葉でも、表語性を認めざるをえない。

そして、歴史的に見れば、もちろん、表語から表音への展開は様々な文脈で認められるが、それと同時に、表語の存続という現象も無視してはいけない。場合によっては、表音から表語へという、常識に反するような発展まである。こうした表語性の働きは、文字システムの変化がゆっくりであることにも関連するが、それは単なる表語の残存ではない。意味を持つ言葉を表すという、文字の本質的な機能と深く関わっている。

　前近代の日本の文字史ほど、以上の事情を考える上での好例はないように思われる。まず思い浮かぶのは、本書でもたびたび話題にのぼっている歌の表記である。一世代前の国文学研究でほぼ定説になっていたのは、まさに〈表語から表音へ〉という想定であった。つまり、漢字という文字を日本語の歌を書くために適応させる過程は、表語文字のみ→表語・表音文字交用→表音文字（万葉仮名）のみ→日本固有の表音文字（ひらがな）のみ、というふうに考えられていた。[8] 万葉集や古今和歌集など、写本で伝えられてきた歌集だけを見れば、こうした考え方には説得力がかなりある。万葉集の中で、表音文字（万葉仮名）のみで表記されている歌のうち、最古の日付を持つものは七二八年（神亀五）の巻五、七九三番歌であるが、それより古い七世紀後半まで遡る歌はすべて表語・表音文字交用表記であり、「人麻呂歌集」という失われたテキストから万葉集に収められた歌の中には、ほぼ表語文字のみの表記（いわ

（8）平安時代以降の和歌は、原則として仮名（主にひらがなだが、歌学書などではカタカナも）で記されるが、例外的に表語文字（訓字）も多少混ぜられることがある。

ゆる略体歌(9)で記された歌がある(**図1**)。

これら万葉集内の資料群を並べて見れば、〈表語から表音へ〉というイメージに綺麗に当てはまるが、一九九〇年代以降に発見された七世紀の木簡まで視野を広げれば、まったく違う印象を受ける。七世紀中葉には、すでに表音文字(万葉仮名)のみで書記された歌があるので(**図2**)、出土資料の現状に基づいて言えば、歌の表音的表記は表語的表記より古いようである。もちろん、歌が書かれた木簡と紙に書かれた歌集は基本的に異質なテキストなので、簡単に同じ時間軸に並べることはできないが、少なくとも、歌の書記は簡単に〈表語から表音へ〉というふうに十把一絡げに扱えないことが、新しい資料の出現のおかげで明らかになってきた。

平安時代初期にひらがなとカタカナが出現した後にも、表語性の位置付けを考え直させる事実がある。一つの面白い現象は、注釈における〈表語化〉と呼べる現象である。平安末期から、表音文字で書かれた歌や物語が学問の対象になると、その難

図1　「西本願寺本万葉集」人麻呂歌集の「略体歌」(巻 11, 2377 番歌. 石川武美記念図書館蔵)

(9) 万葉集所収の「柿本朝臣人麻呂歌集」の、極端な表語書記で記されている歌群をさす術語。例として、何為命継《なにせむにいのちつぎけむ》 吾妹不恋前死物《わぎもこにこいせぬさきにしなましものを》(巻一一、二三七七番歌)が挙げられる。なお、万葉集には、雄略《ゆうりゃく》天皇などのような、七世紀半ば以前に生きたとされる「作家」も含まれるが、その人々の歌は伝説や口碑に基づいているので、古いテキストとして扱えない。

語の訓詁《くんこ》(字句の解釈)を示す方法として、漢字を当てることが主流となった⑽。また は、「真名本《まなぼん》」⑾という、もともと仮名で書かれたテキストが漢字に書き直された独特な写本の種類も思い浮かぶ。限られた文脈ではあるが、これらも〈表音から表語へ〉ということになる。しかし、こうした特別なケースより遥かに一般的かつ根本的であるのは、先に触れた表語の存続という現象である。仮名の出現についてはよく論じられるが、世界的立場から日本における文字の展開を見れば、逆に表語的な漢字(訓字)の存続の方にこそ注目するべきである。漢文で書かれたテキストが、日本の文字文化の主流として近代まで続くことはいうまでもないが、いわゆる「国字」⑿であるひらがなとカタカナを使用するテキストも、その多くは表語・表音文字交用(いわゆる漢字仮名交じり文)である。仮名のみを使用するテキストは、和歌や平安朝の物語など、かなり独特なジャンルに限られることを忘れてはならない。こうした特別な文脈における〈表語から表音へ〉という発展があっても、日本の文字史全

図2 前期難波宮跡出土「はるくさ木簡」(赤外線写真.一般財団法人大阪市文化財協会蔵.大阪市指定文化財)[奈良文化財研究所飛鳥資料館編,2010]

(10) 例えば、奥義抄《おうぎしょう》(藤原清輔《ふじわらのきよすけ》著)などの平安末期の歌学書では、ひらがなで書かれた難しい歌語は、万葉集や日本書紀からの引用に基づいて、漢字を当てられて解読されている。また、鎌倉時代の日本書紀の注釈書である釈日本紀《しゃくにほんぎ》(卜部懐賢《うらべかねかた》著)では、万葉仮名で書かれている歌は完全に「振り漢字」としての訓字を通じて解釈されている。

(11) 中世に現れる写本の種類。伊勢物語、方丈記、平家物語など、もと仮名(もしくは漢字仮名交じり)で書かれたテキストを漢字に書き換えたもので、万葉仮名を多用する例もあるが、表語文字としての訓字(いわゆる変体漢文体)が主流である。

体を図式化すれば、〈表語＋表音〉というふうに考えるべきである。そして、右に述べたように、こうした表語性の存続は日本に独特な現象ではなく、世界の文字史における例外的な出来事でもない。

2　書記のスタイルの多様性

七・八世紀の日本の文字資料を見渡せば、そのスタイルの多様性は著しい。散文としては、日本書紀などのいわゆる正格漢文もあり、古事記のような全く違うスタイル[13]で書かれたものもある。歌になると、表音文字（万葉仮名）のみで書かれているものの中に、字母《じぼ》[14]の違いや訓仮名の有無に基づく相違がある。それに加えて、ほぼ万葉集に限られている表語文字（正訓字）中心の書記の中にも、先に触れた、いわゆる略体歌など、独特なスタイルもある。こうした多様性は、世界文字史との比較のもとでどう考えればいいだろうか。

　まず問題にしなければならないのは、訓読という現象である。訓読は日本文化の特徴と思われがちであるが、実は普遍的な現象として見るべきである。言葉を表記する時、原則としてある言語の文字（または数文字からなる書記の単位）は、その文字に当たる言葉の翻訳を通じて他の言語の文字として使用できる。例えば、英語の重

(12) 現在は「国字」とは「峠」や「働」のような和製漢字のみをさすが、江戸時代には「漢字ではない日本固有の文字」、つまり「仮名」という意味もあった。

(13) 目的語が動詞の前に置かれること、敬語の助動詞の表記、文の途中での万葉仮名の使用など、古事記の散文のスタイルには、いわゆる正格漢文で現れない要素が多い。

(14) 仮名のもとになっている漢字をさす。例えば、ひらがなの「あ」の字母は「安」、カタカナの「ア」の字母は「阿」である。いわゆる変体仮名や万葉仮名では、同じ音節を記すために様々な字母が併存する。

さの単位であるpoundという言葉の略号はlbになっているが、〈l〉と〈b〉という表音文字の音との関係はない。lbはラテン語の重さの単位libraの略で、表語的にpoundという言葉を記している。こうしたいわば訓読み的現象は世界中に意外に多いが、狭義の訓読というのは、文章を読んだり書いたりする方法なので、lbのような部分的な略号と同等ではない。しかし、こうした狭い意味の訓読的な現象も、前近代の世界史の中では、決して稀ではない（シュメール語とアッカド語、ラテン語と英語など）。

そして、東アジアに限って言えば、漢字が使用された地域では、訓読はあちこちに現れた表語的な読み書き手段であった。古代日本の文字文化はすでに存在していた朝鮮半島の文字文化に基づいて出来上がったのであり、いわゆる漢字の渡来には百済《くだら》や高句麗《こうくり》の訓読が含まれていたことを忘れてはならない。こうした既存の訓読があったからこそ、後に触れるように、文字の読み書きは七世紀の日本で非常にすばやく拡大することが可能だったと思われる。しかし、ここで強調したいのは、訓読と書記のスタイルとの関係である。

日本書紀など、いわゆる正格漢文で書かれたテキストは、中国語で書かれているのか。これは簡単な質問に見えるが、答えは意外に複雑である。基本的には、日本書紀の書き方は漢書や文選など、中国の古典に基づいているので、そういう意味では中国語で書かれたテキストとして考えられる（いわゆる和習[15]はある程度あるが、問題の根本はそこまで細かいところとは違うレベルにある）。しかし、訓読が一般的に行われる社会では、表面的に中国語のテキストに見えても、日本語の文脈で書いたり読んだりされている蓋然性が高いから、日本語文（または、場合によって、百済語文など）と呼ぶべきだろう。これは二者択一の問題ではない。訓読という読み方が存在すれば、一応中国語文として読めるが、簡単に〈中国語文〉だとは決められない。ただ〈日本語文〉と呼ぶのもやはり躊躇される。基本的にこれは表語文字の本質に繋がる問題である。漢字一つをとって、中国語の字か日本語（または韓国語・ベトナム語）の字か決められないのと似ている現象である。何語文かの指定は、その読まれる文脈に関わるので、テキストに内在している要素だけでは決められないのだ。大切なのは、〈中国語文として読める〉規範に基づいて書かれているかどうか、ということである。

以上の論点を踏まえて古代のテキストの多様性を整理すれば、まずは表語文字専用（または主体）と表音文字専用（または主体）に分けられ、そして前者（表語文字専用）のスタイルをさらに中国語文の規範に沿っているものと沿っていないものに大きく分けることができる。こうしたスタイルをさす術語は色々あるが、それぞれには利点も欠点もある。ここでは術語の問題に深入りしないで、スタイルの多様性とその意味付けに集中したい。ただ、事情をさらに複雑化するのは、こうした多様性が右の

（15）正格漢文を作成しようとしている場合に間違ってテキストに現れてしまう日本語調の要素。蔑称的に「和臭」とも書かれる。

スタイルの間だけではなく、各スタイルの内部にも存在する事実である。

まずは、中国語文の規範に沿っている表語文字専用のスタイルについては、もともとの中国古典の中での多様性を反映するので、春秋左氏《しゅんじゅうさし》伝《でん》や論語などの漢代までの散文、いわゆる駢儷体《べんれいたい》(16)の六朝《りくちょう》の美文調の散文、六朝や唐代初期の詩、白話《はくわ》(17)の要素を含む法律や医学のテキスト、そして同じ白話的部分や翻訳語をも含む仏典など、それぞれに影響を受けたものがあり、様々である。

中国語文の規範に沿っていない表語文字専用のスタイルになると、まず大事なのは、語彙や漢字の意味のレベルでは、完全に規範に沿っていないものは存在しないので、これを程度の問題として考えるべきである。そして、仮に中国語文の規範に沿っていなくても、規範性そのものがない、というわけでもない。朝鮮半島の木簡などのスタイルに基づいているものもあるし、人麻呂歌集の略体歌や古事記の散文のように、ローカルな、創作的な新しい規範も認められる。

そして、表音文字専用という範疇も、さらに様々な種類に分類できる。一つの大事な区別は散文と韻文である。とても少ないが、東大寺の正倉院の中に、万葉仮名で書かれた二通の八世紀の文書(18)があるので(**図3**)、こうしたスタイルで歌のみが記されたとはいえない。もう一つの問題は、先に触れた訓仮名の有無である。万葉集・古事記・日本書紀では、歌を書くための表音専用書記はほとんど音仮名に限ら

(16) 六朝時代から唐代まで流行っていた、対句《ついく》や典故を多用する華麗な漢文スタイル。四六文《しろくぶん》とも呼ばれる。

(17) 文言《ぶんげん》(古語)に対して、中国語の話し言葉をさす。後代の三国志演義《さんごくしえんぎ》や水滸伝《すいこでん》のようないわゆる白話小説は有名であるが、口語的な要素は様々なジャンルに認められる。

(18) **図3**の釈文は左の通り。

和可夜之奈比乃可波
利尓波於保末之末須
美奈美乃末知奈流奴
乎宇気与止於保止己
可都可佐乃比止伊布
〔後略〕

[読み下し]我が養育《やしない》の代《かわ》りには大《おお》坐《まします》南の町なる奴《ぬ》を受けよと大床《おおとこ》が司《つかさ》の人言ふ(〔奥村、二〇一

れるが、木簡に書かれた歌には訓仮名が少なくない⑲。そして、同じ音仮名でも、使用される字母によって違う規範が認められ、例えば古事記の歌の書記と日本書紀の歌の書記は明確に異なるのである。

右の多様性は書記のスタイルの問題であるが、この意味を探るために、他のレベルの多様性との関係を考察しなければならない。一つはテキストが記された媒体である。七・八世紀の文字資料は、紙・木簡・金石文などに分けられるが、こうした媒体と書記スタイルとの関係は非常に複雑である。例えば、紙の歌集の歌と木簡に書かれた歌では、先に触れたように、訓仮名の有無など、スタイルが異なるが、金石文になると、中国語文の規範に沿っている表語的スタイル(例えば法隆寺金堂の釈迦三尊像光背銘)と沿っていない表語的スタイル(例えば同金堂の薬師如来像光背銘⑳*、**図4**)のように、同じ媒体でも異質なスタイルが認められる。もう一つは書記スタイルとジャンルとの関係である。先に触れたように、一般的に歌は表音文字で書かれる傾向があるが、万葉

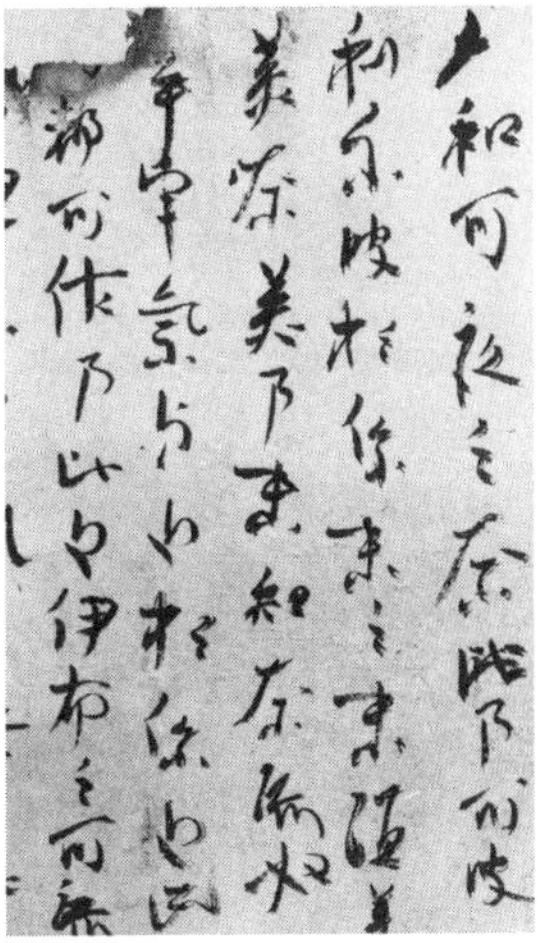

図3　正倉院文書仮名書状乙(「正倉院文書続修別集」第48巻)[宮内庁正倉院事務所編，2000]

七」による)。

(19) 音仮名は漢字の音読みに基づく万葉仮名(例えば安《あ》・伊《い》・宇《う》など)であり、それに対して訓仮名は漢字の訓読みに基づく万葉仮名である(例えば鹿《か》・木《き》・来《く》)。

(20) [読み下し] 池邊《いけのべ》の大宮に天下治《あめのしたし》らしめしし天皇《すめらみこと》、大御身労《いたず》き賜《たま》いし時に、歳次丙午《へいご》の年に、大王天皇《おおきみ》と太子《ひつぎのみこ》とを召して、誓い願い賜いしく、「我が大御病太平《おおみやまいたいらか》ならむと欲《おも》い坐《ま》すが故に、寺を造り薬師像を作りて仕え奉らむ」と詔《みことの》りたまいき。然《しか》れども、当時《そのとき》に崩《かむあが》り賜いて造り堪《あ》えざれば、小《お》治田《はりだ》の大宮に天下治らしめしし大王天皇と東宮《ひつぎのみこ》聖王《ひじりのおおきみ》と、大命《おおみこと》受け賜いて、歳次丁卯《ていぼう》の年に仕

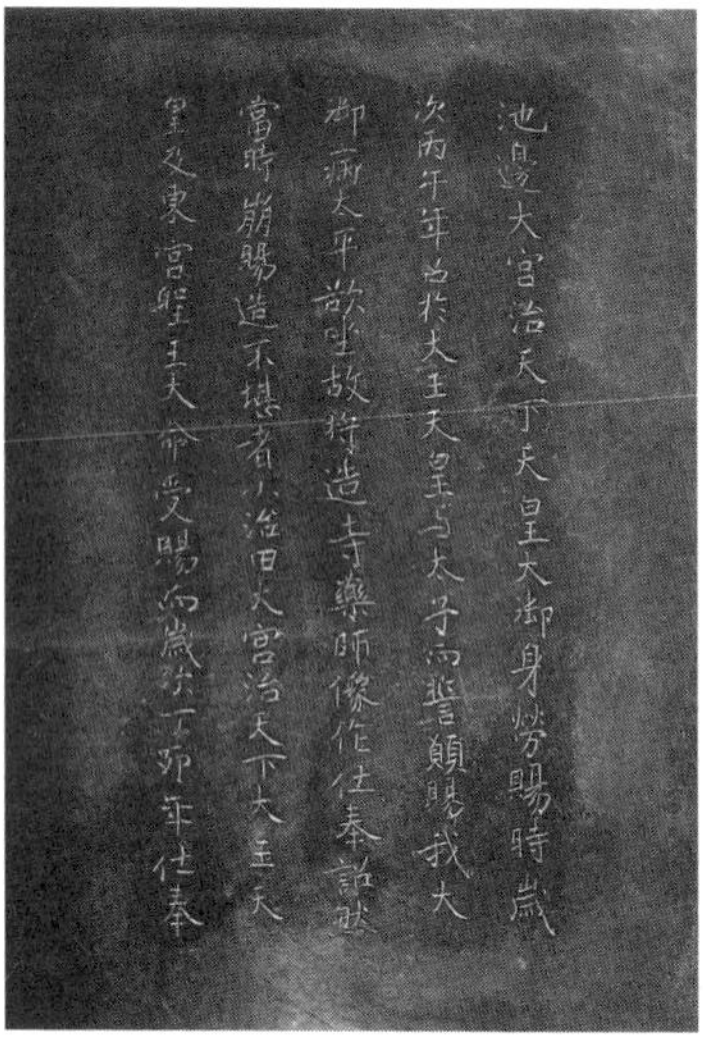

図4　法隆寺金堂薬師如来像光背銘
［奈良六大寺大観刊行会編，1968］

集では表語的に表記された歌は非常に多い。散文になれば、表語の方が主流であるが、有名な例外として、右に触れた正倉院の万葉仮名文書（**図3**）が挙げられる。

文字使用の多様性を論じる時に、「晴れと褻《け》」という概念はよく導入されるが、残念ながらこれも多様性を解く鍵にはならない。中国語文の規範に沿っている表語的スタイルは晴れと呼んでもいいが、沿っていない表語的スタイルや表音的スタイルは、晴れも褻も、両方に使用されている。それに、この対照そのものの有効性は限られていると思われる。なぜならば、文書木簡や万葉集のいわゆる歌日誌的な巻には、晴れか褻か、決められないテキスト群がかなりあるからである。

ここで多様性の意味の問題を解決するような提案はないが、それに関して一つの所見を述べたい。私を含めて文字の研究者は、スタイルについて、そのテキストの

え奉る。

＊（大意） 用明《ようめい》天皇がご病気になられた五八六年に、推古天皇と聖徳太子をお召しになって、「私の病気を治すために、寺と仏像を造ります」と誓言なさったが、すぐお亡くなりになったので、お造りになれなかった。それで推古天皇と聖徳太子は、亡き天皇のために六〇七年に完成なさった。

内容・文脈・書き手との必然的な関係を探したくなるが、スタイルそのものが表現することも考えなければならない。もちろん書き手はスタイルを自由に選べるわけではない。例えば、仏像の造像銘や日本書紀のようなオフィシャルなテキストが万葉仮名だけで書かれる例がないのは、残存の問題ではなく、もともと内容・文脈とスタイルとの組み合わせとしてあり得なかったからである。しかし、こうしたテキストでは、中国語文の規範に沿っている表語文字のスタイルと、沿っていない表語文字のスタイルが、日本書紀・古事記のように併存するので、そのスタイルの違いそのものには、ある種の表現性・交信性を認めうる。現代の出版物や広告におけるフォントやデザインと同様に、七・八世紀の様々な書記のスタイルは、いわばブランドとしてのメタ・コミュニケーションという機能も持っていたに違いない。

3　リテラシーの多様性と文字文化の導入・流布の時期

日本の文字文化はいつから始まったか。比較史的な枠組で考えれば、こうした問いには「七世紀中頃」としか答えられない。これは遥かに遅すぎると思う読者もいるだろう。なぜなら、漢字の銘文を持つ輸入された物は弥生時代から存在したし、同じ弥生時代の遺跡からの列島内で作成された文字らしき模様の発見は、数十年前

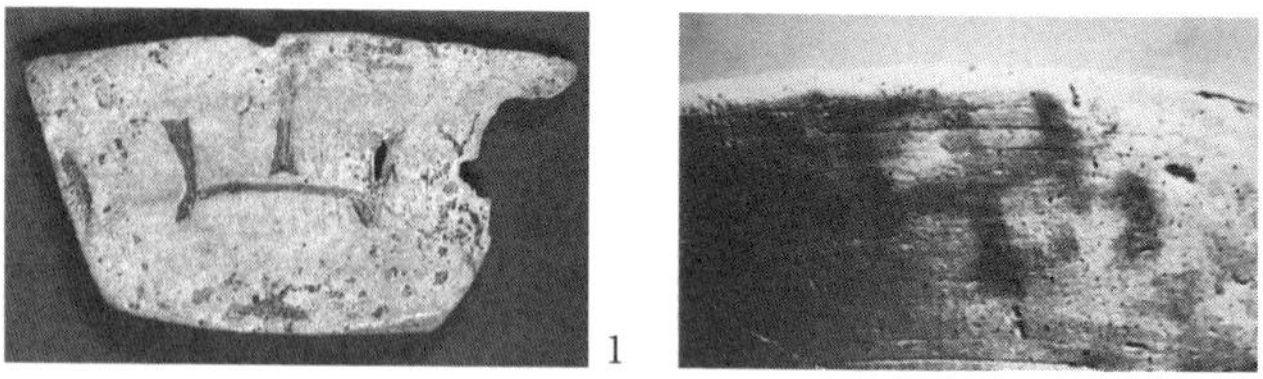

1　　2

図5　遺物に見える弥生時代の「山」と古墳時代の「田」
1 広田遺跡(鹿児島県南種子町)の貝符(鹿児島県歴史・美術センター黎明館蔵)[岸編，1988]
2 片部遺跡(三重県松阪市)の墨書土器(松阪市蔵)[「文字のチカラ展」実行委員会編，2014]

から時おり報道されてきたからである(**図5**)。それに加えて、古墳時代になると、熊本県の江田船《えたふな》山《やま》古墳の鉄刀銘(本書、鐘江宏之「文字の定着と古代の社会」三〇頁、**図3**参照)や埼玉県の稲荷山《いなりやま》古墳の鉄剣銘(本書、川尻秋生「〈文字とことば〉への招待」四頁、**図1**参照)など、列島内で書かれたテキストも現れるし、日本書紀の六世紀にあたる記事によれば、百済から「博士」が渡来し、六世紀半ばから推古《すいこ》時代までにいわゆる仏教伝来も起こるので、七世紀中頃以前にも立派な文字文化があったのではないか、とも考えられる。しかし、文字を持つ遺物の有無だけで、社会レベルの文字文化の存在を確かめることはできないし、日本書紀や他の八世紀あたりの史料に描写されている文化の展開の物語を鵜呑みにすることもできない。

　文字文化はいつから始まったかという問いに答えるために、まず必要なのは、リテラシーという現象の内部構造と歴史への比較研究的アプローチである(リテラシーの定義は様々あるけれども、ここでは仮に社会における読み書きの営みの全体をさす概念として使わせていただきたい)。世界的に、前近代から現在までのリテラシーを考える時には、個人の経験に基づいて社会レベルの過程を想像することが多い。日本の古代からの好例は、古事記の応神《おうじん》天皇記の有名なエピソードである。日本での読み書きの始めとして、論語と千字文《せんじもん》の百済からの将来が語られるが、これを五世紀(またはその前後)における列島社会の事実の描写として考えるのは間違いである。古事記の編者太安万侶《おおのやすまろ》が生きていた当時、つまり七世紀後半から八世紀初期あたりまでに、論語と千字文は初学者の教科書となっていた(21)。つまりこのエピソードでは、社会レベルの文字との最初の接触は、エリートの個人の教育における文字との接触に基づいて想像されているのである。

現代のいわゆる先進国で育った人間も、同じく自分個人の経験に基づいてリテラシーについて考えがちである。我々は、小さい時から簡単な教科書で勉強して、そしてだんだんより難しいテキストに触れて、大人になったら自分の属する社会のたいていのテキストを読み書きできるようにマスターしているはずである。そして、もし読めないテキストまたは書けないジャンルがあれば、それは自分の教育が不完全だからだと決めつけてしまう。こうした「不完全」という烙印が、個人レベルの

(21) 論語は言うまでもなく孔子《こうし》の言動の記録であるが、前近代の東アジアでは初学者の教科書として転用することが多かった。千字文は、六朝時代の梁《りょう》の周興嗣《しゅうこうし》(五二一年没)が一〇〇〇字を選んで韻《いん》を踏む四字句に編成した教科書。七・八世紀の日本の遺跡から論語と千字文の文字が書かれた木簡が多く出土しているので、当時、教材や手習いのために使用されていたことが分かる。

経験に基づいて、社会レベルのリテラシーにも押されるのである。しかし、これは古事記における論語と千字文のエピソードと同様の混乱から生じる間違いである。

ある社会におけるすべての読み書きの営みは、ヒエラルヒー的に統一されているわけではない。社会の各位相や様々なグループには独特のローカルなリテラシーがあるので、社会のレベルでは、「不完全」なリテラシーは存在しない。というよりは、すべてのリテラシー(複数形の literacies)は不完全であるので、各社会全体のリテラシーは、その時期におけるその社会にとってのみ「完全」だと考えられる。

文字史は決まった段階を必然的に含む普遍的な発展の過程ではない。社会の中の様々な文字に接するグループの固有の展開からなる複数的な歴史である。だからこそ、色々な文字使用が同時に存在するし、その一つ一つは単独で存在できる。

議論を古代日本に戻せば、最大の問題は、もし弥生時代にすでに文字との接触があったとすれば、どうして七世紀中頃まで広く採用されたり流布したりしなかったのか、そして、七世紀に、そうした状況がなぜいきなり変わったのか、である。我々が持っている単一のリテラシーのイメージを念頭に置いて見れば、もしある社会に文字を持つ物が存在して、大事にされていたとすれば、必ずリテラシーの他の要素——テキストによる意思伝達や記録など——がその社会にあったはずだと思ってしまう。しかし、複数形のリテラシー(literacies)という立場から見れば、それは違う。文字の様々な機能が同時にばらばらに併存して、必ずしも関わり合わないことがリテラシーのあり方だから、その機能一つ一つが独立していて、それらがある時期のリテラシーのすべてでだ、という可能性もあることを忘れてはいけない。

単数形のリテラシーという先入観を外して見れば、弥生や古墳時代の土器などにみえる、「山」や「田」などの文字または文字らしき記号(**図5**)は、資料に見えていない氷山の一角ではなくて、ごく稀な単発的なものとして意味づけるべきだ。

有名な古墳時代の鉄剣銘は、朝鮮半島から渡来して大和《やまと》王権のもとに奉仕していた、文字というテクノロジーを司るエリート技術者による産物だが、その人たちと彼らが作成した銘文が存在するから、もっと広い読み書きの文化があった、と考えるのは、非常に危険な憶測である。

しかし、木簡というのは、単発的な銘文と違って、複数のテキストが複数の場所にいる複数の書き手と読み手の間に往来しているネットワークにしか存在しないので、木簡が現れて、初めて発掘資料に幅広いリテラシーを確認できる。そして、木簡の出現は、七世紀中頃であるので、その時期を日本古代文字史の最大の転換期と見るべきである。蘇我《そが》氏本家の滅亡、いわゆる大化改新、近江《おうみ》朝廷の誕生、壬申《じんしん》の乱以降の変革など、国内の政治変化に加えて、新羅《しらぎ》による朝鮮半島の統一に伴う識字率の高い亡命者の渡来など、リテラシーを拡大させる色々な原因があったので、この時期をこうした意味で転換期として考えるのは非常に自然なことである(22)。

反論として、六世紀の間に百済から「博士」などが大和王権の朝廷へ送られ、いわゆる仏教伝来が起こって、そして世紀末から七世紀初期にかけて、お馴染みの聖徳太子の十七条憲法など、推古朝に関わるテキストも多く作成されたのではないか、と言われるかもしれない。しかし、考えてみればこうした出来事の証拠は日本書紀の記事だけ、あるいは日本書紀に加えて他の八世紀以降の歴史書(例えば元興寺《がんごうじ》縁起《えんぎ》)の同様な記事だけであり、考古学的な資料では確認できないのである。かつて、造像銘などの金石文は「推古朝遺文《いぶん》」というふうに呼ばれたが、その多くは後代(七世紀中葉以降)に作成された蓋然性が高いし、七世紀前半のものが残っていても、それは単発的な銘文で、木簡出現以前の全体的な文字使用の拡大という想定を裏づけるものではないのである。六世紀には、リテラシーはある程度発展したと考えてもいいかもしれないが、やはり転換期としては、七世紀中頃と考えるのがもっとも相応しい。

印刷などの他のテクノロジーと同じく、文字との接触のみがその導入や流布を促すわけではなく、文字によるコミュニケーションを必要とし、または可能にする社会的な状況が成り立つまでは、文字は断片的なままに存在し続けるはずである。古代日本では、こうしたコミュニケーションを支える状況ができたのは七世紀中頃以

(22) 蘇我入鹿《いるか》の暗殺を含む「乙巳《いっし》の変」は六四五年に起きた。その直後の出来事は日本書紀でかなり誇張した描写で「大化改新」として描かれるが、木簡など出土資料によって、ある程度の改革は事実として確認できる。この蘇我氏に対するクーデターと「改新」の指導者のひとりであった天智《てんじ》天皇は、六六七年に現在の滋賀県大津市に宮を遷したので、在位の後期は「近江朝廷」と呼ばれ、政治的にも文化的にも激動の時代であった。天智天皇が六七一年に死去してから、弟の大海《おおあ》人《ま》皇子(後の天武《てんむ》天皇)は壬申の乱に勝利して、中央政権の強化を促した(なお、「天智」のような漢風諡《し》号《ごう》も天皇号も七世紀中頃にはまだ存在しなかった

降である。その段階について、木簡・金石文などの資料を日本書紀や万葉集といった後世のテキストの内容と合わせて分析すれば、数十年間の間に急激な文字の使用の拡大とリテラシーの多様化が起こったことが明らかになる。

おわりに

本章では、世界の文字とリテラシーの歴史とを合わせて考察することによって、古代日本の文字史について考え直そうとした。しかし、逆のアプローチも大事である。つまり、古代日本の文字史に基づいて、世界の文字とリテラシーの歴史や理論をも再評価することができるのである。

西洋の言語学者や他の学問分野の立場から文字史を分析する研究には、文字テキストと言語との関係を一対一と限定してしまう傾向がある(この傾向の原因としては、アルファベットの理想化されたイメージや近代の「各国語」イデオロギーの影響などが挙げられる)。こうした立場からは、ある言語(例えばフランス語)で書かれたテキストは、翻訳しなければ(つまり、別なテキストを作成しなければ)他の言語(例えば英語)のテキストとして読むことができないことは当たり前のように見える。しかし、特別な文脈において、同じテキストのままでも、別な言語として読むことは可能である。いが、ここでは便宜的に使

用する)。

うまでもなく、日本における〈訓読〉はこうした読みかたを可能にするが、訓読の原点に当たる朝鮮半島や、東・中央アジアの他の地域だけではなく、古代メソポタミアや中世ヨーロッパにも類似の現象はあった。

古代日本における訓読の重要性や一般性を念頭において世界の文字史にアプローチすれば、言語とテキストとの相互関係を考え直すことになる。いわゆる訓読的な現象はアルファベットなどの表音文字でも可能であるが、漢字などの表語文字では、こうした言語と文字との多様な関連性が生じやすいようである。

表語・表音のコントラストに関しても、日本の文字史から得られる知識は、文字の一般論に貢献することができるのである。先に触れたアルファベットの理想化されたイメージにも関わるが、西洋の文字に関する専門的研究では、〈表語から表音への発展〉を鉄則とするパラダイムは色あせてきたものの、人文学一般には、それはまだ影響力を保っている。それに反論するための例は色々あるが、日本における漢字と仮名の長い歴史ほど明らかで資料的に豊富な例は少ない。また、複数形のリテラシー(literacies)を強調する比較研究においても、前近代日本は非常に有意味な例として機能する。

世界的かつ比較史的な立場を日本古代に関する専門的な研究に重ねあわせれば、双方にとって新しい発見への糸口が見えてくるのである。

引用・参考文献

稲岡耕二、一九七六年『万葉表記論』塙書房
乾　善彦、二〇〇三年『漢字による日本語書記の史的研究』塙書房
犬飼　隆、二〇〇八年『木簡から探る和歌の起源――「難波津の歌」がうたわれ書かれた時代』笠間書院
内田賢德・乾善彦編、二〇一九年『万葉仮名と平仮名――その連続・不連続』三省堂
大戸安弘・八鍬友広編、二〇一四年『識字と学びの社会史――日本におけるリテラシーの諸相』思文閣出版
沖森卓也・笹原宏之編著、二〇一七年『日本語ライブラリー　漢字』朝倉書店
奥村悦三、二〇一七年『古代日本語をよむ』和泉書院
金文京、二〇一〇年『漢文と東アジア――訓読の文化圏』岩波新書
クルマス、フロリアン、二〇一四年『文字の言語学――現代文字論入門』(斎藤伸治訳)大修館書店
神野志隆光、二〇〇七年『漢字テキストとしての古事記』東京大学出版会
河野六郎・千野栄一・西田龍雄編著、二〇〇一年『言語学大辞典　別巻・世界文字辞典』三省堂
小松英雄、二〇〇六年『日本語書記史原論』笠間書院
齋藤希史、二〇一四年『漢字世界の地平――私たちにとって文字とは何か』新潮選書
松塚俊三・八鍬友広編、二〇一〇年『識字と読書――リテラシーの比較社会史』昭和堂
ルーリー、ディヴィッド、二〇一三年『世界の文字史と『万葉集』』笠間書院

挿図引用文献

岸　俊男編、一九八八年『日本の古代14　ことばと文字』中央公論社
宮内庁正倉院事務所編、二〇〇〇年『正倉院古文書影印集成』13、八木書店
世界の文字研究会編、一九九三年『世界の文字の図典』吉川弘文館
奈良文化財研究所飛鳥資料館編、二〇一〇年『木簡黎明――飛鳥に集ういにしえの文字たち』

奈良六大寺大観刊行会編、一九六八年『奈良六大寺大観2　法隆寺2』岩波書店
「文字のチカラ展」実行委員会編、二〇一四年『文字のチカラ――古代東海の文字世界』(名古屋市博物館展示図録)

座談会

いま、解き明かされる〈文字とことば〉の世界

川尻秋生
鐘江宏之
犬飼　隆
デイヴィッド・ルーリー
吉村武彦

川尻　「文字とことば」の巻の座談会を始めるにあたって、まず初めに、万葉集《まんようしゅう》について話し合ってみたいと思います。というのも、先ごろ新しい元号が「令和」に決まって、その出典が万葉集の巻五の「梅花の歌三十二首幷《あわ》せて序《じょ》」だと発表されたことから、今また万葉集が注目を集めています。岩波文庫の『万葉集』もよく売れているそうですね。そうでなくても、一般の読者が古代の書物とかことばについて考える時には、やっぱり万葉集というのが最初に念頭に来るのではないかと思います。

■ 万葉集をどう見るか

川尻　万葉集の研究は、中世から近世、そして現代までずっと行われてきたわけですが、ここ一〇年ぐらいでしょうか、一つの新しい時代を迎えたのではないかと思います。これはもちろん文献学的な研究の進展ということもありますが、もう一つはやはりいわゆる「歌木簡《うたもっかん》」、万葉集の中にある歌が書かれた木簡の現物が出てきたということから、万葉集の読み直しが始まっているということですね。もちろんその前提として、いろいろな文字資料が出土してきまして、万葉仮名《まんようがな》との比較ができるようになったということが、大きな成果ではないかと思います。

それについては、すでに犬飼さんが、本書の論文「日本のことばと漢字との出会い」も含め、いろいろな本の中でもお書きになっていますが、いかがでしょうか、万葉集研究の現状や、最近の新しい動向をどのようにお考えになるか、お話しいただけますか。

犬飼 まず万葉集とはどういう本なのか。一口では言えませんが、短く言おうとするならば、七―八世紀に詠われた歌を素材にして、九世紀に読み物の形になった、と私は見ています。つまり八世紀に漢字を使って歌の文句を書こうとした時のいろいろな方法が集大成されている本だと思います。そして川尻さんがおっしゃったように、歌の文句を書いた木簡というものが出てきたことによって、以前は万葉集の中だけで古いとか新しいということを考えざるを得なかったのですが、今はもうそれは方法として適当でないということになってきた。たとえば、柿本人麻呂《かきのもとのひとまろ》が生きて活躍していたのは七世紀の終わり頃、六八〇年代だと言われますが、その頃の歌を書いた資料が、断片的ですけど、実際に出てくるわけですから、それを基準にしてものを考えることができる時代に入ってきている。遺跡の性格もいろいろ推測できますから、どんなところで木簡に歌を書いて、どんなふうに使っていたのかということも、断片的にですが分かってきている。この一〇年ぐらいはそういう画期的な状態じゃないかと思っています。

別の言い方をすると、万葉集が七―八世紀の歌そのものだということが見直された時代だと、この一〇年ぐらいを表現してもいいと思います。私が学生の頃は、もっぱら文献研究の対象として万葉集を見るということ一辺倒だったのですが、研究の仕方があるべき姿になってきていると感じています。

川尻 万葉集は、少しオーバーに言えば、世界的に有名な歌集です。ルーリーさん、世界の文字史から見て、万葉集をどう考

川尻秋生

えるかということを、少しお話しいただけませんか。

ルーリー 今の時代に、万葉集を考える場合には、そのいわば両面性を見なければならないと思います。というのは、万葉集はある意味では断片的なものであり、別な意味では統一されていると言えるので、矛盾する二つの面があります。まずはその断片性を考えますと、犬飼さんがおっしゃった通り、九世紀にできた書物ですが、七世紀後半から八世紀中頃までに詠まれた歌がその素材になっている。けれども、万葉集に入っている歌は特別な歌であり、当たり前のことですが七世紀、八世紀の歌の全部が入っているわけではない。また万葉集の巻ごとの内容を見るとかなり偏りがあります。たとえば地方の歌の場合には東国《とうごく》だけになっていて、九州などの地域には東歌《あずまうた》に類する歌がないなど、いろいろな偏りがありますね。

万葉集の全二〇巻を見渡せば、明らかに「柿本人麻呂が和歌の原点だ」とか、「人麻呂が朝廷における和歌の創始者であった」とかを示すように編纂されたと分かるわけです。それは一応万葉集の中の問題で、人麻呂という実在した人物の七世紀における文学活動とは別のレベルで考えるべきです。つまり、万葉集はある意味では七―八世紀の和歌史を語ろうとしていますが、それは特定の立場から語ろうとしているからこそ、断片的だと言うべきです。その二〇巻に収められている歌は科学的にランダムなサンプルを取ったわけではなく、大伴家持《おおとものやかもち》をはじめとする複数の編集者が何十年もかけて編纂する過程で、歌の歴史のイメージを作るために、わざと選択した歌なのです。ですから、古代全体の和歌史を語る素材として使う時には、問題がとても多いのです。

しかし一方では、歌の歴史のイメージを作るために統一された面もあるわけです。編纂者にとっての古い時代から「現在」まで続く、いわば文化遺産としての歌の伝統や歴史を示すために、そして自分の所属する朝廷の歴史を裏付けるために、この巨大な歌集を作っているわけです。だからそういう意味では統一されていると言うべきでしょう。

その両面を見ないで、たとえば平安時代や中世の場合の和歌史とか歌壇史のような研究を、七―八世紀の和歌史に当てはめて行おうとすると、結果的にはそれはただ万葉集を切り貼りして、その編纂者が意図的に作った物語を焼き直すものになってしまうことが多いのです。万葉集の扱い方の難しさは、歌木簡が出たことで、ある意味で再評価ができたと言うべきだと思います。歌木簡も断片的ですが、万葉集とほとんど重ならないところがすごく面白くて大事なポイントです。七―八世紀の和歌史というものが成立可能かどうかは別の話ですが、七―八世紀の和歌史の史料になるかも知れない、万葉集の断片性とは違う種類の断片性を持つ歌木簡という資料群が出てきたことで、研究の上で新しい時代に入ったと思います。その理由の一つは、もともとの万葉集の史料としての限界がもっとはっきり見えるようになったからです。

川尻　万葉集に対する従来の言説に振り回されるなということですね。

■出土文字資料から見た歌

川尻　最近、歌木簡をめぐる論文をお書きになっている吉村さん、いかがですか。

吉村　私のような歴史学を学んでいる研究者には、万葉集が日常世界を詠っているかどうかよく分からないのですが、研究をはじめた頃、たとえば男と女の出会い、それは夜か昼かとか、また、男女の関係がいろいろ噂に上る意味とか、そうした具体的なことが分かるのが面白くて万葉集に関心がありました。最近は、大化改新、また関連して東国の歴史に関心が移りました。古代の東国を考える場合、崇峻《すしゅん》紀に出てくる「東国の調《ちょう》」がキーワードになります。ところが、一般的な史料からはなかなか分かりづらくて、万葉集の「アヅマタへ」(東細布)に行き着きました(巻一一、二六四七番歌)。しかし、一般の万葉集の注釈では「アヅマタへ」とは読んでいません。「ヨコクモノ」などと読んでいます。万葉集では「細布」と書いたら「タへ」としか読みませんから、私はあれは「アヅマタへ」としか読みようがないと思います。これはおそらく国造《くにのみやつこ》が納めた布のことで、「東国の調」の具体的事例だと思っています。

こうした研究を踏まえて、今、関心があるのは歌木簡のことです。特に前期《ぜんき》難波宮《なにわのみや》の遺構から出土したもの、六四八年前後でしたか、いわゆる漢字仮名(音仮名《おんがな》ないし訓仮名《くんがな》を併用した、一字一音の漢字の表記)で書かれている。それで、その後出土した歌木簡の表記がどうなっているかということを見ていたのですが、七世紀代は訓仮名を含め、だいたい漢字仮名ですね。訓字《くんじ》(「山《やま》」のように訓読みの漢字を当てた表記)が使われるのはもうちょっと後になる。それで何が分かったかというと、実は日本書紀《にほんしょき》と古事記《こじき》の歌謡の表記が、すべて音仮名(文字の意味とは関係なく、その漢字の音を借りて表記した漢字の仮名)なんですね。

古事記の歌謡は、犬飼さんもおっしゃっているように、必ず「歌に曰《いわ》く」に続けて歌詞が書かれている。今回、日本書紀も改めて調べてみると、基本的に古事記と同じように「歌」という文字が書かれている。これで歌詞の内容が確認できました。その結果、記紀の歌詞は、音仮名表記をすることになっていると見て間違いないのではないかと思います。

そうすると、歌詞の表記はもともと一字一音で書かれていた。ということは、日本書紀・古事記の素材になった旧辞《きゅうじ》でも、もちろん旧辞の内容が後に編纂されたことを考慮するとしても、歌詞は音仮名で書かれていたのではないか、こんなふうに考えるようになりました。

もう一つの素材である帝紀《ていき》については、埼玉県行田市《ぎょうだ》の稲荷山古墳《いなりやまこふん》出土鉄剣銘、いわゆる金錯銘《きんさくめい》鉄剣などと、ある程度内容の比較ができるようになりました。ところが、旧辞については、古事記と日本書紀で帝紀を除いた、物語の部分がそれにあたるというような、単純に言うとそういう議論が多かったと思いますが、それでは不十分です。

逆に言えば、記紀の歌謡をどのように旧辞の中で捉えるか、大きく二つの見解があります。武田祐吉《たけだゆうきち》さんや大久間喜一郎《おおくまきいちろう》さんは、旧辞の中で歌謡を位置付けたのですが、一方、和辻哲郎《わつじてつろう》さんと土橋寛《つちはしゆたか》さんは、旧辞から歌謡を独立させて、歌謡だけを考えようとしました。私は、和辻・土橋説は歌の研究としては間違っていないと思うのですが、旧辞の世界を復元するには、歌謡の存在は非常に重要だと考えますから、やはり武田説を継承すべきだと思います。現在では、歌木簡の内容というよりは、歌木簡の表記と、日本書紀・古事記歌謡の表記の共通性に注目しているところなのです。

川尻 どうも今日の議論は歌に結構重心がありそうな気がします。それはまた後でもう少し話し合うとして、吉村さんがおっしゃったのは、前期難波宮跡から出た「はるくさの……」の木簡ですね(二二二頁、**図2**参照)。「はるくさのはじめのとし」と読むのか、それとも「はるくさのはじめしとし」と読むのか、どちらなのかという。

吉村 「之」の字を「の」と読むか、「し」と読むか。訓仮名で読むのか音仮名で読むのか。いずれにしても、一字一音は間違いないですね。

ルーリー でも、根本的な問題として、吉村さんがおっしゃった一字一音のあり方は、様々なテキストによって変わるので、同一の表記ではないと思います。古事記の中の音仮名による歌の書かれ方と、日本書紀の歌の書かれ方は似ているけれども、その文字の性質は全然違います。また、万葉集の中でも、巻五の音仮名表記と巻一四の音仮名表記は違うので、やっぱり巻ごとに見なければなりません。同じように古事記の中の歌の書き方と、たとえば万葉集の巻一四の東歌の書き方とか、歌木簡の中の歌の書き方は、実は全然違います。基本的には同じ一字一音の原理に従っていますが、文脈ごとにその性質が異なるので、同時代に全然違うスタイルの一字一音表記が併存していると言うべきです。

吉村　ところで、日本史だけではなくて日本文学でも同じだと思うのですが、戦前から、しゃべっている日本語を書くというのは容易だという考え方がありました。武田祐吉さんもそのことを本に書いていますね。日本史の場合、たとえば大化改新の詔を考える時、最初、宣命体《せんみょうたい》、つまり日本語で書かれていた文章を、後に律令制の導入とともに漢文体に書き直したことになっていたんですよ。

ところが、稲岡耕二《いなおかこうじ》さんは、そう簡単に日本語なんか書けませんよと言う。つまり七世紀の半ばぐらいですと、漢字と漢文は書けるけれども、日本語の語順通りに文章は書けないと言う。私も、ああそうかなと思って、最初は驚きました。ただ、歌の表記としては一字一音表記が後から出てくるという考え方をとりました。これが七世紀後半の多くの木簡の出土によって覆されました。そうすると、日本書紀や古事記の歌謡の表記の方が、むしろ古い形であるという可能性が生まれてきた。木簡でこのように新しい事実が出てきたのが、何といっても面白いですね。

だからそういう意味では、日本語がどう書かれたかということが重要になります。歌詞を正確に表現するという問題があるのかもしれませんが、歌というのは一字一音で書き始めるということかと思います。それから、すでに犬飼さんがお書きになっていると思いますが、「はるくさ木簡」では、五七の句形になっていて、中国の影響も考えられます。いつ頃から五七形式が出てきたのか興味があります。

川尻　今いろいろうかがってきたことをまとめますと、今まで万葉集を研究するとなると、ほとんど歌集の内部からしか議論できなかったのですが、歌木簡をはじめとする出土文字資料の出現によって、外部から見る、つまり比較する史料が出てきたということが最大の成果と言えそうですね。

ルーリー　相対化できるようになったということですね。

■古代史研究と万葉集

川尻　それでは少し論点を変えて、古代史研究と万葉集の関係について話し合いたいと思います。この点については、鐘江さん、お願いします。

鐘江　私のように、古代史を研究している者が万葉集を見ると、そこにしか出てこないようなことばが結構あることに気づかされます。歴史学では、万葉集にありながら歴史書には出てこないようなことばを、都合良くつまみ食いをしてきたようなところがあります。万葉集というのは一体どういう性格のものかということにあまりこだわらないで、そこに出てくる歌を、奈良時代の絶対のものだとみなして扱ってきたのだと思うんですね。だから、歴史学の側から絶対視されてきたような部分が、木簡などの出土文字資料によって相対的に捉えられるようになったということは、とてもありがたいことです。八世紀、あるいは奈良時代という時代の中において、万葉集にしか出てこないような語彙《ごい》をもう一度捉え直すということが、これからの歴史研究では大事だと思っています。

注目すべきものはいろいろあると思うのです。宴会や人間関係の話などで、よくわれわれは万葉集を使いますが、たとえば万葉集の研究を専門としている人が大伴家持のことを調べようと思った時には、万葉集の中だけで家持の研究をしようとするところがないでしょうか。あまり言っちゃいけないのかもしれませんけど(笑)。実は家持のやっていることは歌のほかにもっといろいろあって、また万葉集の最後の歌を詠んだ後も、家持の人生はさらにまだ半分ぐらいはあるわけですから、そういうところをもっと見るようにしてから万葉集を使っていかなければいけないと、歴史学の側からは思っていました。

万葉集の歌とか語彙とか、漢字の使い方なども、相対的なものとして捉えられるようになってきたとなると、日本文学・日本語学の研究者はもちろん、歴史学の方からももう一回、歌の中に出てくることばというものを広い範囲の中で捉え直す必要が出てきた、今はそういう時期を迎えつつあるのかなと思います。

川尻　それはおっしゃる通りで、今まで日本文学、歴史学、そして考古学の間で、あまり対話がなかったのですけれども、共通の研究をする素材が出てきたということです。つまり、日本文学も歴史学も同じなのですが、やはり地下から出てきたわけですから、木簡が考古資料だということを忘れてはいけないですね。そういう中で、いろいろな分野の研究者が協業して研究していくという時代が来た。その意味でも、今は素晴らしいですね。私の学生の頃は、あるいは今でも同じかもしれませんが、文学では作者論が盛んで、たとえば大伴家持を歌人としてしか見ない傾向が強いのですが、歌人である前に官人なんだよなと思っていました。一方で、おそらく文学の方は、歴史学がやっているような、人物がほとんど出てこない、たとえば制度史研究に、違和感があったと思います。意思疎通が十分できなかったように感じていました。そうした状況が、今では相対化されつつあることは素晴らしいと思います。

吉村　犬飼さんも強調されていますが、歴史の研究者と違って、文学の研究者もやっと木簡が出てから同時代史料に向き合うようになりました。でも一方で、私たちの学生時代は日本史の研究ではそれほど写本研究が盛んだったわけではないのですね。私は、続日本紀《しょくにほんぎ》を研究する過程で文字の異同から写本が気になって研究を始めました。今も文学の方は、まだ写本研究が主流ですね。たとえば木簡学会という学会がありますが、日本語学をやっている方はかなり参加しています。でも、各大学に万葉集の研究者はおおむね一人ずついますけど、そういう人たちはなかなか参加していないような印象を持っています。

　万葉集などの古典には、いろいろ写本系統があって研究するのは大変でしょうけど、同時代史料に向き合うという姿勢を、本当は文学の人には持ってほしいと思います。

犬飼　日本文学の人たちの間でも、木簡が使えるようになって、万葉集と違う歌の世界があったという認識が確実になってきています。

吉村　そうなってきましたか。

犬飼　ただ、では自分が古代の日本文学の研究者として、どういうふうに木簡に向き合うかという時に、率直に言うと、ベテランから上の人は自分ではできない。木簡学会もひと頃、文学の専門の方が大勢来ていらした。でも、会場の一番後ろに座ってただ聞いているだけで、二、三年したら来なくなってしまった。私はこの本を見て、若い人たちが今までと違う方法で研究をしてくれることを願っています。心から願っています。

■倭語をどう書き、どう読むか

川尻　ここで少し話を変えまして、韓国から木簡が出土するようになったことも、非常に大きな衝撃だっ

犬飼　隆

たと思います。倭語というものをどう書き、どう読むか、ということを考える時に、今までは中国を基本にしていたわけですが、そこに日本の木簡と共に、新羅《しらぎ》、そして百済《くだら》関係の木簡が出てきて、六世紀前半の木簡、あるいは、もっと遡る木簡も百済などにはあるのではないかということが指摘されています。

犬飼さんが本書でもお書きになっていますが、韓国から木簡が出てきたことの意義ですね。たとえば「椋《くら》」とか「鎰《かぎ》」は、日本ではそれぞれ「倉」「鍵」という意味で用いられますが、本来の漢字にはこうした意味はありません。ところが、百済や新羅に日本と同じ用例があったことが分かり、どうも朝鮮半島での字義が日本へ伝わってきたのではないかということが言われ、ずいぶん見直しも進んできました。犬飼さん、いかがでしょうか。

犬飼　六世紀代の日本の史料というのはあまりないわけですが、五世紀の段階のものを見ると、これは政治とか祝い事に関係のあるものしかありません。それが七世紀から様子が変わってくるわけです。朝鮮半島のものが知られるようになって、少なくとも六世紀の状況が朝鮮半島との比較で分かるようになった。ですから、日本の史料は五世紀、七世紀と飛んでいるのですが、間の六世紀の史料が朝鮮半島に結構豊富なので、そこがうまくつながってきました。

ところで、変体漢文というものがあります。これについて私は本書にも書きましたが、八世紀までの変体漢文というのは、日本のものも朝鮮半島のものも、要するに中国語もどきであって、変体漢文と呼べるような文体をなしてはいないと考えています。朝鮮半島では、新羅の吏読《りとう》――韓国語だとイドと言いますが――あれが日本で言うと変体漢文に当たる文体です。日本では平安時代になると、記録体と呼んだりしますが、八世紀までは変体漢文という文体は、日本にも朝鮮半島にもなかったと考えていいと思います。書いた本人は、たとえば新羅語を書いたつもりとか、日本語を書いたつもりではなくて、中国語の行政文書を書いているつもりなのだけれど、なまってしまうというのが事実なのだろうと思います。

ルーリー　おっしゃる通り、変体漢文という用語は問題が多すぎて、平安以前の史料に当てはめるのはやめた方がいいという意見に賛成です。しかし、「中国語もどき」というのは、場合によって、必ずしも相応しくないでしょう。たとえば、法隆寺金堂《ほうりゅうじこんどう》の薬師如来像《やくしにょらいぞう》の光背銘《こうはい》(二二八頁、**図4**参照)のようなもの、あれは正式な、いわゆる正格漢文で書かれているわけではないけれども、それを書いた人が間違ってそういうふうに書いたとは考えづらいと思います。あれは偶然になまったとか、いわゆる正格漢文を書こうとして失敗した文体ではないです。文章の場合は、自分の書いた文体が中国のいわゆる正しい文体からずれているとは意識していないと考えられますし、もしそのずれが意識されても、それは間違いとして見られなかったかもしれません。

犬飼　朝鮮半島のものを見ても、状態は同じです。

ルーリー　こうしたテキストのスタンダードはどう呼ぶべきですか。中国語もどきのスタンダードですか?

川尻　その表現の仕方は難しいですね。

犬飼　本人はなまった文体で書いているつもりはないということです。

川尻　なるほど。外から見ればそう見えるけれども、本人たちはちゃんと書いているつもりだと。

ルーリー　本人たちは自分が正式な中国語の文体を書いているという意識があるわけですか。

犬飼　それは証明できませんよね。下級の役人がみな中国語を話せたわけではないし。その一方、日本書紀の文体は一般的に正式の漢文、正確な漢文を書こうとしたと言われていますが、あちこちなまっているところもあります。

ルーリー　でもそういうなまりと、たとえば木簡などに見える目的語が動詞の前に出てくる例とは根本的に違うと思います。日本の木簡などのこうした書き方は、犬飼さんの論考の中で指摘される通り、もともと朝鮮半島での同じような書き方が背後にあります。しかし、そういう文体をわざわざ法隆寺金堂の薬師如来像光背の銘文のような金石文にするという現象と、日本書紀に見られる正格漢文を書こうとしてたまたま失敗してちょっと和習が出てくる現象とは全く違います。薬師如来像銘のような文体があるスタンダードによって書かれたとすれば、それは中国の正式の漢文とは別のスタンダードだったと考えた方が自然だと思います。

犬飼　そう受け取っていただいてかまいません。ルーリーさんがいらっしゃるので、ちょっと話題に出したいのですが、私、以前、こういう例に出会ったことがありました。「ヒー・イズ・ア・ガードマン」というのは英語ですか？　違いますよね。英語なら「He's a security guard.」ですね。

ルーリー　そうですね。ガードマンは和製英語です。

犬飼　これは愛知県で万国博覧会があった時に、私が現場で聞き取って大事に使っている例ですが、五〇代ぐらいの女性が外国からいらしたお客さんに、ちょうど守衛さんが当番を終えた時だったでしたかね、

「ヒー・イズ・ア・ガードマン」って説明しているんです。その方はある程度英語に自信があったんだと思います。では、これは英語なのか、文法的に外れているところはない。しかし英語ではない。

私が中国語もどきと呼んでいるのはこれです。そういうスタンダードが八世紀の初めぐらいまで、朝鮮半島と列島に共通してあって、木簡に普通に使われている行政文書は、それの最も典型的なものではないかと思います。それが場合によっては金石文にさえ刻まれてしまうほどの一種のスタンダードなのだと。

■文体のスタンダードとは？

鐘江　今のお話を伺っていると、それを中国語もどきと言うべきなのか、それは研究者の表現の問題かもしれないのですが、中国を意識して使っているわけではないのではないかとも思います。

犬飼　意識はしていると思います。八世紀までの東アジアは漢字がグローバルですから。

鐘江　漢字はグローバルスタンダードで使っているのですが、中国人が使っている中国風を意識して使っているのか、それとも朝鮮半島と日本との間でだけ意識してそれを使っているのか、というところを、どこに重点を置いて評価するかですね。

犬飼　それは程度の問題になると思うのですが、中国の周辺で漢字を導入した地域は、ベトナムも含めてどこも同じだったと思います。西の方は史料がないので今は分かりませんけれど。

鐘江　そうした文体を、日本で漢字を使いだす人がどれぐらい意識をして使っているのかという点は、たとえば政治文化を考えたりする時には、とても大事な問題だと思っています。中国を意識してまねているのか、それとも朝鮮半島でやっているから、取りあえず持ってきたのかというのは、ある程度、当時の人たちは考えていたんじゃないかなと思います。

今までは中国がお手本だということが絶対の常識で歴史の研究をやってきたわけですが、本当にそれでいいのか、と考えるようになってきました。その原因が先ほど来の話題となっている朝鮮半島と日本との七世紀の共通性です。中国を理想にして、中国文化を日本に植え付けたいと考えるならば、もっと早い時期により本格的に中国文化を取り入れていてもよいと思うんですよね。それにもかかわらず、中国語でないような、中国語もどきで世の中にスタンダードができて、それで社会を動かそうとしているっていうのが七世紀の姿なのかなと思うのです。ですから、中国化しようという意識があるのかどうかというのは、今後もっと深めていかなければいけない問題だと思っています。

鐘江宏之

川尻 鐘江さんは、七世紀というのは朝鮮半島的な要素が結構強く、それが八世紀になった段階で急激に中国的な文化に変わっていくという持論をお持ちですね。

鐘江 そうです。最近そのあたりの研究が進んできて、七世紀の日本の状態は中国化を目指している前段階として捉えるのか、それとも朝鮮半島をお手本として見ていたのかという問題が出てきました。今までは当然中国を向いていただろうと思われていたのですが、私自身は、むしろ中国じゃない、つまり朝鮮半島を見ていたと考えています。ですから先ほどの犬飼さんの言われる中国語もどきが一つのスタンダードになって、世の中を動かす仕組みができていったと、私も考えているのです。

川尻 どこをスタンダードにするかが大事ですね。

鐘江　それをどう評価するかの問題だと思うんです。現象としては同じことを捉えていても、どこに評価すべき軸を持ってきて、どういう用語を使うかというのは、とても大事なことだと思うのです。

たとえば政治文化、政治のための技術だとか、書類だとかを中国化しようと思ったら、もっと中国的なものを持ってこられるはずなのに、そうではないものが社会の仕組みになっていく時代、それが七世紀だということになると、先ほどの筆記の文体の問題が重要になります。それはやはりスタンダードがどこにあるのかという問題にかかわってくると思います。

犬飼　そのスタンダードの変化については、私も全く同感です。簡単に言うと、藤原京《ふじわらきょう》の時代までは朝鮮半島風のものがスタンダードだと思っていたけれども、大宝《たいほう》二年(七〇二)の遣唐使《けんとうし》(約三〇年ぶりに中国に派遣され、唐から多くの文物を持ち帰った)が唐のようすを見たら違っていたというので、平城京《へいじょうきょう》の時代へと切り替える。

川尻　私も鐘江さんが出された説に賛成です。ただ、きっちり二つに分けることはできませんが、王権のような上部構造はやっぱり中国的な要素が強く、在地というか、下部構造は朝鮮半島系の影響が強いのではないかと、私は考えています。部民なども、百済から入るわけですね。

吉村　六世紀に文字に関係するのはフミヒトですよね。渡来系移住民で朝鮮半島系が多いことは事実です。それともう一つは、熊本県の和水町《なごみ》にある江田船山古墳《えたふなやま》から出てきた五世紀後半の銀錯銘《ぎんさくめい》大刀に「書者」が出てきます(三〇頁、**図3**参照)。あれは田中史生《たなかふみお》さんも同じ意見ですが、フミヒトと読んでいいと思うんですね。問題となるのは、そのフミヒトが「張安」、張というのはもともと中国的な単姓《たんせい》です。その頃は中国の南朝《なんちょう》と百済との関係が非常に密接なので、中国から来たのか、あるいは中国から百済を経由して来たのか分かりませんが、いずれにしても中国から来た人もフミヒトと呼ばれている。その人たちの出身地域の文字文化とか政治文化から影響を受けるわけですよね。半島系といっても、たとえば欽明《きんめい》朝にやって来る人たちは、だいたい百済系ですね。

そういうこともありましたので、朝鮮半島との関係というのは当然かなとも思います。ただ、川尻さんが言われたように、たとえば魏志倭人伝《ぎしわじんでん》なんか見ていても、官僚の管理職の名前は中国的です。

川尻　上部の政治構造のところは中国的な要素が強いかなと。

吉村　官職の名称は日本的な名称と、中国的な名称があります。推古《すいこ》朝における官司には、同時代史料で「尻官」、日本書紀では「馬官」・「寺司」・「筑紫大宰」などが見えますね。こうした官司ができたので、冠位十二階制が始まったのでしょうか。孝徳《こうとく》朝では、「刑部尚書」・「衛部」・「将作大匠」・「判事」などが見えます。これらも中国的な名称ですから、ある意味、倭と中国的名称との二重構造みたいなものですかね。

川尻　在地を統治する時、具体的な支配方法は渡来系移住民の知識が必要になるので、朝鮮半島的な要素がどうしても強くなりますが、王権の構造などは中国的なものもかなり多いのかもしれないと思います。

吉村　五世紀に、倭の五王は中国と直接交渉をするわけですね。ただ、宋書倭国伝は外交交渉が中心で倭国の支配の仕組みについては、具体的な中身はほとんど分かりません。

渡来系移住民の話題に戻りますが、中国との交渉で、なぜあれだけ倭国王の将軍名称にこだわるかというと、むしろ朝鮮半島から必要なものを引き寄せるために、当初は百済を含め、新羅とか加耶《かや》に対する軍事的支配権を強調するからではないでしょうか。これまでは鉄を中心にその要因を考えていましたね。日本では鉄製品が必要ですから。でも、もう少し文化の輸入という問題も考慮することは必要でしょう。考古学的な発掘で検証できるかどうかは、別問題ですが。

■七世紀の文字文化

鐘江　ちょっと話がずれるかもしれないのですが、さっき江田船山古墳の鉄刀の話が出ましたが、あの段階で文字を書いている人っていうのは、本当にひと握りの人ですよね。その段階では、文字はやっぱりある意味特殊な技術で、日常的にはまず使っていないですよね。

先ほど話題になっていた、七世紀段階で何らかの文章を書けるような人たちとなると、人数は少ないと思いますが、六世紀よりは増えていたんですね。ですから、そこは多分、文字を操る人のスタンダードが変わってきているはずだと思います。

文字が広がっていることが明らかなのは、政治の仕組みの中です。たとえば戸籍を作るようになれば、文字を書ける人が全国に散らばっていなければならないわけですね。庚午年籍《こうごねんじゃく》(六七〇年作成)というのは、その年の前後に地方に書記がたくさんいなければできないわけです。だからその段階では庚午年籍前後の筆記のスタンダードというのは多分あって、それは戸籍を作るだけじゃなく、手紙も書けて……と言うことはできると思うのですが、じゃあそれはどういうスタンダードであったのかという問題が出てきます。

今は史料が少ないですが、これから徐々に文字資料が発掘されてきたら、そういうことが少しずつ分かってくるかもしれません。あるいは、今までに知られている史料だってもう一度そういう見方で見直していったら、もうちょっと気付くこともあるかもしれない。

川尻　戸籍を作る前段階の史料として、国分《こくぶ》松本《まつもと》遺跡(福岡県太宰府《だざいふ》市)の木簡が出てきましたからね(四七頁、図7参照）。

鐘江　ああいうものが出てくるとは二〇年前には全然考えていなかったわけです。国分松本遺跡のような木簡が出てくることによって、戸籍が実際にどんな制度なのかを確かめることができるようになりました。そして、七世紀の地方木簡出土の遺跡として研究が先行している西河原森ノ内《にしがわらもりのうち》遺跡（滋賀県野洲《やす》市）の世界とは、多分共通している部分があると思います。八世紀の場合には律令の内容が分かっているので、いろいろな体系的な事象をうまく考えることができましたが、七世紀は基準になるものがないので、よく分からなかったのです。しかし、先ほど述べた木簡などを合わせて考えていけば、新たな展望が開けてくるのではないでしょうか。

また、それと比べられるような朝鮮半島の出土文字資料、それから金石文などが新たに出てきたということが、今後の研究を支えてくれると思っています。

川尻　新しいモノが出てきて、史料的には革命的な変化が起こりつつあるのですが、それをまだ歴史学では十分使いこなしきれていないというのが実情です。あるいは、案外若い人でもあまり興味を持っていない人も多かったりして、ちょっとそれは心配なところですね。

■「口頭と文字」の関係性

川尻　ところで、もう一つ「文字とことば」について考えていくうえで、「口頭と文字」という問題が、歴史学でも、あるいは日本文学でも非常に大きな問題だと思います。古代史では、初期にこの問題を提起されたのは早川庄八《はやかわしょうはち》さんでした。それ以降研究が進んでいますが、その牽引者の一人が鐘江さんです。口頭についての研究によって、どういうふうに今までの古代史研究が変わったのか。あるいは史料の読み替えが可能になってきたのか。そのあたりで口火を切っていただけますか。

鐘江　早川さんはお亡くなりになったので直接聞けないのが歯がゆいのですが、「口頭から文字へ」というシェーマで、たとえば「前白木簡《ぜんぱくもっかん》」といったものを扱われましたね。早川さんがどこまで意識していたのか分からないのですが、前白木簡というのは口頭から文字へという流れの上に乗せて考えるべきものなのか、ということを、もう一回考え直さなければいけないと思っています。つまり、前白木簡は、「何々の前に白す(申す)」という定形の句が入りますが、「申す」があるので口で言っているかのように見えます。しかし、あれは書記言語なんですね。書式として文字化しているものなので、口で同じことを言っていたという保証はないんです。ですから、口頭から文字へという流れの上で解釈してよいものなのかどうかという点は、検討し直さなければいけないと思っています。

政治の場面などでも、素朴に、口で言うのは原始的で、文字を使って文章で渡すのが一段階上の文明化だという、そういう考え方でいいのか。こういうところが、今いろいろな史料についてもう一度見直されている理由だと思います。口で言うことが、そのまま文字で書いて渡すということに置き換わらない部分もあります。文章を使うようになった時代でも、口で言わなければならないという場面があって、口頭で物事を伝えることもあります。ですから、口で言っていたことが完全に、全部文字を使った文書で渡すということに置き換わっていくわけではないのです。

それから、木簡を使っていると、文字が読めない人に対しても、木簡を見せるわけですよね。だけど、実際に内容を伝えようと思ったら、多分口でしか伝わらないこともある。いろいろな手続きを口頭でしようとすることと、文字を使って伝えるということは、奈良時代ぐらいだと、両方を使い分けながらやっているわけです。全部文字に置き換わるためには、識字率がもっと上がっていなければなりません。また、口頭だけで済むというようなものが、だんだん駆逐されていくのかどうか分かりませんが、なくなっていかないと全部文書には置き換わらないはずなので。そういう、簡単に口頭から文字へ、というような、文字を使うようになったら全部一八〇度変わっていくという議論ではない、そういった多様なところをこれから明らかにしていかなければいけないと思っています。

吉村　だから、「口頭から文字へ」ではなくて、「口頭から文字プラス口頭へ」なんですよね。それとまた、中世に入ると、戦いが起こって文書を取られちゃうと困るので、やはり口頭の意味が非常に大きくなるということは、最近ずいぶん言われていますよね。

川尻　本書の「〈文字とことば〉への招待」でも触れたのですが、実は使者が本人であるかどうかを証明する、つまり身分証明書のような役割を持つ文書が出てくるんですね。この使者が行くからその話を聞いてくれ、という内容の文書を持参し、先方が本人かどうかを確認することになります。中世史では、当事者が文書を持参することを中世的文書主義と言うようですが、少なくとも八世紀の終わりぐらいには出てきます。文字の普及によって、口頭の重要性が逆にあぶり出されてくる、こういう逆転現象も起きます。やはり、詳しいことは文書だけでは伝えられないのと、機密性という点で口頭は優れているのです。

吉村　早川さんの場合、国造を呼び寄せて口頭で話をすることに、前期難波宮があれだけ巨大化した理由を求めたわけです。ところが、実際には、都はまた飛鳥に戻って、宮の形はまったく変わってしまいます。特にいわゆる朝堂院《ちょうどういん》（大内裏の正庁）部分が小さくなってくることが明らかです。しかし、簡単に口頭から文書による伝達に切り替わるわけではないのだと思いますけどね。

ルーリー　こうした問題を文学の方からアプローチすれば、まず頭に浮かんでくるのは政務の描写の問題だと思います。古事記などを見ると、たとえば「聞《き》こす」とか、「返《かえ》り事《ごと》申す」とか、いろいろなキータームが出てきます。そこに文字以前の、上と下の関係が口頭で行われる政治的世界がチラッと見えるわけです。しかし、それはあくまでも古事記などの八世紀の作品における描写の問題で、七世紀以前に主従の関係が現実にこのように行われていたということは保証できないのですが。

もう一つは、こうした古くからあったはずの文字以前の倭の世界に、朝鮮半島から文字の読み書きを通じて政務を行うテクノロジーが入ってくる時、それまでの口頭の世界での上下関係の上に、文字の伝達方法が重なります。両者は別な働き方をしますから、それは多分、ある程度両立しながらパラレルに存在したと思います。しかし、言うまでもないことですが、存在し続けたはずの伝統的な口頭の世界は史料で直接見えないです。先に鐘江さんが指摘された通り、「前白木簡」は表面的に口頭伝達の名残のように見えますが、これもテキストにおける口頭伝達の描写でしかないので、根本的に古事記における「返り事申す」などのタームと同じような問題性を含みます。木簡など、どんな新しい史料が出てきても、多分こうした問題は解決できないと思います。

そして、口頭と文字の関係を考える時に、もう一つの問題が視野に入るのです。口頭がまず存在して、その上に文字が被さっていくということが多く論じられますが、少なくとも七―八

デイヴィッド・ルーリー

世紀の段階では、やはり文字テキストを読み上げることもすごく大事だったと思います。つまり、「文字から口頭へ」ということも考えなければならないです。たとえば、日本書紀には、蘇我入鹿《そがのいるか》が暗殺される時に、「三韓《さんかん》の表文」が読み上げられるというくだりがある。宣命や祝詞《のりと》の場合にも、既存のテキストが読み上げられます。こうした読み上げるという行為に注意する必要があるのです。ちょっと時代が下りますが、訓点本《くんてんぼん》(漢文にヲコト点・仮名などの訓点が付けられた書物)は読み上げるために作られますが、それが読み上げられると、訂正された上でその訓《よ》みは再び文字化されるので、文字→口頭→文字にもなり得ますね。口頭が文字化されることは強調されがちですが、文字が口頭化されることもすごく大事だと思います。

■黙読と音読

川尻　ところで、われわれは黙読をしますけど、前近代の人は黙読ってどうなんでしょうか。

吉村　音読なんですよ。

川尻　そうですね。音読が基本で、それについての研究がありますね。

ルーリー　でも、黙読もあったと思います。木簡を考えれば、たとえば平城宮の倉庫の中にいろいろな荷札の木簡がある場合には、宮廷の儀式の準備のためにアワビなどを探す時、荷札を全部口で読み上げるとは考えられない。そういう姿になっているテキストは、やっぱりある程度黙読されたことは認めるべきだと思います。フォーマルのテキストの場合、歌とか宣命とか、何かそういう決まった形の文章はやっぱり音読が大変重要だと思いますが、黙読が存在しなかったとは、ちょっと考えづらいと思います。

鐘江　何から黙読を見出すかですよね。

犬飼　テキストについては、黙読をしなかったというのが定説ですね。だけど、ルーリーさんがおっしゃるように、行政で作っている木簡までいちいち音読をしていたとは考えなくてもいいと思いますね。

それから、宣命は、天皇の命令なので一種の音楽だと私は思っています。独特の口調を伴って口頭で言うから意味がある。続日本紀の宣命に、それがほのめかされるように書かれているところがあるので、あれがしゃべったように書いてあるのだとは思わない。

鐘江　仲野親王《なかのしんのう》でしたか。宣命を読み上げるのがうまい人がいて、その読み方をちゃんと教えて伝えるように、という史料が九世紀にはありますよね。だからそういう理想的な読まれ方というのが朝廷の中にあって、独特な発達を遂げていたということはあると思いますね。

川尻　節《ふし》を付けてということですね、おそらく。

鐘江　どんな節を付けたかは分かりませんが。

川尻　歌もそうですよね、節を付けて。それはどうやったかは分かりませんけどね。

ルーリー　そして歌の場合にも、既存のテキストが読み上げられたと思わせる痕跡はありますね、万葉集の中にも。

■文字の機能

川尻　ちょっと話が変わりますが、加茂《かも》遺跡（石川県津幡《つばた》町）の牓示《ぼうじ》札《ふだ》は、役人が読んで聞かせたというのが通説ですが、どうなのですか。

鐘江　あれは、全文その場所で読むんでしょうかね。あの通りに読んだのでは、読んでいる方も聞いている方も分かりづらいでしょう。だから絶対かみ砕いて説明しなければ伝わらない。ただし、あの中には口《く》示《じ》でしたか、口で言って伝えなさいという指示も出てきます。それから、あの牓示札自体は、支配力を見せつけるような視覚的な効果があったと思うのです。もちろん、文字を読める人ならば、直接、読むのでしょうけど。

川尻 どう命令を伝えるのかというのは、難しいけど、知りたいところですね。

吉村 郡司《ぐんじ》クラスまでは読めるでしょう。

鐘江 郡司より少し下までは読めると思いますね。

ルーリー それは世界的に考えれば、前近代のリテラシー全般に関する問題です。文字とかかわる人間が、必ずしも自分で読み書きができるとは限らないですね。他の人を通じてその話を聞いたりしても差し支えない。自分で読めても、遠いから見えないとか、テキストが入手しにくいとかいう場合もあります。たとえば更級日記《さらしなにっき》の作者の菅原孝標《すがわらのたかすえ》の女《むすめ》は、源氏物語《げんじものがたり》のストーリーを、周りの人から聞いているので、本を得て自分で読むようになるはるか前から、あらすじのレベルで全部知っているわけです。こうした例のように、本人が読み書きができるかどうかというよりは、テキストの内容が分かる関係者が周りにいるかどうかという問題が肝心だと思います。

加茂遺跡の牓示札、あるいは上野三碑《こうずけさんぴ》の中の多胡碑《たごひ》(群馬県高崎市)、あれも同じように、すべての人が読めなくても、周りの誰かがその内容を把握できれば、一応そのテキストの機能は果たされたわけです。

鐘江 そういう点では、召喚《しょうかん》の木簡なども同じなんですね。人に見せるための証拠品ではあるけれど、命令は口で伝えればいいわけですからね。それに当事者の周りに誰か他の人がいれば、命令された内容についていろいろ相談することも可能かも知れないでしょう。そういう複合的な伝達手段についても、今後史料から考えなければいけないかなという気がします。

犬飼　よく言われる例ですけど、日本霊異記《にほんりょういき》に大きな召喚木簡が出てきますね(中巻、第一〇縁)。

川尻　四尺でしたっけ。

鐘江　あの話の中には、召し出される兵士は木簡を読んだとは一言も書かれていないですね。

川尻　それは文字というものに対して感じる神秘性というか、権威のようなものが残っているからだと思います。鉄剣銘も、読める人はほとんどいないわけですが、金色で書いてあるっていうのは権威を示すという意味合いが強くて、そういう文字の機能はやっぱり後々まで残るところがあるのでしょう。たとえば今だって、学生がサンスクリットで書かれたお守りを持っていたりします。でもあれ、読めないですよ、普通は。それでも持っているというのは、文字に神秘的な力を感じるからなのでしょう。

鐘江　中世に先祖供養のために立てられた板碑《いたび》なんか、サンスクリットで書かれた種子《しゅじ》(どのような仏かを示す文字)を見て、分かっている人はどのくらいいたんでしょうかねえ。

ルーリー　今、アメリカの大学に行くと、特に東海岸にある割と古い大学には、建物にラテン語の銘文が多いです。

川尻　日本でもそうです。

ルーリー　今ほとんどのアメリカ人は、私を含めてラテン語は読めないのですが、同じような現象ですね。あれはアルファベットだから、ある程度声に出して読めるわけですが、意味は全然通じません。でもそういう、あるべきところに銘文があることで、アメリカの大学はヨーロッパからの知的伝統を守っていると

吉村武彦

いうメッセージを、文字の内容よりはその文字の表面から伝えていると言うべきです。これはある意味では古墳時代の鏡や鉄剣にある銘文と同じような世界、同じような文字の機能だと思います。

吉村　これは難しい問題ですね。たとえば和同開珎《わどうかいちん》は貨幣ですが、厭勝銭《ようしょうせん》（災いを避け好運を願うために用いられた銭）にも使われるわけですね。つまり、文字なのか記号なのか、という問題があります。文字として認識するということは、そう簡単じゃない。たとえば弥生時代に文字があると言う人がいます。確かに文字らしきものはあるのですが、文字として認識していたかどうか。墨書土器《ぼくしょどき》（文字や絵・記号などが墨で書かれた土器）を見ていても、たとえば「奉」というのもいろいろな字体があります。本当に字を知っていて、「奉る」という文字認識を持って書くのであればあんなに多くの字体が出てこないのではないでしょうか。「本」って書いて普通は「本」の異体字《いたいじ》と見るのですが、「奉」の字のこともあります。ものすごく略した書き方です。

鐘江　左右反転したのがあって。

川尻　鏡文字《かがみもじ》ですね。

鐘江　あれは字だと思って書いてはいない、と思われるようなものがいろいろありますね。

川尻　行基《ぎょうき》が建立したことで有名な大野《おおの》寺《でら》跡（大阪府堺市）の土塔《どとう》の発掘現場を見学した時、瓦に書かれた文字で、たとえば右はらいと左はらいが左右逆になった鏡文字がたくさんありました。多分、文字を書けない人が絵だと認識して書いているのでしょう。

鐘江　字として書いているのではなくて、記号ですね。

吉村　その反対に写経なんかは、本当に綺麗でしょ。あれは文字を知らない人でも書けるって言う人もいますけど、私は文字を知らないとあれだけ正確に書けないと思っているのです。

鐘江　全然違う話になるかもしれませんけど、九―一〇世紀の蝦夷《えみし》の社会の遺跡の中で墨書土器が出てきます。まさに全然文字を使っていないと思われるようなところで、「寺」って書いてある墨書土器があちこちの遺跡から出てくるのですね。しかもそこはお寺ではないんですよ。普通の竪穴住居《たてあなじゅうきょ》跡から「寺」の字が出てきます。何でそういうふうに出てくるのかよく分かりませんし、寺の字の意味が分かっているかどうかも分かりません。とにかく何かありがたいものとして、ある時期にはかなり広がっていくということだと思います。その時期を過ぎて、もっと文字が浸透していくと、普通の意味で「寺」の字を使うようになるのかもしれません。

七世紀とか八世紀のことは先ほどから話題になっていますが、九世紀ぐらいの蝦夷の社会にも、何か同じような側面もあると思います。

川尻　口頭から文字へ、というテーマは、少し考え直さなければいけないということですね。

鐘江　大きな意味では口頭から文字へ、なのですが、単純じゃないんですよ。また、文字で書いてある史料から、口頭による伝達を探し出すというのはすごく難しいことで、何に気を付ければそれが見つけられるのかというのは、まだ研究途上だと思うのです。いろいろな史料をどういうふうに使うか、これから工夫をしていかなければいけないと思います。

川尻　でも口頭という考えがあったからこそ、鐘江さんは多胡碑に口頭の世界を見つけたのでしたね（本書七五―七六頁参照）。それまでは、皆さん文書を写した石碑として読んでいましたものね。

鐘江　あれは文書様式にのっとった文書として読まない方がよいのではないかとひらめいたんです。

川尻　私もその説に賛成なのです。でもそれは口頭という考え方が研究の中で出てきて、学問的に問い直しができるようになった成果でしょう。

鐘江　そうです。口頭という行為の場面を考えながら、史料を読むようになったからということですね。

■ 仮名の発生をどう見るか

川尻　今から七、八年前になるでしょうか、このシリーズの『古代の都』に書いてくれた網伸也《あみのぶや》さんから連絡があって、藤原良相邸《ふじわらのよしみてい》が出たから見に来ないかという誘いがありました。それで行ってみて、あのひらがなが書かれた墨書土器が出てきたのにはびっくりしました（本書一一九頁参照）。それまではひらがなの史料っていったら、「藤原有年申文《ふじわらのありとしもうしぶみ》」か、東寺の食堂《じきどう》に安置されていた仏像の中から出た檜扇《ひおうぎ》か、あとは多賀城《たがじょう》の漆紙文書《うるしがみもんじょ》ぐらいだったのが、この遺跡から出てきたことに驚きました。もちろん歌木簡も出てきていて、史料は続くと言いますがそのとおりです。その結果、同時代史料がかなり分かってきました。

なぜひらがなが発生したのかということは、やっぱり重要な問題なのだろうなと思います。まだまだ研究の途上であって、新しい見解が出てくると思うのですが、その辺をどのように考えるのか。そしてそれがひらがなで書かれた古今和歌集《こきんわかしゅう》として結実することと、どのように関係づけて考えていくのか、お考えをお聞かせいただきたいと思います。研究されている犬飼さん、いかがですか。

犬飼　さっきの中国語もどきと同じで、ちょっと極端な言い方をしますけど、私はひらがなができたのは古今和歌集が作られた時だというふうに、最近はもののたとえとして言っています。川尻さんもお書きになっていますが、宇多《うだ》天皇の時代の政治のあり方と特殊な性格というのがあって、あそこで一つ、一段階ジャンプするようなことがあったと思っています。

それで万葉集ができた経緯については、古今和歌集の真名序《まなじょ》、紀淑望《きのよしもち》の漢文の序に「平城天子《へいぜいのてんし》、侍臣《じしん》に詔《みことのり》して万葉集を選ばしめたまふ」と書いてある、これが唯一の記録なんですね。他に記録がない。で、この続きにですね、紀友則《きのとものり》と紀貫之《きのつらゆき》と凡河内躬恒《おおしこうちのみつね》と壬生忠岑《みぶのただみね》らに詔して歌集を編纂させて「続万葉集《しょくまんようしゅう》と曰《い》ふ」、それで一度できあがったんだけど、もう一度作り直せという詔勅があって、それで古今和歌集二〇巻に直して奉ったのだと書いてあるのです。

夢みたいな話ですが、私、この最初の段階の続万葉集は、新撰万葉集と同じような漢字で書かれた歌集だったのではないかと。そして古今和歌集にきちんと——きちんと、というのは、万葉集に比べてはるかにということですが——編集し直した時に思いきって仮名で書くことをした、と考えています。

そして、これは勅撰和歌集《ちょくせんわかしゅう》なので、ひらがなを日本のオフィシャルな文字として初めて認めたものなのです。

良相邸の史料は私も本当に画期的なものだと思います。あれは九世紀ですか？

川尻　九世紀半ばです。その説、面白いですね。

犬飼　ちょうど五〇年というのはいい間合いなので。九世紀の後半にひらがなが現れ、主に歌だと思いますが、それが一般化して、広がっていった。というか、土台になった。それで一〇世紀の初めの古今和歌集でジャンプをしたと考えています。

川尻　私が気になっているのは、続日本後紀《しょくにほんこうき》の中に、嘉祥《かしょう》二年（八四九）三月、仁明《にんみょう》天皇の四〇歳のお祝いに興福寺の僧侶が長歌を奉る記事がありますが、その歌が漢字と万葉仮名で書かれているんですね（本書一二四頁参照）。その記事は藤原良房《よしふさ》の意向で続日本紀に収められたようで、良房は良相のお兄さんに当たります。ほぼ同時期に、公的には漢字と万葉仮名が交じった「倭歌」表記がありながら、一方では私宅ではひらがなで和歌を詠むという、過渡的な時代が九世紀半ばなのではないかなと思っています。

犬飼　これも川尻さんがお書きになっていますが、勅撰漢詩集ができた時代でもあるんです。つまり同じ時にオフィシャルな中国語もどきと、内実としての日本文化というのが両方グーッと出てきます。でも、それはなぜだったんでしょうね。

川尻　嵯峨《さが》とか淳和《じゅんな》は勅撰漢詩集を自分で作って自分の歌を収めます。ところが古今集には天皇や上皇の歌は収めない（本書一五六—一五七頁、コラム参照）。これは、中国の律令に皇帝の規定があることと同じで、勅撰の漢詩集では天皇も臣下と共に礼の秩序を共有する。それに対して、日本の律令の中には、古今集に歌が入っていないのと同じく、天皇を規定しません。それは漢の世界と、和の世界と言い換えることもできます。古今集はやっぱり和の世界なのだというのが私の考え方ですね。私のイメージでは、在位中の宇多は漢詩的、退位すると和歌的性格が強くなると思っていますが、どうなんでしょうか。

■ ひらがなと即興性

川尻　もう一つお聞きしたいのは、和歌を書く場の問題です。歌木簡の場合、犬飼さんは、あらかじめ考えた上で書いて持っていくと考えておられますが、伊勢物語《いせものがたり》には、上《かみ》の句が書かれたかわらけを女性が差し出すと、男性が下《しも》の句を書き加える話があります（第六九段）。どうも、即興性が強いですよね。そうすると、やっぱりひらがなが出てくるというのは、即興性と関係するのではないかと私は考えています。つまり速記文字です。自分の思いをなるべく早く書きたいって思うと、訓字では無理だし、万葉仮名でも時間がかかってしまう。自分のほとばしり出てくるようなことばを簡略に書くというのは、やっぱりひらがなっていうのが便利なのではないでしょうか。だからある意味で口頭に近い文字がひらがなだとは言えませんか。

犬飼　私は「歌木簡」という用語を使いません。栄原永遠男《さかえはらとわお》氏が、習書や落書きでなくて、歌を書くことを目的にした木簡があると言われたのは画期的でした。「難波津の歌」は文学作品でなく典礼用だったという私の説を前提にしていますから、役人が仕事として和歌をうたうために作る木簡です。それで、荷札木簡や文書木簡などと並ぶ類型として歌木簡を提案されたのですが、今まで出たわずかな例から類型を認めるのは無理だと思います。実際の使い方についてもいろいろ考えなくてはならない。そういうおもとの議論ができていないまま、定義もなしにこの用語を使う人が多くて感心しません。

それは置いておいて、歌を書いた木簡は、先ほどお話に出た、鐘江さんが牓示札について、あれは権威の視覚化とおっしゃったのと、私は同じだと思っています。その場で読むということではなくて。こういう歌を今日は儀式でうたいますというので、万葉仮名で初めからきちんと書いて、儀式の場に持っていって飾るものだと思います。あらかじめ用意して持っていくからあんなに大きいのだと考えています。懐に入りませんから。こんなのですよ（手で大きさを示す）。役人たちが使っていた笏《しゃく》だったら三〇センチぐらいだから懐に入るんですけど。六〇センチ、二尺のものは特別だと思っています。

　さっきのお話に戻ると、川尻さんがおっしゃっていることは、私は非常に納得ができます。もともと歌というのはラヴレターだったり、個人的な思いを伝えるメディアとして古くからあったのだと思うんです。五七五七七の形式は、平安になるとちょっと教養のある者は誰でもそれを作る技術があった。歌は創作のように見えるけど、あれはそうじゃないんですね。決まったパターンがいくつもあって、その中から状況に応じて、固有名詞とか単語を少し変えたら、それで歌になるっていうことでしょう。だから少し勉強をしていれば、その場でささっと作れる。その時にひらがなというのは確かにすらすらっと書けますから実に即興性がある。かわらけに歌を書くのは、密かな思いを伝えるためです。そういう場面でも、実に簡単に、筆さえ持っていれば書けるという性格があったのだと思います。

　伊勢物語の最初のお話というのは、若い男が綺麗な女性に一目惚れして、歌を贈りたいんだけど書くものがないから、自分の着ているものを切り取って書いて贈るというものです。だから、墨と筆は持っているわけですね。墨も筆もないと、伊勢物語の六九段にあるみたいに、消し炭でかわらけに書くわけです。

川尻　歌を書く時って、声に出しながらするのですかね。何かブツブツつぶやきながら歌を書くとか、そういうイメージですが。

犬飼　響きが良くないといい歌じゃないから、きっと声に出していると思います。

川尻　藤原良相邸から九世紀半ばの文字が出てきて、しかも地方でも、鹿児島県霧島《きりしま》市の大隅国府《おおすみこくふ》跡（気《け》色《しき》の杜《もり》遺跡）、それから富山県射水《いみず》市、さらに茨城県阿見《あみ》町や山梨県甲州市でも、ひらがな、そしてひらがなの和歌が出土してきた。甲州市の場合にはそれこそ焼く前のお皿に文字を書いたのです。それがなぜ書かれたのかについては、いろいろな説があるわけですが、そういう史料が増えてきているところからすれば、今後和歌史からの研究も多くなってくるのかなと思います。

ルーリー　まだ説明されていない一つの現象としては、訓字で歌を書くことがあります。稲岡耕二さんの説によると、一字一音で書くことがまだできなかった時代に、人麻呂は仕方なく訓字で歌を書いた。そして、その最初の試みは略体歌の形になっていた、ということでした。しかし、犬飼さんが指摘されたように、今は人麻呂が活躍した七世紀第4四半期以前にも、歌は万葉仮名で書かれていたことは、木簡で確認できます。七世紀中頃から、ひらがなの資料が出てくる平安初期までの段階を全体的に見ると、そしてさらに古今集の時代まで見渡せば、歌が訓字で書かれるケースはかなり限られていたことが分かります。万葉集の中で、人麻呂の略体歌は極端なケースですが、万葉仮名が混ざっているものを含めて訓字主体で書かれる歌は巻一から四、そして巻六から一三です。巻の数でも、歌数でも、これは過半数を超えますが、残りの巻の歌はほとんど万葉仮名で書かれています。万葉集以外となると、新撰万葉集とか、あとは正倉《しょうそう》院文書《いんもんじょ》の中に一首だけ訓字主体の書き方になっているものがありますが、実はすごく少ないんですよね。

しかし、犬飼さんが本書で書かれているように、やっぱり分節などを考えれば、歌でも、一字一音で書くことは結構読みづらい面がある。たとえば日本書紀の万葉仮名で書かれている歌の注釈をする場合には、釈日本紀《しゃくにほんぎ》（鎌倉時代末期にできた日本書紀の注釈書）のように万葉仮名の脇に必ず訓字を添え、訓字に頼って歌を注釈しようとします。一二世紀に、顕昭《けんじょう》や藤原清輔《きよすけ》等によってひらがなで書かれた和歌が学問の対象になると、難解な単語や句に必ず訓字が当てられて注釈が行われます。これにはいろいろな原因があるんですが、やはり一つは仮名だけの歌の読みづらさです。

どうしてこんなに読みづらい一字一音のスタイルで歌を書くことが主流だったのかということが、問題になります。逆にどうして限られた文脈だけに訓字主体で和歌が書かれるかというもう一つの問題も出てきますが、どちらの問題も解決されていないと思います。簡単に歌が口頭のものだから、仮名で書くのが自然だと考えるのは間違いです。それには説明が必要だと思います。

犬飼　それについては、私は一つの考えを持っています。万葉集の歌の、たぶん六割から七割が訓字主体ですね。あれは簡単に言うと、「吏読」だと思っています。天武《てんむ》・持統《じとう》朝は中国との直接的な国交がないので、新羅に留学僧《るがくそう》を送っています。そして彼らが勉強して帰ってくるのは、七世紀の末から八世紀の初めになるんですね。その書き方を万葉集は主流として採用しているのではないでしょうか。それは別の言い方をすると、万葉集は読み物として書かれたということにつながると思っています。

万葉仮名で書いたり、ひらがなで書いたりするのは、やっぱり歌の世界です。口頭でうたうというところに軸足があれば、そういうふうに書く。

吉村　小林芳規《こばやしよしのり》さんの角筆《かくひつ》の研究によれば、朝鮮半島でも漢字の読み方を示す例があります。日本でも歌は、実際はおそらく犬飼さんが言われたような万葉仮名による表記かと思います。確か、朝鮮半島には吏読以外の歌がありましたね。

犬飼　郷歌《ヒャンガ》ですか。あれはずっと後です。実際にあるものは中世ですよ。ただ、いま韓国の研究では、郷歌にあたる歌は六、七世紀からすでにあって、読み方を正確に書き表したいから、よく私が言う「義字末《ぎじまつ》音添記《おんてんき》」という方法を編み出したのだと言われています。

川尻　龍角寺《りゅうかくじ》の文字瓦（千葉県栄《さかえ》町五斗蒔《ごとまきが》瓦窯《よう》跡出土）がそうですね。たとえば「赤加」っていう文字です。

犬飼　訓読みというか、新羅語読みする漢字の結びに、その単語の末尾の発音を表す表音文字を付けて読み方を固定化することですね。「赤加」で言えば、「赤」という漢字を「あか」とよむことを「加」の文字を加えることで表します。

それから稲岡さんが略体歌と言っていたのによく似たものは、百済の歌謡にありますね。陵山里寺址《ヌンサンニ》から出た11号木簡の「宿世結業　同生一處　是非相問　上拜白□」です。最後の字はどうよむか決まっていません。四字ずつに分けて書いてあって詩経《しきょう》などと同じ四字四句の形ですが、後ろの二つの句は字の順序が漢文と違うので、「是非をたがいに問う」のような百済語で全体をよむと言われています。

■残された問題、これからの課題

川尻　では最後に、このシリーズの座談会の恒例なのですが、現在の研究の問題点、それから今後どういうことを研究していきたいか、抱負のようなことをお一人ずつ伺えますか。

鐘江　私自身は史料研究というのが一番面白いと思ってやっていますので、そういう史料研究の面白さを伝えていきたいですね。まだまだいろいろな方法が考え出される余地がある、可能性を秘めている分野です。特に先ほど犬飼さんがおっしゃっていましたが、活きのいい若手の研究者にどんどん刺激を得てもらいたいなと。従来の歴史学の研究を含めて、いろいろな分野の研究に対して疑問を持って、自分の中でも先入観に毒されていたなというところを見つめ直しながら、新しい考え方をどんどん見出していく。自分としてはそういうふうにやってきたつもりなのですが、ぜひ若い人たちにも、同じように考えていただけるとよいなと思います。

それから私自身、新しい史料が出てくることばかりを待っていても研究は進みませんから、すでに見つかってから年月が経っているけれども、今まであまり注目されていなかった史料にもう一回光を当てて、新しい研究手法で再検討することを考えていきたいと思っています。

犬飼　座談会の中でも出たのですが、この三〇年ぐらいの間に、古代に関する研究条件がガラッと変わったことが二つあると思います。その一つは、出土資料を使うことができるようになったこと。そのことによってこれまで文献だけを使って研究をしていたことを、相対化した視点で見ることができるようになりました。

もう一つは、日本の漢字というものについて、以前は中国、それも中国中央の中原《ちゅうげん》との比較でものを考えていたのですが、ここ三〇年ぐらいの間に、朝鮮半島——と言っても今のところはまだ韓国だけで、北朝鮮はほんの一部しか出ていないですが——のものが分かってきています。以前から知られているように西域のものとか、ベトナムからもこれから史料が出ると思うんですね。そういうふうに中国の周辺の状況がどうだったのか、中国の中でも中原だけを見ていないで、東北地方はどうだったのかといったことが分かってきたことによって、中原対日本という簡単な比較じゃなくて、その間に何が介在していて、どんなことが働いたのかという点も分かるようになってきた。この二つの条件が変わったことによって、これまでとは全然違う研究ができると思っています。ですから、若い方々にはぜひそういうところを、私たちがやりきれなかった研究を進めてほしいと思っています。

ルーリー　これからの課題として考えている問題の中に、日本におけるフィロロジー（文献学）の出現があります。前近代の世界史において、地域の普遍的な文字言語（たとえば漢文・ラテン語・サンスクリット・アラブ語など）のテキストを対象にするフィロロジーがまずあって、その後に各地域で、ローカルな言語に対するフィロロジーが二次的に現れます。東アジアには、漢文のテキストに対するフィロロジーに基づいて、日本語・韓国語・ベトナム語などを対象にする固有的な学問が現れるのですが、日本の場合は、和歌や物語というジャンルの古典化はこうした新しいフィロロジーの出現に多大の影響を与えました。そしてその出現には、先に触れました仮名と訓字との対立は非常に大事な役割を果たしています。

平安時代の終わり頃、一二世紀に、ひらがなで書かれた文学、特に和歌が研究されるようになりますが、それは画期的なできごとです。ひらがなで書かれたテキストに対する注釈が出てくるということですが、それらは、対象が漢文ではなくても、既存の漢文テキストに対する注釈に基づいています。そこで訓字を当てることによって、漢字で書かれた音義・字書・類書・注釈などの知的ネットワークとの回路ができるのです。こうした営みの中では、万葉集の多くの歌は訓字で書かれているし、講書（平安初期に行われた宮中での講義）などで日本書紀はすでに注釈の対象になっていたので、奈良時代のテキストは不可欠な媒介でした。こうした現象は文字史だけではなくて、思想史や文化史にも関わるのですが、比較史的な枠組に据えてこれから研究したいと思います。

川尻　私はどちらかというと新しい時代を研究していて、九世紀とか一〇世紀がどのように日本の文化に影響を与えたのかということを、中世との関係で研究してみたいと思っています。たとえば、今までの古文書学は中世が中心でした。古代古文書学も提唱はされているのですが、まだ十分に意識されていません。中国の文化、あるいは日本の文化というものが、どういうふうに古代から中世に向かって変化していくのか。あるいは中世を規定していったのか、ということを考えていきたいと思っています。

ただ、そうした時代が生まれてくる前提としては、当然八世紀以前があるわけで、そうした文化も遡りながら解明していきたいとも思っています。最近の若い方はどうも効率的な研究というのを目指す傾向が強いですね、こんなことを言う自分も歳を取ったものだと思いますが（笑）。早く博士学位を取らなければいけないということも分かりますが、効率だけではなくて、もう少しじっくり腰を据えた研究にも取り組んでほしいと思います。

吉村　話題を大学の問題に変えますが、自然科学系の場合、たとえば修士課程や博士課程の授業で、必要な知識はみんな教員が教えるんですが、そうしたカリキュラムは、実際問題として人文系にはないですね。特に規模の大きい私立大学では、たとえば日本文学とか、日本史とか、普通は学科が分かれていますね。国立大学とか小さな規模の大学では一緒に勉強できるところもありますが、互いに話したこともないなんていう例もあります。ですから、たとえば「木簡とは何か」という講義には、よほど強く言わないと文学関係の人は来ない。そういうカリキュラム上の問題も非常に大きいとずっと思っています。

川尻　異分野間の協業の問題はおっしゃるとおりですね。大学も独立採算ではもう運営できなくなりつつありますので、今が良い機会かも知れません。

吉村　中学・高校の先生にも、もう少し考えてほしいと思いますね。そこからやっていかないと。だって中高の先生が、よほど好きな人は別にして、新しい研究が出ても本を買わないですからね。こういう問題は本当に考えていかないといけない気がします。

今回、思うのですが、歴史の方では、木簡とか墨書土器とか、史料に向き合って考え直そうという動きが、ずいぶん進んできたと思います。文学の方でも、写本研究もさることながら、やはり出土文字資料からどう考えていくかが重要です。私が文学の方に文句を言うのもなんですが(笑)。犬飼さんが言われているように、万葉集や古今和歌集の歌だけじゃなくて、現に出土してくる歌というのはどういうものなのかを知ることが大切だと思います。

たまたま私は日本書紀とか古事記の歌謡に関心を持ってきて、最近いろいろ考えているのですが、やはり歌とは何か、ということですね。歌と仮名、あるいはことばとの関係はどのようなものであったのか、に興味があります。そして鐘江さんも指摘されましたが、六国史《りっこくし》などに出てこないことばもたくさんあるわけですから、そういうことばを理解しないと、当時の人の心性などは分からないと思います。

そういうこともあって、今回のシリーズは、できるだけ分かりやすく、辞書を見なくても読めるようにしようとしています。分野が異なるとなかなか分かってもらうのは難しいですし、しかも、一般読者に向けて本当に分かりやすく書くということは、なかなか難しいですよね。まさに「文字とことば」の問題ですね。

(二〇一九年八月五日、岩波書店会議室にて)

〈文字とことば〉関係略年表

※は出土文字資料などに関する記述であることを表す。

西暦	和暦・干支	おもな出来事
五七	丁巳	倭の奴国王が、後漢の光武帝から印綬を授けられる(※福岡市志賀島出土「金印」)。
二三九	己未	邪馬台国の女王卑弥呼が、魏の明帝から「親魏倭王」とされ、印綬を授けられる。
四四三	癸未	倭王の済が南朝宋に朝貢し、倭国王とされる。 ※この頃、「王賜」の銘文が刻まれた千葉県市原市稲荷台一号墳出土の鉄剣がつくられる。
四七一	辛亥	※埼玉県行田市稲荷山古墳出土の鉄剣銘に「辛亥年七月中」とみえる。 ※この頃、熊本県和水町江田船山古墳出土の銘文入り大刀がつくられる。
四七八	戊午	倭王の武が南朝宋に朝貢し、上表文を提出する。
五〇三	癸未	※「癸未年八月」の紀年銘を持つ人物画像鏡が和歌山県橋本市隅田八幡神社に伝わる。
五一三	継体7	五経博士が百済から遣わされる。
五五二	欽明13	仏教が百済から伝えられる(五三八年とする説もある)。
五六九	欽明30	白猪の屯倉で田部の丁の籍がつくられる。 ※この頃、「各田マ(額田部)」の銘文が刻まれた島根県松江市岡田山一号墳出土の鉄刀がつくられる。
五七〇	欽明31(庚寅)	※「庚寅」の紀年銘を持つ鉄刀が福岡市の元岡古墳群G6号墳から出土している。
五七二	敏達元	高句麗からの書状を、船史の祖王辰爾が、読み解いたという。
五八八	崇峻元	飛鳥寺建立のため、露盤博士などが、百済国から派遣される。
五九五	推古3	高句麗僧慧慈が渡来し、厩戸皇子の師となる。
六〇〇	推古8	遣隋使がはじめて史料(隋書)にみえる。
六〇二	推古10	百済僧観勒が、暦・天文地理などを伝える。
六〇七	推古15(丁卯)	法隆寺金堂薬師如来像が完成するという(実際は七世紀後半か)。

西暦	和暦・干支	おもな出来事
六〇八	推古16（戊辰）	遣隋使の小野妹子が帰国し、再び隋に遣わされる。 ※「戊辰年五月」の紀年銘を持つ鉄刀が兵庫県養父市箕谷二号墳から出土している。
六二〇	推古28	厩戸皇子・蘇我馬子が「天皇記・国記・臣連伴造国造百八十部并公民等本記」を記す。
六二一	推古29（辛巳）	※法隆寺金堂釈迦三尊像の木製の台座に「辛巳年八月九月作」との墨書がある。
六二二	推古30	厩戸皇子の妃橘大郎女らが、皇子を弔うために天寿国繡帳をつくる。
六二三	推古31（癸未）	法隆寺金堂釈迦三尊像がつくられる。
六三〇	舒明2	第一回遣唐使が派遣される。
六四五	大化元	乙巳の変により蘇我本宗家が滅び、天皇記・国記が焼ける。都を難波宮に移す。
六四八	大化4（戊申）	※前期難波宮跡出土の木簡に「戊申年」とあり（最古の紀年銘木簡）、共伴した木簡に「皮留久佐……」がみえる。
六四九	大化5	行政単位として「評」が立てられる。
六六〇	斉明6	百済が滅亡する。これ以降、亡命百済人が多く渡来する。 ※この頃、徳島市観音寺遺跡出土の論語木簡がつくられる。
六六三	天智2	倭が唐・新羅連合軍に、白村江で大敗する。 ※この頃、千葉県栄町龍角寺五斗蒔瓦窯出土の文字瓦がつくられる。
六六五	天智4（乙丑）	※明日香村石神遺跡出土の木簡に「乙丑年十二月三野（美濃）国ム下（武儀）評大山五十戸」とみえる（最古の旧国名表記）。
六七〇	天智9	庚午年籍がつくられる。 ※この頃、大津市北大津遺跡出土の音義木簡がつくられる。
六七二	天武元	壬申の乱が起きる。飛鳥浄御原宮に遷る。
六八一	天武10（辛巳）	国史編纂のため、帝紀および上古の諸事を記し定める。 ※群馬県高崎市山ノ上碑碑文に「辛巳歳」がみえる。
六八二	天武11	「新字」一部四四巻がつくられる。 この頃、行政単位が「五十戸」から「里」に変更される。
六八九	持統3	撰善言司を置く。 これ以降、数次にわたって東国に新羅人を置く。
六九〇	持統4	庚寅年籍がつくられる。 ※この頃、滋賀県野洲市西河原森ノ内遺跡出土の文書木簡がつくられる。

六九四	持統8	藤原京に遷都する。 ※この頃、福岡県太宰府市国分松本遺跡出土の戸口の変動を記した木簡がつくられる。
七〇一	大宝元	大宝律令がつくられる。行政単位が「評」から「郡」に変更される。
七〇二	大宝2	遣唐使を派遣する。大宝律令を天下にわかつ。御野(美濃)国・筑前国・豊前国の戸籍がつくられる。
七一〇	和銅3	平城京へ遷都する。
七一一	和銅4	多胡碑が立てられる。
七一二	和銅5	古事記ができる。
七一三	和銅6	諸国に風土記の編纂が命じられる。
七二〇	養老4	日本書紀ができる。
七二一	養老5	諸国に戸籍の書式が下され、下総国戸籍がつくられる。
七三三	天平5	右京計帳手実がつくられる。
七三八	天平10	周防国正税帳がつくられる。
七五一	天平勝宝3	懐風藻ができる。
七八五	延暦4	大伴家持が亡くなる。 この頃までに、万葉集の原形ができる。
七九四	延暦13	平安京へ遷都する。
七九七	延暦16	続日本紀ができる。
八一四	弘仁5	凌雲集ができる。
八一八	弘仁9	文華秀麗集ができる。
八二七	天長4	経国集ができる。 ※この頃、多賀城跡出土の漆紙仮名文書が書かれる。
八四九	嘉祥2	※石川県津幡町加茂遺跡出土の牓示札がつくられる。
八六七	貞観9	藤原良相が亡くなる。 讃岐国司解が書かれる。 ※この頃、藤原良相邸出土の和歌墨書土器が記される。
八七七	元慶元	※東寺食堂千手観音像の中から発見された檜扇に「元慶元年十二月専当」とある。
八七九	元慶3	日本文徳天皇実録ができる。
八九八	昌泰元	宇多上皇が御幸し、紀長谷雄が競狩記、菅原道真が宮滝御幸記を著わす。
九〇〇	昌泰3	菅家文草ができる。
九〇一	延喜元	日本三代実録ができる。
九〇五	延喜5	古今和歌集が撰進される。
九三五	承平5	この頃、紀貫之が土佐日記を書く。
九五一	天暦5	後撰和歌集を編纂させる。
一〇〇八	寛弘5	この頃、源氏物語が流布する。

主要万葉仮名一覧　（原案作成＝犬飼 隆）

＊古事記（＝**記**）、長屋王家木簡（＝**長**）、日本書紀（＝**紀**）、万葉集（＝**万**）に見られる万葉仮名を五十音順に示す。

＊字体選択の傾向を示すことを目的にして、主要なものを一つまたは二つ、多様な場合は三つまで挙げる。**網掛け**は訓仮名。●は、その用例が見られないことを示す。

	記	長	紀	万
あ	阿	阿	阿婀	阿安
い	伊	伊	伊異以	伊異移
う	宇	宇	宇于羽	宇于**得**
え	愛	衣依	愛哀	衣依
お	意淤	意於	於飫	於意
か	加迦訶	加可賀	伽箇柯	加可香
が	賀何	加賀宜	我餓鵝	我賀何
き甲	岐伎	支伎	枳岐企	伎吉**寸**
ぎ甲	藝	支	藝伎	藝伎
き乙	紀貴	紀貴	紀基奇	紀貴奇
ぎ乙	疑	疑	疑擬	疑義宜
く	久玖	久玖	俱玖句	久玖口
ぐ	具	久	遇愚	具
け甲	祁	祁	鶏計	祁計家
げ甲	下牙	祁	霓	雅牙
け乙	気	気	該開気	気既
げ乙	宜	気宜	礙皚	宜
こ甲	古高	古高	古故胡	古故
ご甲	胡	古	吾誤	胡呉
こ乙	許	許己	擧虚許	己許巨
ご乙	碁	期	語馭	其期
さ	佐沙	佐	佐娑磋	佐紗左
ざ	邪奢	佐社射	奘社	射邪
し	斯志	志	志之始	之志思
じ	士自	自	珥士	自時
す	須洲州	須周	須輸素	須酒周
ず	受	●	儒	受
せ	勢世	勢西	勢齊	勢世
ぜ	是	●	筮	是
そ甲	蘇宗	蘇宗	蘇素	蘇**十**
ぞ甲	●	●	●	俗
そ乙	曽	曽	曽贈	曽所**衣**
ぞ乙	敍	●	鐏	敍序
た	多他	多	多柂陁	多太
だ	陁	●	娜嚢	陁太

	ち	ぢ	つ	づ	て	で	と甲	ど甲
記	智知	地治遅	津都	豆	帝弖	殿傳	刀斗	度
長	千智知	地治遅	津都	豆都	手弖	弖	斗刀	土
紀	致智知	旋尼賦	豆菟都	弩豆	底弖	提泥	度妬斗	怒奴
万	千智知	遅治	通追都	頭豆	手堤弖	代堤	度斗刀	土度

	と乙	ど乙	な	に	ぬ	ね	の甲	の乙
記	等登	杼	那	尓邇	奴	袮泥	怒	乃能
長	等止	●	名奈那	尓	努奴	根袮尼	●	乃
紀	騰苔等	耐廼	奈儺那	你尓珥	濃農	袮泥	奴怒	廼能
万	得登等	騰杼	名那奈	丹二尓	努奴	尼泥袮	怒努	乃能

	は	ば	ひ甲	び甲	ひ乙	び乙	ふ	ぶ
記	波	婆	比	毗	肥斐	備	賦布	夫
長	播波	婆波	比	毗比	斐	備	夫布	夫
紀	破播波	麼魔	毗譬比	弭寐	被秘	縻備	符赴賦	歩夫
万	羽播波	婆	比	婢毗	悲非	備	敷不布	扶夫

	へ甲	べ甲	へ乙	べ乙	ほ	ぼ	ま	み甲	み乙
記	弊	辨	閇	倍	番本富	煩	摩麻	彌美	微
長	●	●	閇	倍	太富保	保	末万麻	三彌美	身
紀	弊幣陛	謎	閇陪倍	毎	裒朋保	煩	莽磨摩	美瀰彌	微未
万	敝弊	辨	閇倍	倍	穂富保	煩	真萬麻	三彌美	尾未

	む	め甲	め乙	も	や	ゆ	江	よ甲	よ乙
記	武牟	賣	米	母乙毛甲	夜	由	延	用	豫与余
長	武牟	賣	米	茂母毛	屋夜	由	●	●	与余
紀	牟務武	咩謎	毎梅	謀母毛	椰夜	由喩	延曳	用	与豫余
万	六武牟	咩賣	目米	裳母毛	八也夜	遊由	要延	欲用	与余

	ら	り	る	れ	ろ甲	ろ乙	わ	ゐ	ゑ	を
記	羅良	理	留琉流	礼	路漏	侶呂	和	韋	恵	遠袁
長	羅良	利理	瑠流	礼	漏	侶呂	和	井	恵	乎
紀	邏羅	理梨利	蘆流屢	礼例	盧漏	慮呂	和	韋威	恵衛	乎烏
万	羅良	里理利	類留流	例礼	路漏	侶呂	和	井為	恵	緒尾乎

【執筆者】

川尻秋生（かわじり・あきお）
本書責任編集．【編集委員】紹介参照．

鐘江宏之（かねがえ・ひろゆき）
1964 年生．学習院大学教授．日本古代史．著書に『律令国家と万葉びと』(小学館)，『大伴家持』(山川出版社) など．

犬飼　隆（いぬかい・たかし）
1948 年生．日本語学．著書に『上代文字言語の研究』(笠間書院)，『儀式でうたうやまと歌』(塙書房) など．

デイヴィッド・ルーリー（David B. Lurie）
1971 年生．コロンビア大学准教授．比較文学．著書に『世界の文字史と『万葉集』』(笠間書院)，*Realms of Literacy: Early Japan and the History of Writing* (Harvard University Asia Center) など．

【編集委員】

吉村武彦

1945 年生. 明治大学名誉教授. 日本古代史. 著書に『日本古代の社会と国家』(岩波書店),『聖徳太子』『女帝の古代日本』『蘇我氏の古代』『大化改新を考える』(以上, 岩波新書)など.

吉川真司

1960 年生. 京都大学教授. 日本古代史. 著書に『律令官僚制の研究』(塙書房),『聖武天皇と仏都平城京』(講談社),『飛鳥の都』(岩波新書)など.

川尻秋生

1961 年生. 早稲田大学教授. 日本古代史. 著書に『古代東国史の基礎的研究』(塙書房),『平安京遷都』(岩波新書),『坂東の成立』(吉川弘文館)など.

シリーズ 古代史をひらく
文字とことば── 文字文化の始まり

2020 年 11 月 26 日　第 1 刷発行
2021 年 11 月 25 日　第 3 刷発行

編　者　吉村武彦《よしむらたけひこ》　吉川真司《よしかわしんじ》　川尻秋生《かわじりあきお》

発行者　坂本政謙

発行所　株式会社 岩波書店
〒101-8002 東京都千代田区一ツ橋 2-5-5
電話案内 03-5210-4000
https://www.iwanami.co.jp/

印刷・三陽社　カバー・半七印刷　製本・松岳社

© 岩波書店 2020
ISBN 978-4-00-028499-8　Printed in Japan

シリーズ　古代史をひらく

（全6冊）

編集委員
吉村武彦（明治大学名誉教授）
吉川真司（京都大学教授）
川尻秋生（早稲田大学教授）

●四六判・並製カバー・平均312頁
●脚注，コラム，図版なども充実
●各巻に執筆者による座談会を収録

前方後円墳　編集：吉村武彦　定価　2860円
——巨大古墳はなぜ造られたか
和田晴吾／下垣仁志／松木武彦／吉村武彦／申敬澈／禹在柄

古代の都　編集：川尻秋生　定価　2860円
——なぜ都は動いたのか
市大樹／馬場基／網伸也／李炳鎬

古代寺院　編集：吉川真司　定価　2860円
——新たに見えてきた生活と文化
吉川真司／菱田哲郎／藤岡穣／海野聡／ブライアン・ロウ

渡来系移住民　編集：吉村武彦　定価　2860円
——半島・大陸との往来
吉村武彦／千賀久／亀田修一／田中史生／朴天秀

文字とことば　編集：川尻秋生　定価　2860円
——文字文化の始まり
鐘江宏之／川尻秋生／犬飼隆／デイヴィッド・ルーリー

国風文化　編集：吉川真司　定価　2860円
——貴族社会のなかの「唐」と「和」
佐藤全敏／河上麻由子／皿井舞／金光桂子／
ブライアン・スタイニンガー

岩波書店刊
定価は消費税10％込です
2021年11月現在